古典文獻研究輯刊

二十編

潘美月・杜潔祥 主編

第 8 冊

《韓非子》校補

蕭 旭 著

國家圖書館出版品預行編目資料

《韓非子》校補／蕭旭 著 -- 初版 -- 新北市：花木蘭文化出版社，
2015〔民 104〕
目 4+298 面：19×26 公分
（古典文獻研究輯刊 二十編：第 8 冊）
ISBN 978-986-404-089-6（精裝）
1. 韓非子 2. 校勘
011.08   103027399

ISBN-978-986-404-089-6

古典文獻研究輯刊
二十編　第八冊　　　　　　ISBN：978-986-404-089-6

《韓非子》校補

作　　者　蕭 旭
主　　編　潘美月　杜潔祥
總 編 輯　杜潔祥
副總編輯　楊嘉樂
編　　輯　許郁翎
企劃出版　北京大學文化資源研究中心
出　　版　花木蘭文化出版社
社　　長　高小娟
聯絡地址　235 新北市中和區中安街七二號十三樓
　　　　　電話：02-2923-1455／傳眞：02-2923-1452
網　　址　http://www.huamulan.tw 信箱 hml 810518@gmail.com
印　　刷　普羅文化出版廣告事業
初　　版　2015 年 3 月
定　　價　二十編 24 冊（精裝）台幣 42,000 元
版權所有·請勿翻印

《韓非子》校補

蕭 旭 著

作者簡介

　　蕭旭，男，漢族，1965 年 10 月 14 日（農曆）出生，江蘇靖江市人。中國訓詁學會會員，中國敦煌吐魯番學會會員，江蘇省語言學會會員。現在靖江廣播電視臺工作。

　　無學歷，無職稱，無師承。竊慕高郵之學，校讀群書自娛。出版學術專著《古書虛詞旁釋》、《群書校補》、《群書校補（續）》、《淮南子校補》。20 多年來，在海內外學術期刊《文史》、《中國語文》、《古漢語研究》、《語言研究》、《古籍整理研究學刊》、《江海學刊》、《敦煌研究》、《敦煌學輯刊》、《湖南省博物館館刊》、《古籍研究》、《傳統中國研究集刊》、《文津學志》、《人文論叢》、《漢語史學報》、《敦煌吐魯番研究》、《中國文字研究》、《語言研究集刊》、《澳門文獻信息學刊》、《書目季刊》（臺）、《敦煌學研究》（韓）、《東亞文獻研究》（韓）、《中國語學研究 · 開篇》（日）發表學術論文近 80 篇，近 120 萬字。

提　　要

　　《韓非子》是先秦法家學說的集大成之作，有清以還，整理《韓子》者成就斐然，中外學者都做出了極大貢獻。然其爲先秦古籍，疑義尙多，還待學人全力以赴。余末學謭識，孤聞寡見，爰取是書董理一過，或匡正舊說，或提出新解，期於《韓子》之研究，聊竭綿力。

目

次

前　言

　　《韓非子》20 卷 55 篇，舊題周・韓非撰，是先秦法家學說的集大成之作。

　　有清以還，整理《韓子》者成就斐然。作全書整理校注者，有王先愼《韓非子集解》〔註 1〕，陳啓天《韓非子校釋》〔註 2〕，陳奇猷《韓非子新校注》〔註 3〕，梁啓雄《韓子淺解》〔註 4〕，南京大學《韓非子校注》〔註 5〕，張覺《韓非子校疏》〔註 6〕。王煥鑣《韓非子選》是選注本〔註 7〕，梁啓超《〈韓非子・顯學篇〉釋義》、何善周《〈韓非子・說難篇〉約注》則是單篇考釋〔註 8〕。

〔註 1〕　王先愼《韓非子集解》，中華書局 1998 年版。
〔註 2〕　陳啓天《韓非子校釋》，收入《民國叢書》第 5 編，中華書局民國 29 年版。陳啓天《增訂韓非子校釋》，臺灣商務印書館 1994 年版。傅佛崖《校讀〈韓非子校釋〉》附於此書。本文所引陳啓天的說法依據晚出的《增訂》本。
〔註 3〕　陳奇猷《韓非子集釋》、《韓非子集釋補》，中華書局 1958、1961 年版。陳奇猷《韓非子新校注》，上海古籍出版社 2000 年版。陳奇猷《〈韓非子集釋〉刪要》，原載《輔仁學誌》第 15 卷第 1、2 期，1947 年版，收入《晚翠園論學雜著》，上海古籍出版社 2008 年版，第 1～43 頁。本文所引陳奇猷的說法依據晚出的《新校注》。
〔註 4〕　梁啓雄《韓子淺解》，中華書局 2009 年第 2 版。
〔註 5〕　《韓非子校注》，江蘇人民出版社 1982 年版。
〔註 6〕　張覺《韓非子全譯》，貴州人民出版社 1992 年版。張覺《韓非子校疏》，上海古籍出版社 2010 年出版。本文所引張覺的說法依據晚出的《校疏》。本文完成後，復得張氏《韓非子校疏析論》（知識產權出版社 2011 年版），吾已无力覆檢。《校疏》的校記大多承襲《全譯》，十八年間，無大改進，其如太倉之粟，陳陳相因；然則短短一年中間，《析論》之於《校疏》，諒亦復如是矣。
〔註 7〕　王煥鑣《韓非子選》，上海人民出版社 1974 年版。
〔註 8〕　梁啓超《〈韓非子・顯學篇〉釋義》，收入《飲冰室專集之七十九》，（上海）中華書局 1941 年再版，第 1～2 頁。何善周《〈韓非子・說難篇〉約注》，《國文月刊》第 14 期，1942 年版，第 25～29 頁。

更多的是札記性質，發明尤多，成就尤高，其要者有：盧文弨《韓非子校正》〔註9〕，顧廣圻《韓非子識誤》〔註10〕，王念孫《韓子雜志》〔註11〕，俞樾《韓非子平議》〔註12〕，孫詒讓《韓非子札迻》〔註13〕，于鬯《韓非子校書》〔註14〕，陶鴻慶《讀韓非子札記》〔註15〕，劉師培《韓非子斠補》〔註16〕，楊樹達《積微居讀書記·韓非子》〔註17〕，孫人和（字蜀丞）《韓非子舉正》〔註18〕，孫楷第（字子書）《讀韓非子札記》〔註19〕，劉文典《韓非子簡端記》〔註20〕，于省吾《韓非子新證》〔註21〕，高亨《韓非子新箋》〔註22〕，羅焌

〔註9〕 盧文弨《韓非子校正》，收入《群書拾補》，《續修四庫全書》第 1149 冊，上海古籍出版社 2002 年版，第 438～453 頁。

〔註10〕 顧廣圻《韓非子識誤》，收入《諸子百家叢書》，上海古籍出版社影印浙江書局本 1989 年版，第 166～197 頁；又題作《乾道本韓非子二十卷識誤》，收入《叢書集成續編》第 39 冊，新文豐出版公司 1988 年印行。王渭《韓非子》校語附見此書。

〔註11〕 王念孫《韓子雜志》，收入《讀書雜志》卷 16 餘編上，中國書店 1985 年版，第 47～52 頁。

〔註12〕 俞樾《韓非子平議》，收入《諸子平議》卷 21，上海書店 1988 年版，第 407～437 頁。

〔註13〕 孫詒讓《韓非子札迻》，收入《札迻》卷 7，中華書局 1989 年版，第 206～216 頁。又孫詒讓《籀廎讀書錄·韓非子》，收入《籀廎遺著輯存》，中華書局 2010 年版，第 339～341 頁。

〔註14〕 于鬯《香草續校書·韓非子》，中華書局 1963 年版，第 313～354 頁。

〔註15〕 陶鴻慶《讀韓非子札記》，《制言》第 30～32 期連載，1936～1937 年版；收入《讀諸子札記》，浙江人民出版社 1998 年版，第 363～435 頁。

〔註16〕 劉師培《韓非子斠補》，收入《劉申叔遺書》，江蘇古籍出版社 1997 年版，第 1179～1188 頁。

〔註17〕 楊樹達《積微居讀書記·韓非子》，《北平北海圖書館月刊》第 2 卷第 1、2、6 號連載，1929 年出版，第 11～23、119～126、459～465 頁。此文上海古籍出版社 2006 年版《積微居讀書記》失收。

〔註18〕 孫人和《韓非子舉正》，《國立北平圖書館館刊》第 5 卷第 1 號，民國 20 年出版，第 3～8 頁。

〔註19〕 孫楷第《讀韓非子札記》，《國立北平圖書館館刊》第 3 卷第 6 號、第 9 卷第 2 號連載，1929、1935 年出版，第 727～738、23～31 頁；又題作《王先慎〈韓非子集解〉補正》，收入《滄州後集》附錄，中華書局 1985 年版，第 401～423 頁。

〔註20〕 劉文典《韓非子簡端記》，收入《三餘札記》卷 2，《劉文典全集（3）》，安徽大學出版社、雲南大學出版社 1999 年版，第 425～454 頁。

〔註21〕 于省吾《韓非子新證》，收入《雙劍誃諸子新證》，上海書店 1999 年版，第 360～381 頁。

〔註22〕 高亨《韓非子補箋》、《韓非子補注(續)》，原載國立武漢大學《文哲季刊》1931 年第 2 卷第 3、4 期連載，第 579～596、849～869 頁；收入《諸子新箋》，《高

《韓子校注》〔註23〕，蔣禮鴻《讀〈韓非子集解〉之餘》、《讀韓非子小記》〔註24〕，王叔岷《韓非子斠證》、《說郛本韓非子斠記》〔註25〕，龍宇純《〈韓非子集解〉補正（上、下）》〔註26〕，趙海金《讀韓非子札記》、《韓非子覈詁》〔註27〕，徐仁甫《韓非子辨正》〔註28〕，劉如瑛《韓非子箋校商補》〔註29〕。另外洪頤煊《讀書叢錄》、梁玉繩《瞥記》、張文虎《舒藝室隨筆》、文廷式《純常子枝語》、蔣超伯《南漘楛語》、章太炎《膏蘭室札記》、金其源《讀書管見》、陳直《讀子日札》、阮廷焯《校書堂札迻》亦有條目涉及《韓非子》〔註30〕，

亨著作集林》第 6 卷，清華大學出版社 2004 年版，第 187～234 頁。

〔註23〕羅焌《韓子校注》，收入《經子叢考》，華東師範大學 2009 年版，第 52～163 頁。

〔註24〕蔣禮鴻《讀〈韓非子集解〉之餘》，收入《蔣禮鴻集》第 3 卷，浙江教育出版社 2001 年版，第 292～332 頁。蔣禮鴻《讀韓非子小記》，《國師季刊》1940 年第 7～8 期合刊、第 9 期、第 10 期，前三期分別見第 108～110、71～74、87～92 頁，至《外儲說左上》止，尚有一篇未見。《小記》一文《蔣禮鴻集》失收。今觀二文，互有異同，前者當是後者修訂本。本文引用《小記》標示原刊頁碼。

〔註25〕王叔岷《韓非子斠證》、《說郛本韓非子斠記》，收入《諸子斠證》，中華書局 2007 年版，第 261～325 頁。

〔註26〕龍宇純《〈韓非子集解〉補正（上、下）》，《大陸雜誌》第 13 卷第 2、3 期，1956 年版，第 40～45、91～97 頁。

〔註27〕趙海金《讀韓非子札記》、《續篇》、《續之一》、《續之二》、《續完》、《補遺》，原載《大陸雜誌》第 29 卷第 12 期、第 31 卷第 8 期、第 32 卷第 1～3 期、第 32 卷第 7 期，收入《大陸雜誌語文叢書》第 2 輯第 3 冊《校詁札記》，大陸雜誌社編輯委員會編輯 1970 年版，第 406～435 頁。趙海金《韓非子覈詁》、《韓非子覈詁（續）》，《成功大學學報》1973 年第 8 期、1975 年第 10 期，第 97～136 頁、第 83～124 頁。《覈詁》至《說林下》止，《覈詁（續）》吾未見，本文引用《覈詁》標示原刊頁碼。

〔註28〕徐仁甫《韓非子辨正》，收入《諸子辨正》，成都出版社 1993 年版，第 299～387 頁。

〔註29〕劉如瑛《韓非子箋校商補》，收入《諸子箋校商補》，山東教育出版社 1995 年版，第 197～243 頁。

〔註30〕洪頤煊《讀書叢錄》卷 14，《續修四庫全書》第 1157 冊，上海古籍出版社 2002 年版，第 685～687 頁。張文虎《舒藝室隨筆》卷 6，收入《續修四庫全書》第 1164 冊，第 399～400 頁。梁玉繩《瞥記》卷 5《子》，收入《續修四庫全書》第 1157 冊，第 52 頁。文廷式《純常子枝語》卷 16，收入《續修四庫全書》第 1165 冊，第 224～227 頁。蔣超伯《南漘楛語》卷 8《讀韓非子》，收入《續修四庫全書》第 1161 冊，上海古籍出版社 2002 年版，第 370～372 頁。章太炎《膏蘭室札記》卷 1、3，收入《章太炎全集（1）》，上海人民出版社 1982 年版，第 70～78、123～125、278、290 頁。金其源《讀書管見·韓非子》，（上海）商務印書館 1957 年初版，第 387～388 頁。陳直《讀子日札·韓非子》，中華書局 2008 年版，第 276～288 頁。阮廷焯《校書堂札迻·韓非子》，香港《聯合書院學報》第 6 期，1967 年出版，第 131～132 頁。

值得參考。

　　清人著作陳夢雷、蔣廷錫《韓子彙考》，張文虎《韓非子校正》，牟庭《韓非子校正》，胡澍《韓非子校正》，朱錫庚《韓非子校正》，陳澧《韓非子箋注》，吳汝綸《韓非子點勘》，王念孫、黃丕烈、王允升、戈襄皆批校過明萬曆十年趙用賢《管韓合刻》本，王友光、唐岳皆批校過明萬曆間吳勉學刊《二十子全書》本，朱駿聲批校過明萬曆間黃之寀刊《二十子》本，吳廣霈批校過日本藏明刻本。近人著作尹桐陽《韓子新釋》，王蘧常《韓非子要詮》，嚴靈峯《韓非子讀記》〔註31〕。以上所列，吾皆未見，謹此說明。所引尹桐陽說，係轉引自陳啓天《校釋》。近人期刊論文，亦有十數篇未能訪得〔註32〕，亦謹此說明。

　　日本學者研究《韓子》亦有多部，主要有：物双松（字茂卿，號徂徠）《讀韓非子》，宇惠子迪《讀韓非子補》，藤澤南嶽《評釋韓非子全書》，松平康國《韓非子國字解》，芥煥彥章《校定韓非子》，太田方《韓非子翼毳》，松皋圓（蒲阪圓）《增讀韓非子》，松皋圓《定本韓非子纂聞》，津田鳳卿《韓非子解詁全書》，片山格、朝州震《眉批乾道本韓非子》，青山延壽《批校寬政刊趙本韓非子》，池田四郎次郎《頭注韓非子定本》，依田利用《韓非子校注》，岡本保孝《韓非子疏證》，宮內鹿川《韓非子講義》。以上所列，吾僅見松皋圓《定本韓非子纂聞》〔註33〕，本文引用日本學者的說法，皆係轉引自松皋圓《纂聞》、陳啓天《校釋》、陳奇猷《新校注》。

〔註31〕尹桐陽《韓子新釋》，民國八年排印本。王蘧常《韓非子要詮》，民國二十五年排印本。嚴靈峯《韓非子讀記》，民國六十六《諸子讀記》排印本。

〔註32〕李笠《〈韓非子集解〉校補》，《中央大學季刊》第 1 期。杜章符《韓非子札記》，《華西學報》第 6、7 期合刊，1937 年版。陳恩成《〈韓非子校釋〉讀後隨筆》，《政論週刊》第 178 期，1958 年版。趙海金《韓非子叢詁（續）》，《成功大學學報》1975 年第 10 期。王初慶《〈韓非子・八經〉校箋（上）》，《輔仁國文學報》第 6 期，1990 年版，第 19～21 頁。（說明，中篇已有，上篇未見，又，不知他的下篇發表沒有？）周法高《韓非子初見秦篇札記一則》，《大陸雜誌》第 10 卷第 4 期，1955 年版，第 32 頁。王婉芳《韓非子通假文字音義商榷》，輔仁大學中國文學研究所 1985 年碩士論文。王懷成《〈韓非子〉之字詞解釋》，《黃埔學報》第 26 期，1993 年版，第 143～149 頁。陳勁榛《〈史記・韓非傳〉所引〈韓子〉篇名之異文、異解及其相關問題》，《中國文化大學中文學報》第 4 期，1998 年版，第 13～34 頁。張覺《〈韓非子・解老〉校釋辨正》，《孔孟學報》第 74 期，1997 年版，第 139～160 頁。

〔註33〕松皋圓《定本韓非子纂聞》，昭和 8 年崇文院出版，收入《叢書集成續編》第 40 冊，新文豐出版公司 1988 年印行。

　　茲以陳奇猷《韓非子新校注》所依據的清嘉慶二十三年（1818）吳鼒翻刻南宋乾道元年黃三八郎本作底本作校補。南大《韓非子校注》本文省稱作「《校注》」，其餘皆直稱其作者之名。

　　張覺曾著文指出陳奇猷「欺世盜名」、「走便宜的路」，剽竊陳啓天和他本人的說法，其《引用書目》亦未列陳啓天《校釋》、張氏《全譯》，斥之曰「有背治學之正道」〔註34〕；張氏《校疏》第967頁又指斥高亨襲取王引之說，所言固皆是事實（高氏於清人成果，皆引用之，此條或偶未標明耳）。張覺於申證前說或駁正誤說，每以「覺按」標示，似出於創見。而覆按前人著作，張覺著書，亦多所鈔撮，此以張氏《校疏》爲例舉證，張書第76頁云：「覺按：『習』通『襲』。」這是鈔的陳啓天《校釋》第689頁。第114頁讀「擁」爲「壅」，第275頁謂「不義，不適宜」，這是分別襲自松皋圓《纂聞》第92、121頁。第99頁引《左傳》孔疏解「委質」，以駁陳啓天說；第116頁謂「貞，當也」，以駁舊說；第118頁謂「外」字不當刪，這是分別鈔的王煥鑣《韓非子選》第87、95、96頁。第176頁謂「利，貪也」，這是鈔的梁啓雄《淺解》第67頁。第179頁謂「中射」官名取義於善射，這是鈔的孫詒讓《札迻》第208頁；而張君卻不知于省吾《新證》第365頁曾引用過吳北江（闓生）的意見駁斥過孫詒讓說〔註35〕。這裏只舉前四卷的一些例子，不再舉證。張覺指斥陳奇猷「不明古音」、「不明文理」、「穿鑿附會」、「不明古字通假」〔註36〕，自詡「時有發明」〔註37〕，而「立志創不朽之典」〔註38〕。吾今觀其書，於異本異文校勘用力雖勤，而僅著意於刻本之異體字、俗譌字；又於人名、地名、國名、族名、官職名、歷史事件，則不嫌其煩，多所引徵，以示廣博，而於真正的疑難之處，則又放過；文字訓詁水準很是

〔註34〕　張覺《校疏》第130頁注（11）、第907頁注（5）；張覺《陳奇猷〈韓非子新校注〉僞校僞注初揭》，《中國文化研究》2005年春之卷，第131～141頁；張覺《現代〈韓非子〉研究述評》，《傳統中國研究集刊》第9、10合輯，上海人民出版社2012年版，第657～660頁。張氏揭發陳氏的內容，二文所用材料大同，不知有何必要重複發表？

〔註35〕　吳北江說見《〈韓非子〉疑義考》，《雅言》第1卷，1941年版，第16頁。吳闓生《〈韓非子〉疑義考》，《北平圖書館館刊》第11卷第1號，此文吾未見，不知是不是同一篇文章。

〔註36〕　張覺《校疏》第125頁注（8）、第133頁注（2）、第191頁注（6）。

〔註37〕　張覺《現代〈韓非子〉研究述評》，《傳統中國研究集刊》第9、10合輯，上海人民出版社2012年版，第661頁。

〔註38〕　張覺《校疏》第1079頁《後記》。

一般，實在是少有發明，其所出新見不逮陳奇猷氏遠甚。張氏但知鈔撮日人著作，而於學界的新成果，多未知聞，如《校疏》第 1148 頁取孫詒讓說，謂「有方」是「酋矛」之誤，張氏不知漢簡有多處記載了古兵器「有方」，其形制雖不可考，而其字決非誤文也〔註39〕。張氏於前人注語，往往未能讀懂，而又勇於自立新說。如《校疏》第 313 頁注「偏借其權勢」云：「偏，佐也，指君主身旁的輔佐大臣。」便是大錯。松皋圓《纂聞》第 127 頁曰：「偏借，言其專也。」《校注》第 160 頁云：「偏，旁。」這些舊說都是對的。至有甚者，《校疏》第 265 頁引太田方說：「唔嗃者，本言鴨唔食之聲也。多言細語，聲實似之也。」「多言細語」當與「聲」連讀，不當斷開。其於近人淺白之語，尚讀不通，遑論周秦舊籍？

〔註39〕參見陳直《讀子日札·韓非子》，中華書局 2008 年版，第 286 頁。又參見裘錫圭《考古發現的秦漢文字資料對於校讀古籍的重要性》，收入《古代文史研究新探》，江蘇古籍出版社 1992 年版，第 26 頁；又收入《裘錫圭學術文集》卷4，復旦大學出版社 2012 年版，第 365～366 頁。

卷 一

《初見秦》第一校補

此篇亦見《戰國策・秦策一》，下引省稱作「《策》」。

（1）臣聞不知而言不智，知而不言不忠，為人臣不忠當死，言而不當亦當死

陳奇猷曰：「不當」之「當」字讀去聲。三「而」字猶如也、若也。

按：三「而」字是承接連詞，不是假設之詞。廖文英解「當死」之「當」曰：「處斷罪人曰當，言使罪法相當也。」張覺從之。其說非也。此二「當」字讀平聲，猶宜也。

（2）將西面以與秦強為難

按：高誘注：「難，猶敵也。」盧文弨、顧廣圻謂當乙作「強秦」，陳奇猷從其說。王先慎謂「盧說非。強，音其兩切」，梁啓雄從其說。王說是也，「強」讀去聲。宋・王應麟《通鑑地理通釋》卷8引作「彊為難」。彊為難，猶俗言硬作對頭也。羅焌曰：「強讀為勉彊之彊。」徐仁甫曰：「強，勉強，也不失為稱頌秦之辭。」皆申王說。

（3）悉其士民，張軍數十百萬

王先慎曰：《策》作「張軍數千百萬」，姚本云：「曾作『張軍聲』。」案有「聲」字是也。此「十」字，當從《策》作「千」，虛張其軍，號

稱數千百萬耳。

按：王氏補「聲」字非。張，謂張大〔註1〕。鮑彪註：「張，去音。」吳師
道曰：「平聲亦通。」讀去聲是。陳奇猷曰：「張，陳也。」亦非。

（4）非其士民不能死也，上不能故也。言賞則不與，言罰則不行，賞
罰不信，故士民不死也

按：不能故，《策》作「不能殺」。《潛夫論・勸將》：「其士之不能死也，
乃其將不能效也。言賞則不與，言罰則不行，士進有獨死之禍，退蒙
眾生之福，此所以臨陣亡戰而競思奔北者也。」即本《韓子》，此文
「故」乃「效」形譌。「效」讀爲校，猶言考核。下文「賞罰不信」，
即指不能考核。汪繼培謂「效」當作「故」〔註2〕，僨矣。王先愼謂
「殺」乃「故」字形誤；金正煒謂「殺」、「故」是「教」形譌〔註3〕；
陶鴻慶謂「故」、「殺」當作「政」，同「正」；尹桐陽謂「故」同「辜」。
皆非是。

（5）今秦出號令而行賞罰，有功無功相事也

按：盧文弨曰：「《策》作『不攻耳無相攻相事也』。」《策》文譌。事，讀
爲置，設立。言秦於有功、無功各自設立制度，賞罰分明也。本書《外
儲說右》：「襄王曰：『吾秦法，使民有功而受賞，有罪而受誅，今發
五苑之蔬草者，使民有功與無功俱賞也。』」是其例。俞樾曰：「事，
治也。」于省吾曰：「事、使金文同字，使猶用也。言有功爲之用，
無功亦爲之用。」高亨、尹桐陽並曰：「相，視也。」皆未得。陳奇
猷曰：「疑當作『有功必賞，無功必罰，不以虛言爲事也』。『相』字
即『不以』二字之譌。」此乃臆改，無此校書之法。

（6）夫一人奮死可以對十，十可以對百，百可以對千，千可以對萬，
萬可以尅天下矣

王先愼曰：四「對」字，《策》作「勝」。

〔註1〕參見金正煒《戰國策補釋》卷1，收入《續修四庫全書》第422冊，上海古籍
　　　　出版社2002年版，第442頁。
〔註2〕汪繼培、彭鐸《潛夫論箋校正》，中華書局1985年版，第250頁。
〔註3〕金正煒《戰國策補釋》卷1，收入《續修四庫全書》第422冊，上海古籍出版
　　　　社2002年版，第442頁。

按：四「對」字，《策》作「合」。鮑彪注：「與敵合鬭。」吳師道曰：「四合字，一本皆作勝。《韓》作『對』，當也。義長。」尅，《策》作「勝」。趙海金引《爾雅》「尅，勝也」，是。

（7）今秦地折長補短，方數千里

按：《策》「地」下有「形」字，「折長補短」作「斷長續短」。

（8）名師數十百萬

按：《策》作「名師數百萬」，鮑彪注：「名，言有勇決之稱。」《通鑑》卷6作「師名百萬」，「名」則爲號稱之義，此蓋溫公所改。

（9）以此與天下，天下不足兼而有也

陳奇猷曰：「不」字衍。「與」、「舉」通。若有「不」字則義不可通。

按：陳說「不」字衍，非是。《策》亦有「不」字。鮑彪注：「與，言與之爭。」王念孫曰：「與，猶當也，敵也。」〔註4〕劉師培曰：「與，當作舉。」裴學海曰：「足，猶難也。與，猶敵也。」〔註5〕范祥雍曰：「『不足』猶『足』也，『不』爲語詞。」〔註6〕裴說「足猶難」是也，徐仁甫說同，趙海金從裴說。梁啓雄、蔣禮鴻亦謂「與」讀爲舉，取也，是也。梁啓雄釋「不足」爲「不夠」，則非。

（10）是故秦戰未嘗不尅，攻未嘗不取，所當未嘗不破

按：是故，《策》誤作「是知」。

（11）然而兵甲頓，士民病

按：《策》作「甲兵頓」，鮑彪注：「此頓，言其勞弊。」頓，讀爲鈍，與「利」反，「甲」乃連類而及。《國語·吳語》：「使吾甲兵鈍弊，民人離落。」正用本字。

（12）齊之清濟濁河，足以爲限；長城巨防，足以爲塞

〔註4〕王念孫說轉引自王引之《經義述聞》卷18，江蘇古籍出版社1985年版，第438頁。

〔註5〕裴學海《古書虛字集釋》，中華書局1954年版，第645頁。蕭旭《古書虛詞旁釋》有補證，廣陵書社2007年版，第282頁。

〔註6〕范祥雍《戰國策箋證》，上海古籍出版社2006年版，第181頁。

按：《戰國策·燕策一》、《史記·蘇秦傳》「之」作「有」，「限」作「固」。之，猶有也〔註7〕。

（13）齊五戰之國也，一戰不尅而無齊

按：無，讀為亡。一本作「不」，非也。《通鑑地理通釋》卷10引作「無」，《策》同。尅，《策》作「勝」。

（14）削迹無遺根，無與禍鄰，禍乃不存

按：上句，《策》作「削株掘根」。顧廣圻曰：「當從《策》。」考《潛夫論·勸將》：「五州殘破，六郡削迹。」「削迹」用與此同，謂滅其影迹，義亦可通。宋·黃庭堅《祭司馬溫公文》：「所進忠賢，拔茅連茹；其去姦佞，迹無遺根。」即本《韓子》，所據本亦作「迹」。《潛夫論·斷訟》：「凡諸禍根不早斷絕，則或轉而滋蔓。」可以參證。羅焌曰：「迹，籀文作『速』，當讀為茦。《方言》卷3：『凡草木刺人者，北燕、朝鮮之閒謂之茦。』」又按：跡，籀文作『朿』，《說文》：『朿，木芒也。』」羅氏二說，「朿」即「刺」本字，「茦」亦同「刺」，義皆未安。

（15）荊王君臣亡走，東服於陳

按：張文虎曰：「『服』字當依《秦策》作『伏』。《史記·楚世家》：『楚襄王兵散，遂不復戰，東北保於陳城。』《六國表》作『王亡走陳』，《白起列傳》作『東走徙陳』，故云伏，謂竄伏也。」〔註8〕趙海金亦謂「服與伏通」〔註9〕。劉師培曰：「服，與保通。《老子》：『保此道者不欲盈。』《淮南·道應訓》引作服，是保、服古通。《史記·楚世家》云云，此其證。張文虎說非是。」陳啓天從張說，陳奇猷從劉說。劉氏說是，然尚未達一間。「服（伏）」、「保」音轉，其義當與《六國年表》、《白起傳》作「走」同。《說文》：「走，趨也。」即奔走義。據《說文》，「保」字古文從孚，《楚世家》當讀為赴〔註10〕，「服（伏）」

〔註7〕 參見吳昌瑩《經詞衍釋》，中華書局1956年版，第172頁。裴學海《古書虛字集釋》，中華書局1954年版，第746～747頁。

〔註8〕 張文虎《舒藝室隨筆》卷6，收入《續修四庫全書》第1164冊，第400頁。

〔註9〕 趙海金《韓非子叢詁》，《成功大學學報》1973年第8期，第98頁。

〔註10〕 《釋名》：「脬，赴也，夏月赴疾作之，久則臭也。」此其音轉之證。

亦「赴」音轉，字亦音轉作蠡、趍、報〔註11〕，猶言奔走、趨赴。《說文》：「赴，趨也。」又「蠡，疾也。」《玉篇》：「趍，疾也，亦作赴。」段玉裁曰：「蠡，《玉篇》、《廣韻》皆曰：『急疾也，今作趍。』《少儀》曰：『毋拔來，毋報往。』注云：『報讀爲赴疾之赴。』按：赴、趍皆即蠡字，今字蠡、趍皆廢矣。」〔註12〕王念孫曰：「趍、赴、蠡、報並通。」〔註13〕《玄應音義》卷8、13、《慧琳音義》卷34、57引《禮》作「無趍往」，易「報」作「趍」。《慧琳音義》卷90：「洒趍：下音赴，《蒼頡篇》：『趍，奔也。』與赴字義同。」字亦省作孚，《玄應音義》卷7：「孚出：又作趍，同。孚，疾也。《廣雅》：『趍，行也。』」本書《十過》：「曹人聞之，率其親戚而保釐負羈之閭者七百餘家。」《列女傳》卷3作「士民之扶老携弱而赴其閭者，門外成市。」「保」即「赴」，此其確證。

（16）令荊人得收亡國聚散民

按：「得」當作「復」，形近致譌。下文「令魏氏反收亡國，聚散民」，「復」亦反也。《策》無「得」、「反」二字。

（17）大王以詔破之，兵至梁郭下

按：下文「大王以詔破之，拔武安」。二「詔」，《策》作「詐」。當以「詐」爲是，秦、趙戰於長平之下，秦使用反間之計，此即「以詐破之」之明證，非「以詔破之」也。《史記・白起傳》：「秦相應侯又使人行千金於趙爲反間，曰：『秦之所惡，獨畏馬服子趙括將耳。廉頗易與，且降矣。』趙王……聞秦反間之言，因使趙括代廉頗將，以擊秦。」吳師道曰：「詐，《韓》作『詔』，是。」其說愼矣。

（18）大王垂拱以須之，天下編隨而服矣

按：編隨而服，《策》作「編隨而伏」。吳師道曰：「《韓》作『敗也』。」吳

〔註11〕　「保」、「報」古音近，《禮記・樂記》：「禮有報而樂有反。」鄭玄注：「報讀曰褒。」《祭義》文同，鄭玄注：「報皆當爲褒，聲之誤。」是其證。

〔註12〕　段玉裁《說文解字注》，上海古籍出版社1981年版，第472頁。朱珔《說文假借義證》說同，黃山書社1997年版，第556頁。

〔註13〕　王念孫《廣雅疏證》，收入徐復主編《廣雅詁林》，江蘇古籍出版社1992年版，第30頁。

氏所見本「服」作「敗」，形近而誤。朱起鳳曰：「編隨即辮隨，謂辮髮
而隨朝也。」〔註14〕

（19）棄甲負弩，戰竦而卻

按：《策》作「棄甲兵怒，戰慄而卻」。張文虎曰：「『棄甲兵弩』言不成文，
《策》作『怒』亦不可通，疑皆有誤。」〔註15〕「兵怒」是「負弩」
形聲之誤。負，讀爲抱，俗作拋。《尉繚子‧制談》：「拗矢、折矛、
抱戟。」「抱戟」即「拋戟」〔註16〕。此文「負弩」即「拋弩」，與「棄
甲」對舉。王先慎改作「棄甲與弩」，改字無據。金正煒謂「『兵』則
『折』字之譌耳」，諸祖耿從其說〔註17〕。陳奇猷引《史記‧司馬相
如傳》「負弩矢先驅」，謂示和平不戰之意。諸說皆非是。徐仁甫謂「『棄
甲兵弩』是一動三賓」，亦非。「兵」是總名，不得與「甲弩」並列。
《有度篇》：「則是負薪而救火也。」負亦讀爲抱，拋擲。「拋棄」即
由「拋擲」引申而來，二義相因。《戰國策‧魏策三》、《淮南子‧覽
冥篇》、《淮南子‧說山篇》、《文子‧精誠》、《漢書‧枚乘傳》《上書
諫吳王》並有「抱薪而救火」語，《史記‧魏世家》、《說苑‧正諫》、
《漢書‧董仲舒傳》並有「抱薪救火」語，《鬼谷子‧摩篇》有「抱
薪趨火」語，《鄧析子‧轉辭篇》有「抱薪加火」語，《賈子‧數寧》
有「抱火厝之積薪之下」語。楊樹達謂「抱」是古「拋」字〔註18〕，
是也。《鄧析子‧無厚篇》：「譬如……救火投之以薪。」「投」即拋擲、
投擲之義，尤爲確證。古字亦作「摽」，《公羊傳‧莊公十三年》：「曹
子摽劍而去之。」《御覽》卷480引作「擿」，俗字；《新序‧雜事四》
作「標」，借字。

（20）內者量吾謀臣，外者極吾兵力

按：極，疲憊也，即上文「罷而去」之「罷（疲）」字之義。鮑彪注：「極，

〔註14〕朱起鳳《辭通》，上海古籍出版社1982年版，第143頁。
〔註15〕張文虎《舒藝室隨筆》卷6，收入《續修四庫全書》第1164冊，第400頁。
〔註16〕參見孫詒讓《札迻》卷10，齊魯書社1989年版，第336頁。
〔註17〕金正煒《戰國策補釋》卷1，收入《續修四庫全書》第422冊，上海古籍出版
社2002年版，第444頁。諸祖耿《戰國策集注匯考》，鳳凰出版社2008年版，
第173頁。
〔註18〕楊樹達《漢書窺管》，收入《楊樹達文集》之十，上海古籍出版社1984年版，
第367頁。

言度其力之所至。」陳啓天曰：「極吾兵力，猶言窮吾兵力也。」陳奇猷曰：「極，盡也。」徐仁甫曰：「極也是量的意思。」皆非是。

（21）臣以為天下之從，幾不難矣

按：難，一本作「能」。王渭曰：「『能』當作『難』。」羅焌曰：「『能』字不誤。幾，猶豈也。」幾不難矣，《策》作「豈其難矣」。王說是。「幾」、「豈」音借字。「不」當作「其」。「其」古字作「亓」，因而形譌作「不」。矣，猶乎也。「從」同「縱」，與「橫」對。「豈其」表反問句語氣。豈其難乎，言不難也。王先愼曰：「幾，猶殆也。」吳昌瑩曰：「豈，猶其也，殆也。其，猶將也。言殆將難也。」〔註19〕陳奇猷曰：「幾借爲冀。幾不難矣，猶言希望從之成不難矣。」皆非是。趙海金曰：「矣猶乎也。豈其難乎，謂其不難也。王氏訓幾爲殆，得之，陳說失之。」前說是，後說非也。

（22）以與周武王為難

按：上文「以與秦強爲難」，高誘注：「難，猶敵也。」《戰國策・秦策一》：「將西南以與秦爲難。」高誘注同。

（23）戰一日，而破紂之國，禽其身

陳奇猷曰：《史記・殷本紀》：「甲子日紂兵敗，紂走入，登鹿臺……周武王遂斬紂頭，縣之白旗。」未云禽紂之身。惟《竹書紀年》及束皙《汲冢書抄》曰「周武王親禽紂於南單之臺」，與《史》異。《水經・淇水注》：「南單之臺，即鹿臺之異名也。」

按：陳說本於徐文靖《竹書統箋》卷7。本書《喻老》：「武王擒紂於牧野。」《風俗通義・三王》引《尙書》：「（武王）擒紂於牧之野。」《御覽》卷241引應劭《漢官儀》同。《說苑・權謀》：「（武王）禽紂於牧野。」皆言擒紂於牧野，則「南單之臺」在牧野也。考《御覽》卷329引《六韜》：「（武王）親擒紂，縣其首於白旗。」此即擒紂說所本。

（24）襄主鑽龜〔數〕筮占兆

按：《策》作「錯龜數策占兆」，顧廣圻、王先愼、羅焌據補「數」字，是

也。張覺謂「筮」字是連類而及，非是。《御覽》卷 10 引《六韜》：「鑽龜，龜不兆；數蓍，交加而折。」「數筮」即「數蓍」。《說文》：「筮，《易》卦用蓍也。」鮑彪注：「灼龜折（坼）處曰兆。」〔註 20〕《說文》：「刜，灼龜坼也。兆，古文兆省。」《策》作「錯」，當讀爲鑿。《史記·六國年表》：「晉出公錯。」《索隱》：「《系本》名鑿。」《史記·晉世家》：「定公卒，子出公鑿立。」亦作「鑿」。「錯龜」即「鑿龜」，與「鑽龜」義同。本書《飾邪》：「鑿龜數筴〔占〕兆。」正作「鑿龜」。音轉又作「作龜」〔註 21〕，《周禮·春官·宗伯》：「卜大封，則眂高作龜。」鄭玄注：「〔鄭司農云〕作龜，謂鑿龜令可爇也。玄謂作龜，謂以火灼之，以作其兆也。」先鄭說得之，後鄭說非是〔註 22〕。《禮記·郊特牲》：「受命於祖廟，作龜於禰宮。」孔疏：「作，灼也。」鮑彪注：「錯，『措』同，置也。」橫田惟孝曰：「『錯』當從《韓子》作『鑽』，字之誤也。」太田方說同。安井衡曰：「錯，丈（文）也，謂鑽之。」〔註 23〕朱起鳳曰：「『錯』字古形與『鑽』似，因以致誤。」諸祖耿據朱說改〔註 24〕。諸說亦皆非是。

（25）大王誠聽其說

按：誠，《策》作「試」。裴學海曰：「誠，猶若也。試亦猶若也。」〔註 25〕「試」當爲「誠」形誤，治《策》諸家皆未及。《楚策一》「大王誠能聽臣」，又「大王誠能聽臣之愚計」，《趙策二》、《魏策一》亦有「大王誠能聽臣」語，文例皆同。松皋圓曰：「誠，《策》作『試』，是。《尉繚子》：『試聽臣之術。』」檢《尉繚子·制談》：「試聽臣之言其術。」又「聽臣之術。」又《將理》：「試聽臣之言行。」沒有松氏所引的文字，且文例亦不同。

〔註 20〕 「折」當作「坼」，字之誤也。陳奇猷引鮑注，而未是正。

〔註 21〕 《國語·魯語上》：「其次用鑽笮。」《漢書·刑法志》「笮」作「鑿」，《白帖》卷 13、《初學記》卷 20 引亦作「鑿」。《文選·長笛賦》：「刻鏤鑽笮。」李善注：「《國語》韋昭注爲笮，而賈逵注爲鑿，然笮與鑿音義同也。」此其相通之證。

〔註 22〕 參見金正煒《戰國策補釋》，收入《續修四庫全書》第 422 冊，上海古籍出版社 2002 年版，第 44 頁。

〔註 23〕 三氏說皆轉引自范祥雍《戰國策箋證》，上海古籍出版社 2006 年版，第 197 ～198 頁。

〔註 24〕 諸祖耿《戰國策集注匯考》，鳳凰出版社 2008 年版，第 178 頁。

〔註 25〕 裴學海《古書虛字集釋》，中華書局 1954 年版，第 831 頁。

《存韓》第二校補

（1）秦特出銳師取韓地，而隨之怨懸於天下，功歸於強秦

按：王先慎曰：「『韓』字當在『而』下。」松皋圓曰：「秦，衍文，不然，上下必有缺文……謂舉國地以隨其後。」陳啓天曰：「特，猶言但也，僅也。隨之，猶言因之。」陳奇猷曰：「隨，即追隨、跟隨之意。『而隨之』三字屬下爲句。」此文倒譌，當作「秦取地，韓特出銳師而隨之」，韓特意出兵助秦取地，故「怨懸於天下，功歸於強秦」也。《戰國策・趙策一》：「秦楚戰於藍田，韓出銳師以佐秦。」又《趙策二》「秦攻楚，齊、魏各出銳師以佐之。」《越絕書・越絕內傳陳成恒》：「臣請東見越王，使之出銳師以從下吏。」皆其文例。「隨」即「佐」、「從」之誼。

（2）趙據齊以為原

　　舊注：若山原然。

按：顧廣圻曰：「原，當作厚。」吳汝綸曰：「原乃援之誤。」太田方曰：「據以固其本，猶川之有源也。」陳啓天、陳奇猷並曰：「原與援聲同而誤。」陳奇猷又謂「顧說亦通」。劉如瑛謂「吳說是」。竊謂「原」讀爲垣，《說文》：「𤲬讀若桓。」是其例。言趙依據齊以爲後牆也。《釋名》：「垣，援也，人所依阻，以爲援衛也。」與吳氏讀援義亦相因。

（3）夫一動而弱於諸侯，危事也；為計而使諸侯有意我之心，至殆也

按：物双松曰：「意，疑慮也。我，謂秦也。」至確。陳奇猷解「意」爲「臆度」，未安。松皋圓曰：「殆，亦危也。」其說未確。殆當讀爲佁、騃，愚也。《說文》：「佁，癡貌，讀若騃。」字亦作儓、嬯、怠，俗作憕、呆、獃〔註26〕。言爲計而使別人有所懷疑，是至愚也。

（4）秦之有韓，若人之有腹心之病也，虛處則㤞然，若居濕地，著而不去，以極走則發矣

　　舊注：㤞，妨心腹虛也，而病爲妨。喻秦虛心待韓，韓終爲妨。㤞，音艾。

〔註26〕參見蕭旭《〈越絕書〉古吳越語例釋》，收入《群書校補（續）》，花木蘭文化出版社 2014 年版，第 2011～2012 頁。

按：物双松曰：「言虛曠無事以處，則但覺稍有妨礙已。極，『劇』同。有勞劇奔走之事，則發也。」松皋圓於「悈」字斷句，「然」字屬下，引一說：「虛，丘墟，高燥之地也。《荀子》注：『極，與亟同。』」顧廣圻曰：「虛處，平居也。極，困也。『則悈然若居濕地著而不去』十一字爲一句。悈，苦也。舊注皆誤。『以極』逗，『走』字衍。」王念孫、王筠、朱駿聲皆引此文以證《說文》、《廣雅》「悈，苦也」之訓〔註27〕。俞樾曰：「平居不得謂之虛處。『走』與『處』對文，則『走』非衍文也。『虛』乃衍字也。極，猶亟也。」陳啓天曰：「『虛處』與『極走』對文。」于省吾說同。陳奇猷曰：「虛處猶言無事而處，故顧以平居釋之。」劉如瑛曰：「虛，同『墟』，居處之意。虛處，猶居處。」松、俞二氏讀極爲亟是，餘說皆非是。當以「虛處則悈然若居濕地著而不去」爲句。虛處，謂空虛之處。舊注「心腹虛」是也。《巢氏諸病源候總論》卷1：「風寒之客肌膚，初始爲痺，後傷陽經，隨其虛處而停滯，與血氣相搏。」又卷33：「此是隨肌膚虛處而發也。」又卷34：「此由風邪毒氣客於肌肉，隨虛處而停結爲瘰癧。」「虛處」皆同義。悈，讀爲閡，字亦作硋、礙，閉阻也，此指澀滯不暢。謂腹心之病於人之身體空虛之處發作，澀滯不暢如居濕地然，附著而不能去。

（5）文其淫說，靡辯才甚

按：當點爲「文其淫說、靡辯，才甚」。趙海金疑「才」爲「特」脫誤〔註28〕，無據。

（6）以與韓人爲市，則韓可深割也

按：松皋圓曰：「《東周策》注：『割，謂出地。』」陳奇猷曰：「割，猶制裁也。」松說是，割謂割地。《戰國策·趙策一》：「公子他曰：『王出兵韓，韓必懼，懼則可以不戰而深取割。』」

（7）韓居中國，地不能滿千里

按：「滿」字衍文。《戰國策·趙策一》：「韓與秦接境壤界，其地不能千里。」

〔註27〕 王念孫《廣雅疏證》，收入徐復主編《廣雅詁林》，江蘇古籍出版社1992年版，第319頁。王筠《說文解字句讀》，中華書局1988年版，第410頁。朱駿聲《說文通訓定聲》，武漢市古籍書店1983年版，第195頁。
〔註28〕 趙海金《韓非子覈詁》，《成功大學學報》1973年第8期，第101頁。

《孟子・萬章下》：「不能五十里，不達於天子。」朱熹注：「不能，猶不足也。」能，猶足也，滿也。

《難言》第三校補

（1）所以難言者，言順比滑澤，洋洋纚纚然，則見以為華而不實

　　舊注：言順於慎，比於班，洋洋，美。纚纚，有編次也。

　按：太田方曰：「纚，色蟹反，所以韜髮也……故舊注以爲有編次也。」陳奇猷曰：「洋洋纚纚，猶言滔滔不絕。」《集韻》：「纚，輦爾切，連也。」「纚」當讀輦爾切，借爲邐。《說文》：「邐，行邐邐也。」邐邐狀連延不絕貌。字亦作「縰縰」，《文選・高唐賦》：「縰縰莘莘。」李善注：「眾多之皃。縰與纚同。」字亦作「莥莥」、「筵筵」，《玉臺新詠》卷1《皚如山上雪》：「釣竿何嫋嫋，魚尾何莥莥。」《類聚》卷41、《樂府詩集》卷18作「筵筵」。《宋書・樂志三》、《樂府詩集》卷41作「離筵」，非也。元・劉履《風雅翼》卷10：「嫋嫋、筵筵，並搖動貌。」亦未得其解。俗音誤爲所蟹反，故「洋洋纚纚」又作「洋洋灑灑」矣。

（2）揔微說約，徑省而不飾，則見以為劌而不辯

　按：劌，讀爲慧，敏察，精明。謂言省辭約，則別人以爲是精明而不善言辭。《墨子・修身》：「慧者心辯而不繁說。」是其誼也。《意林》卷1引「劌」作「訥」，蓋臆改。太田方引《方言》訓刺，松皐圓引《說文》訓利傷，于省吾讀劌爲昧，暗昧。恐皆非是。

（3）上古有湯，至聖也。伊尹，至智也。夫至智說至聖，然且七十說而不受，身執鼎俎為庖宰，昵近習親，而湯乃僅知其賢而用之

　　陳奇猷曰：（古書）皆無七十說而不受之說，惟《抱朴子・時難篇》：「伊尹干湯，至於七十。」與此同。

　按：《後漢書・馮衍傳》《顯志賦》：「昔伊尹之干湯兮，七十說而乃信。」李賢注：「七十說而乃信，謂年七十說湯，乃得信也。皇甫謐《帝王紀》曰：『（伊摯）年七十而不遇，湯聞其賢，設朝禮而見之，摯乃說湯，至於王道。』」則「七十」非謂次數也。陳啓天曰：「七十說，謂

伊尹說湯有七十次也。」張覺曰：「七十，泛指多次。」皆非是。

（4）翼侯炙

顧廣圻曰：《戰國策》、《史記》皆作「鄂侯」。

按：《書鈔》卷 41 引《帝王世紀》言紂「炙翼侯」，與此同。

（5）鬼侯腊

陳奇猷曰：《呂氏春秋·行論篇》「殺鬼侯而脯之」，此云腊，異。

按：《逸周書·明堂解》、《禮記·明堂位》、《韓詩外傳》卷 10 並言紂「脯鬼侯」，《書鈔》卷 41 引《帝王世紀》言紂「脯九侯以饗諸侯」，亦作「脯」。《廣雅》：「腊，脯也。」義同。陳氏謂異，失考矣。

《主道》第五校補

（1）故曰君無見其所欲，君見其所欲，臣自將雕琢；君無見其意，君見其意，臣將自表異

按：盧文弨等乙「自將」爲「將自」，是也，《雲笈七籤》卷 1 引正作「將自」。

（2）去舊去智，臣乃自備

按：去舊去智，《雲笈七籤》卷 1 引作「去賢去智」。羅焌曰：「宮內本改『去舊』爲『去賢』。」作「去賢」是，下文云「是故去智而有明，去賢而有功」，與此相應。「智」、「備」支、之合韻。王念孫乙作「去智去舊」，謂三代兩漢支、之兩部絕不相通。江有誥說同〔註 29〕，趙海金從王說〔註 30〕。「去賢」、「去智」，是一類也，改作「去舊」，非其比矣。至於王氏謂二漢以前支、之兩部不合韻，則也非事實。物雙松曰：「去舊，去仁也，去故舊之愛也。」太田方曰：「去舊，去巧也。舊，故也。」孫人和說同太氏。楊樹達曰：「『舊』即今言之成見。」陳啓天曰：「舊，謂智巧之出於經驗者。或疑『舊』字爲『奮』或『賢』

〔註29〕 江有誥《先秦韻讀·韓非子》，《江氏音學十書》，收入《續修四庫全書》第 248 冊，上海古籍出版社 2002 年影印，第 212 頁。
〔註30〕 趙海金《韓非子觳詁》，《成功大學學報》1973 年第 8 期，第 104 頁。

之誤，未可從。」梁啓雄曰：「舊指君主的舊行動。」《校注》：「舊，成見。」亦皆非是。舊訓故，不得轉訓巧。張覺曰：「這裏借『舊』表示『巧』，是一種特殊的連瑣比附的修辭手法所造成的。」曲說耳。陶鴻慶改「舊」爲「奮」，尤爲無據。

（3）寂乎其無位而處，漻乎莫得其所

　　　　顧廣圻曰：漻，讀爲寥，正字作「廫」，《說文》云：「空虛也。」

　按：顧說是，物双松說同。《雲笈七籤》卷 1 引正作「寥」，又引「所」下有「名」字，蓋涉下「明」字誤衍。

（4）明君無爲於上，群臣竦懼乎下

　按：太田方曰：「『竦』、『悚』同。」《雲笈七籤》卷 1 引正作「悚」。

（5）明君之道，使智者盡其慮，而君因以斷事，故君不窮於智；賢者敕其材，君因而任之，故君不窮於能

　按：敕，《四部叢刊》影黃丕烈校宋本、《道藏》本等作「勑」，《雲笈七籤》卷 1 引亦作「勑」。盧文弨曰：「敕，一作效。」「敕」同「勑」，作「效」爲臆改。《方言》卷 13：「敕，備也。」《廣雅》：「敕，進也。」二義並通。津田鳳卿校「敕」作「効」，訓致。陳奇猷訓敕爲理。皆失之。陳啓天曰：「『效』爲正字，『効』爲俗字，作『敕』者以形近而誤也。」傎矣。

（6）是故不賢而爲賢者師，不智而爲上智者正

　按：盧文弨等刪「上」字，是也，《雲笈七籤》卷 1 引正無「上」字。

（7）道在不可見，用在不可知

　按：《六韜·武韜·發啓》：「故道在不可見，事在不可聞，勝在不可知，微哉微哉！」爲《韓子》所本。今本當脫「口在不可聞」五字，下文「見而不見，聞而不聞，知而不知」，其言「見、聞、知」三者，與此對應。

（8）功當其事，事當其言則賞；功不當其事，事不當其言則誅

　按：誅，太田方訓責罰，是也，本書《二柄》作「罰」。

（9）故明君之行賞也，曖乎如時雨，百姓利其澤；其行罰也，畏乎如
雷霆，神聖不能解也

按：曖，讀為㤅，《說文》：「㤅，惠也。」經傳皆作「愛」字。「愛」與
「畏」字對舉成義，是對賞罰的感覺的描寫。顧廣圻曰：「曖，讀為
愛。」雖未探本，而得其誼。物双松曰：「『曖』、『靄』同。」太田方
曰：「曖，溫貌。《莊子》：『曖然似春。』《楚辭》：『揚雲霓之晻靄兮。』
《韻會》：『靄，音藹，靆與曖同，雲貌。』」陳奇猷曰：「物、太說是。
曖，形容時雨，不當讀愛。」是以不狂為狂。下文「畏」不是形容雷
霆，然則「曖」亦決非形容時雨也。「靉靆」形容雲濃黑狀，非此文
之誼。《莊子》作「煖然似春」，《釋文》：「煖，音暄。」字從「爰」，
不從「愛」，太氏誤引，陳氏未訂，亦疏矣。物双松曰：「『畏』、『威』
同。」梁啓雄曰：「曖，正字作㬎，蔽不見也。字亦作薆。『畏』字讀
為『威』。」《校注》：「曖，溫潤。」趙海金讀「畏」為「威」〔註31〕。
皆未得。

（10）故明君無偷賞，無赦罰

按：「偷」當作「踰」，另詳《八姦篇》校補。太田方曰：「偷，苟且也。」
非是。

〔註31〕趙海金《韓非子叢詁》，《成功大學學報》1973 年第 8 期，第 104 頁。

卷 二

《有度》第六校補

（1）國無常強，無常弱，奉法者強則國強，奉法者弱則國弱

按：《路史》卷 29 作「奉法者以強，而不奉法者以弱」，蓋臆改。

（2）荊莊王并國二十六，開地三千里，莊王之氓社稷也，而荊以亡

舊注：荊全之時與荊亡之時，民及社稷未改易而全亡。遂殊者，則由奉法有強弱故也。

按：《路史》卷 29 作「荊莊併國二十六，開地三千，猶荊莊之氓社稷，而荊已亡」。楊樹達、趙海金謂舊注「氓」訓民得之，是也。《路史》著一「猶」字，其義尤顯。以，通「已」。劉師培曰：「氓當作泯，滅也。」傅佛崖、王煥鑣說同，陳奇猷從其說。陳啓天曰：「『氓』字或爲『亡』字之誤。亡，失也，死也。」趙海金曰：「以，猶可也。」皆非是。

（3）魏安釐王攻趙救燕

顧廣圻曰：當云「攻燕救趙」。

按：《路史》卷 29 作「攻趙破荊」。

（4）私平陸之都

舊注：言魏加兵於齊平陸，以爲私都也。

—21—

按：《路史》卷 29 作「利都平陸」。「利」即「私」形譌。

（5）今皆亡國者

按：《路史》卷 29 作「而尋皆亡者」。

（6）則是負薪而救火也

按：負，讀爲抱，俗作「拋」，已詳《初見秦篇》校補。

（7）故審得失有法度之制者加以群臣之上，則主不可欺以詐偽；審得失有權衡之稱者以聽遠事，則主不可欺以天下之輕重

舊注：謂得守法度之臣，授之以政，位加群臣之上，故不可欺以詐偽。

按：《意林》卷 2 引《慎子》：「有權衡者，不可欺以輕重；有尺寸者，不可差以長短；有法度者，不可巧以詐偽。」〔註1〕《管子・明法》：「是故有法度之制者，不可巧以詐偽；有權衡之稱者，不可欺以輕重；有尋丈之數者，不可差以長短。」此皆《韓子》所本。又考《禮記・經解》：「禮之於正國也，猶衡之於輕重也，繩墨之於曲直也，規矩之於方圓也。故衡誠縣，不可欺以輕重；繩墨誠陳，不可欺以曲直；規矩誠設，不可欺以方圓；君子審禮，不可誣以姦詐。」鄭玄注：「衡，稱也。縣，謂錘也。陳，設，謂彈畫也。誠，猶審也，或作成。」《荀子・禮論篇》：「故繩墨誠陳矣，則不可欺以曲直；衡誠縣矣，則不可欺以輕重；規矩誠施矣，則不可欺以方圓；君子審於禮，則不可欺以詐偽。」《史記・禮書》採《荀子》，「施」作「錯」，餘同。《索隱》：「錯，置也。」韓子即本其師荀子之說。此文「審」即「誠」，「法度之制」即「禮」。顧廣圻曰：「『失』當作『夫』。舊注未訛。」王先慎從其說，皆是也。「失」亦可能涉「得」而誤衍。「審得」猶言誠得、眞有。松皋圓以「故審得失」爲句，陳啓天曰：「作『失』亦通。謂主有法度之制以審事之得失。」皆非是。陳奇猷謂顧說非，韓子有關於「得失」的理論。陳氏雖引《管子》，而失考《禮記》、《荀子》，故致誤耳。

（8）今若以譽進能，則臣離上而下比周；若以黨舉官，則民務交而不

〔註1〕 《御覽》卷 429 引同。

求用於法

陳奇猷曰：《管子・明法篇》「交」作「佼」。《說文》：「佼，交也。」則佼與交爲同義字。或曰「『用』爲『周』之誤。周，合也」，亦通。

按：《管子・明法》作「交」，《管子・明法解》作「佼」。舉，薦拔也。「用」字是。松皋圓曰：「舉，疑當作『與』。」王煥鑣曰：「能，疑當作『罷』，形近而誤。」皆非是。

（9）故官之失能者其國亂，以譽為賞，以毀為罰也

劉師培曰：《管子・明法篇》「能」作「治」。能、台古通，故假能爲治。

陳奇猷曰：劉說非也。失能者，無能也。《管子》作「治」，誤，當依此訂正。

按：《管子・明法》：「是故官之失其治也，是人主以譽爲賞，以毀爲罰也。」劉師培校《管子》則云：「『治』當作『能』，上云『以譽進能』，下云『故官失其能』，均其證。《韓子》述此文，正作『失能』，此尤『治』當作『能』之徵。蓋古『能』字通作『台』，因譌爲『治』。《賈子新書》：『雖堯舜不能。』《漢書・賈誼傳》作『不治』，是其例。」〔註2〕所引《賈子》，見《宗首篇》。劉氏二說適反。松皋圓曰：「官遷失謬，各誣材能。」陳奇猷解爲「無能」，張覺解爲「失去能人」，皆未得。《孔叢子・記問》：「所以官人失能者，由於不明也。其君以譽爲賞，以毀爲罰，賢者不居焉。」亦作「能」字。能，讀爲任，職也。失能，失職也。《管子・明法》：「不以官爲事，故官失其能。」又《明法解》「能」作「職」，斯其明證矣〔註3〕。

（10）則好賞惡罰之人，釋公行，行私術，比周以相為也，忘主外交以進其與

舊注：與，謂黨與也。

按：《管子・明法》：「然則喜賞惡罰之人，離公道而行私術矣。比周以相爲匿，是忘主死（外）交以進其譽。」下句《明法解》引「匿」作「慝」，

〔註2〕　劉師培《管子斠補》，收入《劉申叔遺書》，江蘇古籍出版社1997年版，第802～803頁。

〔註3〕　參見蕭旭《孔叢子校補》，收入《群書校補（續）》，花木蘭文化出版社2014年版，第1047頁。

「交」作「佼」。《韓子》節取其文。太田方曰:「據《管子》,『也』恐『匿』字譌,謂匿姦掩非也。」劉師培謂「爲」下脫「慝」,作「譽」義長,下文「交眾與多」,「與」當作「譽」。劉說皆是,惟不必以「與」爲誤字。「匿」借爲「慝」。慝,邪惡。與,讀爲譽。「比周以進其譽」與上文「以譽進能,則臣離上而下比周」相應。《逸周書·官人解》:「比周以相譽。」《大戴禮記·文王官人》同。《戰國策·韓策一》:「比周以相飾。」飾亦譽也。《荀子·彊國》:「比周以相與。」「與」亦讀爲譽。楊倞註:「與,謂黨與之國也。」非是。陳奇猷必與劉說相反,謂「爲,猶助也。此文外交者,所以增進其黨與」。松皋圓、趙海金亦謂「爲猶助」。皆非是。王煥鑣曰:「與,黨與,黨羽。《管子》作『譽』,當據此改正。」傎矣。《管子》尹注誤以「是」字屬上,遂不可通矣。

(11) 若是,則群臣廢法而行私

按:「群」當作「君」。本書《姦劫弒臣》:「君臣廢法而服私。」《管子·明法解》:「凡爲主而不得行其令,廢法而恣群臣。」《商子·修權》:「夫廢法度而好私議,則奸臣鬻權以約祿,秩官之吏隱下而漁民。」此皆君廢法之證。此文「私」指私議,即「私義」。「不行私義」是名法家之要旨〔註4〕。

(12) 能者不可弊,敗者不可飾,譽者不能進,非者弗能退

按:弊,《道藏》等本作「蔽」。《管子·明法》「弊」作「蔽」,「非」作「誹」。松皋圓、王先慎、津田鳳卿、陳啓天、陳奇猷、王煥鑣並讀弊爲蔽,是也。劉如瑛謂「敗」讀爲罷,同「疲」,指疲弱不任事者,至確。而劉氏未舉通假之證。《呂氏春秋·孝行》:「士民孝,則耕芸疾、守戰固、不罷北。」《治要》卷39引「罷」作「疲」,《御覽》卷77引作「敗」。《商子·畫策》:「名卑地削,以至於亡者戰罷者也。」蔣禮鴻曰:「罷,通作敗。」〔註5〕高亨曰:「罷,猶敗也。」〔註6〕

〔註4〕 參見蕭旭《商子校補》,收入《群書校補(續)》,花木蘭文化出版社 2014 年版,第 311～312 頁。
〔註5〕 蔣禮鴻《商君書錐指》,中華書局 1986 年版,第 108 頁。
〔註6〕 高亨《商君書注譯》,中華書局 1974 年版,第 138 頁。

皆其相通之證。敗者，即「罷者」，指不能者。《御覽》卷 273 引諸葛
亮《兵要》：「故能者不可蔽，不能者不可飾，妄譽者不能進也。」即
本此文。尹注解爲「敗法」，王煥鑣、陳奇猷解爲「敗事」，皆非是。
《明法》「能」下衍「匿」字，《明法解》無此字。

（13）朝廷不敢辭賤，軍旅不敢辭難

按：《御覽》卷 621 引無二「敢」字。

（14）為人臣者，譬之若手，上以脩頭，下以脩足

按：脩，一本作「修」。陶鴻慶「脩」謂「循」之誤，是也；但陶氏解爲
「順行」則非是。「循」讀爲揗，撫摩、安撫也，古書多借「循」字
爲之。言手上可以撫摩頭，下可以撫摩足也。物双松曰：「修，猶循
也。」太田方曰：「修，飭也。」《校注》：「修，治，修飾。」陳奇猷
謂「脩」當作「修」，戒備。修訓備，是置備、設置義，而非戒備義。
諸說皆非是。

（15）清暖寒熱，不得不救，入；鎮鋣傅體，不敢弗搏

按：張覺以「不得不救入」五字爲句，云：「入，猶今言插手。物双松、太
田方、王先慎、陳啓天、《校注》等都以『入』字爲衍文，陳奇猷認爲
『入』字上下有脫文，均不當。」衍文說較長，《文編》卷 23 引正無
「入」字。「不得不救入」不成句法，張說非也。敢，猶得也〔註7〕。

（16）故民不越鄉而交，無百里之感

按：感，《道藏》本作「戚」，形之譌也。顧廣圻曰：「感，讀爲戚。」物双
松曰：「感，恐當作戚。」是也。《呂氏春秋・上農》：「苟非同姓，農
（男）不出御，女不外嫁，以安農也。」〔註8〕高誘注：「御，妻也。」
男女不外婚娶，故無百里之親戚也。陳奇猷謂「感」指弔死問疾亦通，
非是。

（17）貴賤不相踰，愚智提衡而立，治之至也

按：孫楷第謂「提衡」是勢均力敵之意，陳奇猷引《守道篇》「法分明，

〔註7〕　參見蕭旭《古書虛詞旁釋》，廣陵書社 2007 年版，第 132～133 頁。
〔註8〕　《亢倉子・農道》「農」作「男」，是也。

則賢不得奪不肖，強不得侵弱，眾不得暴寡」以證之。《新語・本行》：
「善惡不相干，貴賤不相侮，強弱不相凌，賢與不肖不得相踰。」亦
此意。

（18）故法省而不侵

按：侵，讀爲淫，過度、放濫。《釋名》：「淫，浸也，浸淫旁入之言也。」
此其相通之證。《淮南子・主術篇》：「法省而不煩。」義同。陳奇猷解
爲「侵凌」，又謂與下文「法審則上尊而不侵」同旨，非是。

（19）聰智不得用其詐，險躁不得關其佞

陳奇猷曰：高亨訓關爲置也、措也，義長。險，衰惡。躁，狡也。佞是善
於諂諛之意。唐敬杲以「險躁」爲「憸譟」，則佞當訓口才，亦通。《詭使
篇》有「險躁佻反覆謂之智」及「譟險讒諛者任」之語，可參閱。

按：《詭使》作「躁險」。躁訓狡，是王引之說，另詳《說疑篇》校補。「險
躁」就性格言，謂輕躁險薄。《廣雅》：「險，褊（薄）也。」《類聚》
卷 23 蜀諸葛亮《誡子》：「慆慢則不能勵精，險躁則不能治性。」亦
其例。太田方引《文選》李周翰注「關，猶用也」。蔣禮鴻引王念孫
曰：「關與納義近。」又云：「關其佞即納其佞。」高亨曰：「關，猶
置也，措也。」羅焌曰：「關，讀若關說之關。關，通也。」皆是也。
關，行也，用也〔註9〕。

（20）朝廷群下，直湊單微，不敢相踰越

按：「直湊單微不敢相踰越」即上文「貴賤不相踰」之誼。《戰國策・韓策
三》：「貴賤不相事，各得其位，輻湊以事其上，則群臣之賢不肖，可
得而知也。」《晏子春秋・內篇諫下》：「且夫上正其治，下審其論（倫），
則貴賤不相踰越。」《家語・正論解》：「貴賤不愆。」意亦同。直湊，
猶言直奏，指尊貴者。單微，指位賤者。《後漢書・陳寵傳》：「陳寵出
於單微。」《御覽》卷 606 引《長沙耆舊傳》：「夏侯叔仁氏族單微。」
是其例。舊說皆誤，不具引。

〔註9〕 參見蕭旭《〈銀雀山漢墓竹簡（一）〉校補》，收入《群書校補（續）》，花木蘭
文化出版社 2014 年版，第 95 頁。

（21）遠在千里外，不敢易其辭；勢在郎中，不敢蔽善飾非

按：勢，俞樾改作「埶」，訓近。吳北江讀勢爲邇〔註10〕。陳奇猷曰：「勢者，勢位也。俞改非。」裘錫圭讀爲「設」〔註11〕。吳北江說爲長，孫志祖亦指出「埶、禰聲相近」〔註12〕。「郎中」即「廊中」，取高亨說。

（22）故治不足而日有餘

按：《荀子・王霸》：「今以一人兼聽天下，日有餘而治不足者，使人爲之也。」楊倞註：「今以一人兼聽天下之大，自稱日有餘，言兼聽之日有餘也。而治不足，謂所治之事少而不足，言不足治也，使人爲之，故得如此。《尸子》曰：『堯南撫交阯，北懷幽都，東西至日之所出入，有餘日而不足於治者，恕也。』治不足者，謂政事不多，不足其治，故日有餘也。楊倞說是也。陳奇猷知引《荀子》，而不引楊說，竟云：「『不』與『丕』通，語辭，不爲義。此文謂治事完足而時日尚有餘。」大誤。

（23）故明主使其群臣，不遊意於法之外，不為惠於法之內

王先愼曰：《御覽》引「惠」作「慧」。

按：景宋本《御覽》卷638引仍作「惠」，王氏所據乃俗本。遊，《管子・明法》作「淫」。《治要》卷32引作「滛」，形之譌也。陳奇猷、王煥鑣謂「遊、淫字通」，是也；而以「淫」爲正字，解爲「淫佚」，則非是。當以「遊」爲正字。遊意，亦作「游意」，猶言遊心、留心、着意〔註13〕。《呂氏春秋・論人》：「而游意乎無窮之次，事心乎自然之塗。」《後漢書・朱浮傳》：「願陛下遊意於經年之外，望化於一世之後。」又《應劭傳》：「惟因萬機之餘暇，游意省覽焉。」皆其例。《校注》：「遊，游離。意，意圖。」非是。

〔註10〕北江《〈韓非子〉疑義考》，《雅言》第1卷，1941年版，第16頁。

〔註11〕裘錫圭《古文獻中讀爲「設」的「埶」及其與「執」互訛之例》，收入《裘錫圭學術文集》卷4，復旦大學出版社2012年版，第455頁。

〔註12〕孫志祖《讀書脞錄》，收入《續修四庫全書》第1152冊，上海古籍出版社2002年版，第218頁。

〔註13〕《莊子・則陽》：「知遊心於無窮，而反在通達之國。」

（24）動無非法，法所以凌過遊外私也，嚴刑所以遂令懲下也

按：顧廣圻曰：「『凌』字未詳。『過』當作『遏』，衍『遊』字。」松皋圓刪「遊」字，云：「凌，猶正（止）也。」王先慎曰：「『過』爲『遏』之誤，顧說是也。一本脫『外』字，『遊』作『滅』，是。『凌』爲『峻』字形近而誤，當在『法』上。」于鬯曰：「『遊』字當在『法』字之上。」孫人和曰：「當作『峻法所以滅過外私也』。『遊』即『過』字之誤衍。外私，棄私也。《管子·明法篇》云『法者所以禁過而外私也』，尤其切證。」金其源曰：「『凌過遊』即『禁過』，謂上不遊意法外，則下過自禁；上不爲惠法內，則下私自舍。」于省吾曰：「本作『法所以凌過滅私也』。凌、陵字通，陵猶勝也。」蔣禮鴻曰：「『凌』字當作『峻』而在『法』上，王說是也。『過遊』二字未詳，要之不能屬入『滅』字。一本作『凌滅外私』者，後人以意改之耳。」〔註14〕陳啓天校作「峻法，所以禁過外私也」，云「凌過或遏滅俱不可解」。羅焌曰：「宮內本作『凌過滅私』。《管子·明法篇》云云。」陳奇猷曰：「當作『法所以凌過外私也』。『凌』即《初見秦篇》『中以凌三晉』之凌，有抑制之意。《管子》作『禁』，猶言禁止，與抑制之義亦近。」張覺曰：「前人都不當。凌，侵凌，引申爲打擊。過遊，越軌放縱。」《管子》作「動無非法者，所以禁過而外私也」，尹注：「外，遺也。」孫氏引誤。「凌三晉」之凌是欺壓義，於此不合。參合眾說，上句疑當作「峻法所以凌過外私也」。凌，讀爲掕。《說文》：「掕，止馬也。」《廣雅》：「禁、掕，止也。」「掕」、「禁」同義。

（25）威不貸錯，制不共門

按：劉師培、高亨據《管子·明法》「威不兩錯，政不二門」，謂「貸」爲「貳」形誤，陳啓天、陳奇猷謂「錯，措也」，皆是也。《說苑·君道》引《管子》作「權不兩錯，政不二門」，《意林》卷1引作「威不兩措，政不二門」。「威」即「權」也。《長短經·適變》引《桓子》：「權統由一，政不二門。」「權統由一」亦即「權不兩錯」之意。陳啓天曰：「『貸』字亦通，貸，借也。謂不可以威借臣而施之。」非是。

〔註14〕蔣禮鴻《讀韓非子小記》，《國師季刊》1940年第9期，第71頁。

（26）刑不斷則邪不勝矣

　按：斷，裁處、判決。《越絕書・外傳枕中》：「秋順而復榮者，百官刑不
　　　斷也。」陳奇猷曰：「斷，謂決斷、果斷，如『柔茹寡斷』之斷。」
　　　未安。

（27）故繩直而枉木斲，準夷而高科削

　　　　舊注：科，等也。削高等令就下也。

　按：科，指樹根。《廣雅》：「科，本也。」《齊民要術・種葵》：「莖葉皆美，
　　　科雖不高，榮實倍多。」太田方曰：「《說文》：『科厄，木節也。』科，
　　　疑與『瘣』通。」章太炎謂「科」即科厄，指木節，陳奇猷從其說。
　　　于省吾曰：「科亦木也。」解爲「木節」亦通。《說文》「科厄，木節
　　　也」是「厄」字條說解，張覺說是「傻」字條段玉裁注，竟不知段注
　　　亦是引《說文》釋語，疏矣。「科厄」疊韻連語，當與「硬砸（砈）」
　　　同源，《玉篇》：「硬砸，石皃。」《集韻》：「硬，硬砸，石皃。」木節
　　　爲科厄，石節爲硬砸，其義一也。語源義是下垂，字亦作「婑姫（婗）」，
　　　《說文》：「姫，婑姫也，一日弱也。」《玉篇》：「婑姫，委貌也。」《集
　　　韻》：「姫，婑姫也。」又音轉爲「婑娜（娜）」，《御覽》卷 381 引服
　　　虔《通俗文》：「肥骨柔弱曰婑娜（娜）。」由下垂義引申爲重遲、舒
　　　緩，又引申爲柔弱〔註15〕。《玉篇》：「扼，乃果切，〔捼〕扼，摘，趙
　　　魏云也。」《集韻》：「扼，捼扼，摘也。」又「扼，趙魏之間謂摘爲
　　　捼扼。」當亦同源，訓摘未詳。松皋圓科訓空，王煥鑣科訓條，陳啓
　　　天曰：「科，坎也。高科，即謂木材之凸凹也。」皆非是。

（28）治亂決繆，絀羨齊非，一民之軌，莫如法；屬（屬）官威民，退
　　　　淫殆，止詐僞，莫如刑

　按：《管子・明法解》：「故治國使眾莫如法，禁淫止暴莫如刑。」此《韓
　　　子》所本。決，決斷，判定。「繆」謂乖戾，另詳《五蠹篇》校補。
　　　太田方曰：「紛亂者治之，繆結者決之。」王煥鑣曰：「繆，同『謬』，
　　　錯誤。」陳奇猷曰：「決，壞也，即破壞，有消除之意。」張覺曰：「繆，

〔註15〕參見蕭旭《〈說文〉「委，委隨也」義疏》，收入《群書校補》，廣陵書社 2011
　　　年版，第 1413～1418 頁。

通『繚』，纏結，比喻糾紛。」皆非是。殆，高亨讀為怠，陳奇猷從其說，是也。淫怠，謂荒淫懈怠。《周禮・天官・宮正》：「去其淫怠與其奇衺之民。」鄭玄注：「淫，放濫也。怠，解（懈）慢也。」「退淫殆」即「去其淫怠」也。《國語・齊語》：「無或淫怠而不聽治者！」亦其例。山仲質曰：「《論語》云：『鄭聲淫，佞人殆。』」《論語》見《衛靈公》，孔安國、皇侃、朱熹解「殆」為「危殆」，於此文不切。張覺謂高亨說不當，《韓子》當是承用《論語》，失考矣。

《二柄》第七校補

（1）明主之所導制其臣者，二柄而已矣

王先慎曰：《類聚》卷 11 引「主」作「王」，無「之所導」三字，「臣」下有「下」字。

按：俞樾、松皋圓謂「所導」猶言「所由」，是也。《御覽》卷 77 引同《類聚》，惟仍作「主」字，不誤。

（2）今君人者釋其刑德而使臣用之，則君反制於臣矣

按：釋，《御覽》卷 891、《事類賦注》卷 20 引誤作「失」。

（3）此簡公失德而田常用之也

按：《意林》卷 1 引作「比齊簡公失德而田常得之」。「比」為「此」形誤，「得」當作「用」。「失德」當作「釋德」，下文「失刑」、「失刑德」，亦誤。

（4）昔者韓昭侯醉而寢

按：醉而寢，《意林》卷 1 引作「醉甚而臥」，《書鈔》卷 32 引作「醉而臥」。

（5）則群臣不得朋黨相為矣

陳奇猷曰：為，讀去聲。相為，相互為用，有狼狽為奸之意。

按：為，讀為和。本書《外儲說左下》：「朋黨相和，臣下得欲。」

（6）齊桓公妬外而好內

按：顧廣圻謂當據《道藏》本刪「外」字，《十過篇》、《難一篇》並無，
王先慎從之。陳奇猷、王煥鑣並謂不當刪「外」，「外」指男子。陳、
王說是。「外」音轉亦作「艾」〔註16〕，《國語·晉語一》：「國君好艾，
大夫殆；好內，適子殆，社稷危。」韋昭注：「艾，當爲『外』，聲相
似誤也。好外，多嬖臣也。」本書《內儲說下》作「國君好內，則太
子危；好外，則相室危」。牟庭曰：「艾當讀爲外，音近假借，非誤也。」
〔註17〕

《揚權》第八校補

（1）夫香美脆味，厚酒肥肉，甘口而疾形

按：孫楷第謂「美」當作「臭」，非是。《意林》卷 1、《文選·七發》李善
注引並作「美」。脆，李善注引作「膬」。膬、脆，並爲「脃」俗字。徐
仁甫乙作「香脆美味」，殊無必要。

（2）曼理皓齒，說情而捐精

按：松皋圓本作「損」，注：「一作捐。」王叔岷曰：「《說郛》本亦作損，
《道藏》本注同。」顧廣圻謂「捐」當從《意林》卷 1、《文選·七發》
李善注引作「損」，王先慎、羅焌從之，是也。《經濟類編》卷 12 引
亦作「損」。《莊子·達生》：「棄事則形不勞，遺生則精不虧。」《文
子·九守》：「好憎使人精勞。」「損精」即「虧精」、「勞精」。陳奇猷
曰：「捐，棄也，義本通。」張覺從其說。非是。

（3）名正物定，名倚物徙

按：《管子·樞言》：「名正則治，名倚則亂，無名則死。」此《韓子》所
本。梁啓雄曰：「倚，曲也，邪也。」《校注》：「倚，偏。」倚，偏倚，
不正也，與「正」對舉。字亦作奇，《孫子·勢》言「奇正」，奇亦不

〔註16〕銀雀山漢簡《孫臏兵法·十陣》：「火戰之法，下而衍以芉，三軍之士無所出
　　　泄，若此，則可火也。」「芉」即「艾」異體字。另參見蕭旭《國語校補》所
　　　引諸說，收入《群書校補》，廣陵書社 2011 年版，第 134 頁。
〔註17〕牟庭（廷相）《雪泥書屋雜志》卷 2，收入《續修四庫全書》第 1156 冊，第
　　　487 頁。

正、詭詐義。古書言「奇衺」、「倚衺」者，同義連文。字亦作畸，《廣雅》：「畸，衺也。」字亦作踦，本書《八經篇》：「提衡而不踦。」字亦作欹，《玄應音義》卷 18：「欹，不正也。」字亦觭，《玉篇》：「觭，傾低不正。」

（4）聽言之道，溶若甚醉

舊注：溶，閒漫之貌。凡聽言者，欲闇以招明，愚以求智，故闇然若甚醉者，則言者自盡而敷奏也。

按：注「故」字，陳奇猷本誤作「欲」。溶，讀爲俗。《說文》：「俗，不安也。」若，猶如也，似也。謂聽言之道，當不安如甚醉之狀也。洪頤煊讀溶爲鎔，解爲鎔化；俞樾讀溶爲容，解爲容貌，王先愼、劉文典、陳啓天從俞說；羅焌、陳奇猷謂「溶若」即「溶然」，皆引顏師古說以申舊注。松皋圓曰：「溶猶靜也。《毛詩》：『誦言如醉。』」皆失之。《毛詩》「誦言如醉」與此文無涉，不當徵引。

（5）彼自離之，吾因以知之；是非輻湊，上不與構

舊注：離，謂分析其所言。彼既分析，吾遂知之所陳之言，或是或非，如輻之湊，皆發自下情，上不與之爲構也。構，結也。

按：《鬼谷子・反應》：「人言者動也，己默者靜也。因其言，聽其辭。言有不合者，反而求之。其應必出，言有象，事有比……道合其事，彼自出之，此釣人之網也。」離，讀爲羅，陳列也。「自離」即「自出」之誼。太田方曰：「離，陳也。」其說是，梁啓雄從之。陳奇猷謂舊注「分析」不誤，非也。《淮南子・主術篇》：「是非輻輳而爲之轂。」與，猶爲也，讀去聲。「構」讀如字，「與構」即「爲之轂」之誼。眾輻之集於轂，故君不爲之轂也。謂彼自陳言，吾因以知其意也。是非輻湊，上不爲其轂，斷其是非曲折也。王先愼讀構爲講，解爲解釋；蔣禮鴻謂構訓交午；陳奇猷謂構訓謀。皆未得。

（6）根幹不革，則動泄不失矣

按：《通典》卷 78 引《五經通議》：「以多至陽氣萌生，陰陽交精，始成萬物，氣微在下，不可動泄。王者承天理物，故率先天下靜而不擾也。」

〔註18〕動泄，謂發動而泄出。句謂如不變動根本，則事物之發動而泄出都不會有差錯。松皋圓據山氏說改「泄」為「溶」；王先慎乙作「動不失泄」；章太炎、孫人和解「動泄」為發動；陳奇猷從孫說；于省吾讀泄為曳，訓引；張覺引《方言》卷10，解「泄」為「歇」，謂「動泄」即「動靜」、「舉止」。皆未得。

（7）動之溶之，無為而改之

按：溶，俞樾讀為搈，羅焌說同，王先慎、陶鴻慶、劉文典皆從俞說，是也。《廣雅》：「搈，動也。」王念孫曰：「《說文》：『搈，動搈也。』《楚辭・九章》云：『悲秋風之動容兮。』《韓子・揚権篇》云：『動之溶之。』溶、搈、容並通。」〔註19〕此即俞說、羅說所本。張覺謂俞說不當，「動溶」即「動泄」，「溶」是從容閒暇之意，其說非也。

（8）喜之則多事，惡之則生怨

按：《國語・楚語下》：「不仁者則不然，人好之則偪，惡之則怨。」

（9）以賞者賞，以刑者刑

按：以，猶可也〔註20〕，宜也，當也。梁啓雄解為「該」，是也。張覺曰：「以，猶使也。」非是。

（10）規矩既設，三隅乃列

按：規矩者，其一隅也。一隅正，則其餘三隅皆正。言規矩既設，另外三隅乃陳列。陳奇猷解列為次序，非是。

（11）若天若地，是謂累解；若地若天，孰疏孰親

舊注：天地高厚，不可測者也。君用意如天地，則上因下考之，累可解也。

俞樾曰：《荀子・富國篇》：「則和調累解。」楊注以為「嬰累解釋」，非也。

〔註18〕　《類聚》卷3引略同，未引下句。
〔註19〕　王念孫《廣雅疏證》，收入徐復主編《廣雅詁林》，江蘇古籍出版社1992年版，第97頁。
〔註20〕　參見裴學海《古書虛字集釋》，中華書局1954年版，第24頁。蕭旭《古書虛詞旁釋》補舉此例，廣陵書社2007年版，第7頁。

《儒效篇》「解果其冠」，楊註引《說苑》「蟹螺者宜禾」為證，然則累解猶蟹螺矣。古語雖不盡可通，而「累解」二字平列，則塙然無疑。

俞樾又曰：「累解」即「蟹螺」也，語有倒順耳。《說苑》以「蟹螺」與「汙邪」對文，則「蟹螺」猶平正也。

沈兼士曰：「薜茞」即「角」之複音轉語，其字亦通於「解果」，《荀子》「解果其冠」，謂冠梁中高旁下之形。又可作「蟹堁」，《說苑·復思篇》：「蟹堁者宜禾。」《荀子》楊注引作「蟹螺」。倒言之則為「累解」，《荀子·富國篇》：「則和調累解。」楊注分析釋之，非也。俞樾謂即「解螺」之倒文，甚是，謂其解猶平正，則非。其語又轉為「間介」……「薜茞」諸轉語，均為角形，其義為阨隘阻塞。又「薜茞」既為「角」之轉語，「角」者二線相遇之名，故孳乳之語為「邂逅」〔註21〕。

按：陳奇猷以俞樾又曰語誤作劉師培說〔註22〕。俞樾、沈兼士謂「累解」即「蟹螺」、「解果」倒語，是也，而尚未得其誼。沈兼士謂是「角」之複音轉語，又轉為「間介」，亦誤。「蟹螺」、「解果」即「解構（搆）」、「解覯」、「解遘」、「邂遘」、「解垢（邂逅）」之轉語，猶言合會、交構。《荀子·富國》及此文用其本義，《荀子·儒效》、《說苑》以喻高冠、高地〔註23〕。俞樾又曰：「《禮記·曲禮篇》：『為大夫累之。』按：累之，猶解之也。『累解』本疊韻字，《荀子·富國篇》：『則和調累解。』累解二字同義，猶和調二字亦同義。古語如此。楊倞注非也。緩言之曰累解，急言則止曰累矣。」〔註24〕俞氏謂「累」即「解」義，非是。《禮記·曲禮》鄭注：「累，倮也。」此亦累、果聲字音轉之證。王念孫說《荀子》曰：「累解二字未詳，注非。」〔註25〕王氏雖闕如，但指出楊說「嬰累解釋」非是。馬敘倫謂「累解」即「觸解」；山仲

〔註21〕沈兼士《筆記三則》，收入《沈兼士學術論文集》，中華書局1986年版，第317頁。

〔註22〕參見俞樾《古書疑義舉例》卷7，收入《古書疑義舉例五種》，中華書局1956年版，第138頁。張覺《陳奇猷〈韓非子新校注〉偽校偽注初揭》已經指出陳氏之誤，《中國文化研究》2005年春之卷，第138頁。

〔註23〕參見蕭旭《淮南子校補》，花木蘭文化出版社2014年版，第53～60頁。

〔註24〕俞樾《古書疑義舉例》卷2，收入《古書疑義舉例五種》，中華書局1956年版，第27頁。

〔註25〕王念孫《荀子雜志》，收入《讀書雜志》卷11，中國書店1985年版，第16頁。

質、陳奇猷皆謂楊倞注「嬰累解釋」是；梁啓雄謂「累解」是「緊湊和分散」，此句省「和調」二字；羅焌、徐仁甫並謂「累解」即《莊子》的「懸解」，無親疏義。皆非也。陳奇猷引《國語・齊語》「甲不解纍，兵不解翳」，尤爲不當。「纍」乃盛甲之器，與此無涉。此言如天如地，自然交構而成，無有親疏也。文廷式曰：「『累解』當作『解累』，地、累韻。解累者，言不爲萬物所累也。」〔註26〕文說非是，江有誥指出「地，音禘。解，音冀。歌、支通韻」〔註27〕，且文氏釋「解累」，亦是望文生義。張覺引《莊子・庚桑楚》「解心之謬，去德之累」說之，解爲「解除憂患」，亦非。其於古詞，往往逐字索解，未達一間。

（12）黃帝有言曰：「上下一日百戰。下匿其私，用試其上；下操度量，以割其下。」

按：俞樾、王先愼、陳奇猷據別本校「下操」爲「上操」，是也。《路史》卷 14 引《丹書》正作「上操」。陳奇猷以此 22 字皆爲黃帝言，是也。《路史》引《丹書》「上下一日百戰」六字在「以割其下」下，可證。太田方、張覺以下二句 16 字非黃帝語，非是。

（13）厚者虧之，薄者靡之

按：盧文弨曰：「靡之，當與《易》『我有好爵，吾與爾靡之』之靡同義。」松皋圓曰：「摩，一作『靡』，摩切之。」陶鴻慶曰：「『薄』當爲『博』，大也。靡，讀爲礦。磨切也。」松、陶說是。「礦」即「磨」的正字。但陶改「薄」爲「博」則非。「薄」、「厚」對舉爲義，猶言大小。「靡」古音摩，即磨損義，與「虧」同義。盧氏引《易》，亦此義。惠士奇曰：「靡，讀爲磨。我與爾靡，言相磨礦也……《管子》曰：『漸也，順也，靡也，久也，服也，習也，謂之化。』然則漸順服習久而化者，靡之義也。故曰『劙靡勿釋，牛車絕轔』。靡，古作劘，見《法言》，省作靡。」〔註28〕是「靡」取漸化爲義，惠氏舉證甚多，此未全引。

〔註26〕文廷式《純常子枝語》卷 16，收入《續修四庫全書》第 1165 冊，上海古籍出版社 2002 年版，第 225 頁。

〔註27〕江有誥《先秦韻讀・韓非子》，《江氏音學十書》，收入《續修四庫全書》第 248 冊，上海古籍出版社 2002 年影印，第 213 頁。

〔註28〕惠士奇《易說》卷 6，收入景印文淵閣《四庫全書》第 47 冊，臺灣商務印書

太田方曰：「靡即『侈靡』之靡，猶言華之也。《管子·侈靡篇》：『富者靡之。』」松皋圓引綽曰：「靡讀爲奢靡之靡。」高亨曰：「靡借爲糜，爛也。」孫楷第曰：「靡當讀爲摩，摩與拊揗同。」陳啓天曰：「厚薄，謂爵祿之大小與功勞不相應也。虧靡，猶言損益也。」羅焌曰：「薄，迫也。」陳奇猷曰：「靡，滅也（靡以同音假爲滅）。」梁啓雄謂厚薄指罪之輕重，二句指減少和改正他的重罪或錯誤。《校注》：「靡，增加。」皆非是。《管子》「富者靡之」與此文無涉，不當徵引。此文言厚者則虧減之，薄者則磨損之，皆漸去之。

（14）虧之若月，靡之若熱

舊注：若明之漸虧也，亦取其既盛必衰，天之道也。若鑽火之取熱，不得中急。

按：此以月蝕、取熱爲喻，言當漸然，故舊注云「不得中急」也。言虧之若月蝕之漸缺，靡之若光熱之漸去也。陳奇猷從王先愼說，改「急」爲「息」，非是。四庫本亦誤作「息」。高亨曰：「『熱』爲『爇』誤。月爲漸蝕，爇爲猛燒。」陳啓天已駁之。陳奇猷從高說，非是。

（15）簡令謹誅，必盡其罰

按：《荀子·宥坐》：「嫚令謹誅，賊也。」楊倞注：「嫚，與慢同。謹，嚴也。賊，賊害人也。」《家語·始誅》「嫚」作「慢」。此《韓子》所本。簡，輕慢、緩怠也。《家語·辯政》：「緩令急誅，是謂之暴。」《新序·雜事二》：「緩令急誅，暴也。」《董子·五行相勝》：「慢令急誅，誅殺無罪。」意亦同。《論語·堯曰》：「子曰：『不教而殺謂之虐，不戒視成謂之暴，慢令致期謂之賊。』」《韓詩外傳》卷3：「不戒責成，害也；慢令致期，暴也；不教而誅，賊也。」「謹誅」、「急誅」即謂不教而殺者，與「簡令」平列。謹，讀爲矜，《方言》卷2：「矜，遽也。」《廣雅》：「矜，急也。」言對於輕慢法令，嚴酷誅殺的人，一定要嚴肅查處。松皋圓解「簡」爲「省」。松氏已引《家語》二例，而云「與此義不同」，失之交臂。陳奇猷曰：「簡，省也。」梁啓雄曰：「簡令，謂君主陰藏君令。」《校注》：「簡，簡明。」皆非是。陳啓天曰：「或曰：

簡，慢也。言慢君令則謹誅之。」其釋「簡」字是，而以為承接句，則非也。

（16）**一棲兩雄，其鬬嚈嚈**

舊注：嚈嚈，爭鬬貌。

按：《御覽》卷930引《淮南子》：「一淵不兩蛟，一揳（棲）不兩雄，一則定，兩則爭。」〔註29〕《後漢紀》卷28：「一棲無兩雄。」《長短經‧是非》引語曰：「一棲不兩雄，一泉無二蛟。」棲，名詞，指雞所止息之處。《戰國策‧秦策一》：「諸侯不可一，猶連雞之不能俱止於棲，亦明矣。」韓子以雞為喻，言雄雞不能同止宿於一處，否則必相鬬。《集韻》：「嚈，嚈嚈，爭貌。」異形又作「研研」、「妍妍」、「骹骹」、「諺諺」、「唸唸」、「謋謋」等，本字當作「訮訮」，《說文》：「訮，諍語訮訮也。」〔註30〕字亦作犴，《說文》：「犴，犬吠聲。」朱駿聲曰：「犴，字亦作狺、嚈。」〔註31〕蔣超伯曰：「梁鴻詩云：『競舉枉兮措直，咸先佞兮唌唌。』注：『捷疾貌。』唌即嚈也。」〔註32〕羅焌曰：「『嚈嚈』與『狺狺』、『齗齗』同。」孫人和謂本字為「犴」，字亦作「喭」。「犴」是犬吠聲之專字，同一源也。太田方謂「嚈」即「狺」、「犴」、「唯（喭）」；松皋圓謂「嚈」即「齗」；于省吾謂「嚈嚈」即「唸唸」；尹桐陽曰：「嚈，即『諺』，剛強也。」皆未探本。

（17）**公子既眾，宗室憂唫**

按：方以智曰：「『唫』與『噤』同。」解為「口閉」〔註33〕；吳玉搢曰：「『唫』同『吟』。」解為「呻吟」〔註34〕；朱駿聲謂「唫」是「念」

〔註29〕 景宋本《淮南子‧說山篇》脫作「一淵不兩鮫」，《文子‧上德》誤作「一雌不二雄」。

〔註30〕 參見蕭旭《敦煌賦校補》，收入《群書校補》，廣陵書社2011年版，第858頁。

〔註31〕 朱駿聲《說文通訓定聲》，武漢市古籍書店1983年版，第789頁。

〔註32〕 蔣超伯《南滑桔語》卷8《讀韓非子》，收入《續修四庫全書》第1161冊，上海古籍出版社2002年版，第371頁。李賢注原作「唌音延，讒言捷急之兒」。

〔註33〕 方以智《通雅》卷18，收入《方以智全書》第1冊，上海古籍出版社1988年版，第638頁。

〔註34〕 吳玉搢《別雅》卷2，收入景印文淵閣《四庫全書》第222冊，臺灣商務印書館1986年初版，第673頁。

借字〔註35〕；朱起鳳謂「憂唫」是「憂念」之訛〔註36〕。太田方、陳奇猷說同吳氏。二朱說皆誤，前二說皆通。竊謂唫讀爲憿，《廣韻》：「憿，心憿貌。」本字爲凜，《說文》：「凜，寒也。」〔註37〕俗亦作凜、凜、懍〔註38〕，言寒懼。憂唫，猶言憂懼。

（18）填其洶淵，毋使水清

按：《校注》：「清，激，奔騰。見《方言》卷12。」尋《方言》卷12：「清，急也。」又「激，清也。」「清」之言清利，故爲疾激貌〔註39〕。《文選·南都賦》李善注引《淮南子》許愼注：「清角，絃急，其聲清也。」聲清則絃急，水清則流急，其義一也。陳奇猷謂有脫文，補作「填其洶淵，毋使水停；拍其止水，毋使水清」〔註40〕，無有依據。張覺謂「清」訓急是楚方言，臆說耳。揚雄既未指明是哪地方言，張氏何由得知。苟如張說，然則「清角」亦楚語乎？「清角」雖見於《淮南子·俶眞篇》，而《淮南》實採《愼子外篇》爲文，愼到是趙國邯鄲人，其非楚語，必也。

《八姦》第九校補

（1）使朝廷市井皆勸譽已，以塞其主

按：《墨子·尙賢下》：「得此不勸譽。」《廣雅》：「勸，助也。」「勸譽」是平列之詞。陳奇猷曰：「勸，力也。勸譽，猶言極力讚譽。」非是。

（2）施屬虛辭以壞其主

舊注：設施綴屬浮虛之辭。

按：太田方曰：「懷，謂傷病也。」又引山仲質曰：「壞當作環。」陳奇猷

〔註35〕 朱駿聲《說文通訓定聲》，武漢市古籍書店1983年版，第94頁。
〔註36〕 朱起鳳《辭通》，上海古籍出版社1982年版，第2193頁。
〔註37〕 「凜」從欠（冫），非從疒。
〔註38〕 參見蕭旭「流利」考，收入《群書校補（續）》，花木蘭文化出版社2014年版，第2442～2444頁。
〔註39〕 參見蕭旭《〈玉篇〉「涮，清涮」疏證》，《傳統中國研究集刊》第9、10合輯，上海人民出版社2012年3月出版，第272～275頁。
〔註40〕 「拍」字當從「曰（yue）」，陳書皆誤從「日（ri）」作「拍」。

駁山說，是也；但陳氏曰：「壞，敗也。《迂評》本『壞』作『懷』。懷，
柔也。亦通。屬者，連續不斷也。施，延也。舊注釋『施』爲設施，
非。」與松說並非是，舊說得之。《校注》：「屬，連綴。施屬，編造。」
亦是。「施屬」是動詞，猶言施陳。「屬」即「屬文」、「屬辭」之屬，
取連綴、構結爲義。壞讀爲懷。《賈子・匈奴》「壞其目」、「壞其口」、
「壞其耳」、「壞其腹」、「壞其心」之「壞」皆讀爲懷〔註41〕。趙海金
從山說改「壞」作「環」，又讀爲營（營），訓爲惑〔註42〕，迂曲不可
信。

（3）其於父兄大臣也，聽其言也必使以罰任於後，不令妄舉

按：王先愼謂「使」字衍，是也。梁啓雄曰：「任，用也。」近是。太田方
曰：「任，負也。」言明君雖聽其言，而必以罰負於其後，不使其敢妄
作舉動。盧文弨曰：「任，謂保任。」王先愼曰：「任，使也。」陳奇
猷曰：「盧說是，保任者，猶今語保持。」皆非是。「保任」猶今語「擔
保」，陳氏誤解其義。

（4）軍旅之功無踰賞，邑鬭之勇無赦罪

舊注：邑鬭勇者，謂恃力與邑人私鬭。

按：松皋圓曰：「踰，『偷』字訛。《主道篇》：『故明君無偷賞，無赦罰。』」
陳啓天從其說。陳奇猷曰：「『踰』字不誤。踰，越也。即《南面篇》
『不踰功而先勞』之意。」陳奇猷說是也，《備內篇》：「士無幸賞，賞
無踰行，殺必當，罪不赦，則姦邪無所容其私矣。」《荀子・君子》：「刑
罰不怒罪，爵賞不踰德，分然各以其誠通，是以爲善者勸，爲不善者
沮。」皆其確證也。《五蠹篇》：「主施賞不遷，行誅無赦。」遷猶登也、
升也，與「踰」義近。《主道篇》「偷」字當據此訂作「踰」，松說傎矣。
《商子・戰法》：「故王兵之政，使民怯於邑鬭，而勇於寇戰。」「邑鬭」
與此文義同，舊注是也。陳奇猷謂「邑鬭」指爲封君之封邑而鬭，即
「私鬭」，非是。

〔註41〕劉師培謂五「壞」均「懷」之訛，實則是借字，非訛誤。劉師培《賈子新
　　　　書斠補》，收入《劉申叔遺書》，江蘇古籍出版社 1997 年版，第 994～995
　　　　頁。
〔註42〕趙海金《韓非子戔詁》，《成功大學學報》1973 年第 8 期，第 108 頁。

（5）是以吏偷官而外交，棄事而財親

　按：物双松曰：「財親，昵於貨也。」劉師培、高亨並謂「財親」當作「親
　　　財」，猶好貨。陳奇猷曰：「劉、高說非也。財與裁通。裁，製造之義。
　　　此所謂『外交』、『財親』，即《亡徵篇》『內黨外援』耳。」陳氏得其
　　　義，而謂「財」通「裁」猶未確。財，讀爲栽，培植、栽培。栽親，
　　　栽培私黨。張覺曰：「財，用作狀語的名詞，是『在財貨方面』的意思。」
　　　非是。

卷 三

《十過》第十校補

（1）行僻自用，無禮諸侯，則亡身之至也

按：陶鴻慶曰：「『至』疑『主』字之誤。」陳奇猷曰：「『至』不誤，下文
仍作『至』。至，猶成也。松皋圓訓至為極，亦非。」《校注》：「至，
頂點。」陳氏謂「至」不誤是也，《治要》卷40引亦作「至」。但陳氏
訓至為成亦未安。劉如瑛謂「至」訓達、行，與「道」同義。「至」訓
行是動詞，不得轉為名詞義，其說非也。徐仁甫謂「至」訓實，是也。
至，讀為質。《莊子・天道篇》：「夫虛靜恬淡寂漠無為者，天地之平
（本），而道德之至。」〔註1〕《刻意篇》「至」作「質」，《類聚》卷
22引亦作「質」，此其相通之證。下文「則滅國殺身之本也」，質亦本
也。

（2）而司馬又醉如此

按：又，《說苑・敬慎》作「至」。

（3）故豎穀陽之進酒，不以讎子反也，其心忠愛之而適足以殺之

按：故，《呂氏春秋・權勳》、《淮南子・人間篇》同，《說苑・敬慎》作
「夫」。故，猶夫也，發端之辭。本書《飾邪》「故」下有「曰」字，

〔註1〕「平」字《刻意篇》同，據《類聚》卷22引校正。

後人未達其誼而妄增也。讎，《飾邪》作「惡」，《說苑》作「妬」，《呂氏》作「醉」，《淮南子》作「禍」。

（4）荀息曰：「君其以垂棘之璧與屈產之乘，賂虞公，求假道焉。」

按：徐仁甫曰：「其，猶請也，敬詞。《呂覽·權勳》正作『請』。」《左傳·僖公二年》、《公羊傳》亦作「請」。《穀梁傳》作「何不」，《新序·善謀》作「胡不」，亦命令副詞〔註2〕。《左傳》脫「曰」字。

（5）虞公貪利其璧與馬而欲許之

按：貪利，《淮南子·人間篇》作「惑」，《呂氏春秋·權勳》作「濫」，高誘注：「濫，貪也。」「貪利」是秦漢人習語，同義連文。梁啓雄謂「利，貪也」是也，但「貪」下點斷則非。陳奇猷謂「利字疑衍」，非是。

（6）夫虞之有虢也，如車之有輔，輔依車，車亦依輔，虞、虢之勢正是也

按：陳奇猷據《呂氏春秋·權勳》，謂「正」字衍，未必確。虞之有虢，《呂氏》、《淮南子·人間篇》、《史記·晉世家》作「虞之與虢」。與，猶有也，一聲之轉〔註3〕。高誘注：「車，牙也。輔，頰也。」輔，《淮南子》誤作「輪」。梁啓雄曰：「輔，小木，即在車兩旁夾輔的板。」非是。

（7）獻公說曰：「璧則猶是也，雖然，馬齒亦益長矣。」

按：益，《呂氏春秋·權勳》作「薄」，《穀梁傳·僖公二年》、《新序·善謀》作「加」。益，猶稍也、略也、少也〔註4〕，「薄」義同。《外儲說左上》：「（齊王）曰：『益遠，寡人惡臭。』」上文：「少却，吾惡紫臭。」「益遠」即「少却」之誼。

（8）因靜坐撫琴而寫之

王先慎曰：《初學記》卷15引「琴」作「瑟」。

按：《類聚》卷41引亦作「瑟」。《史記·樂書》「靜」作「端」，「撫」作「援」。

〔註2〕參見蕭旭《古書虛詞旁釋》，廣陵書社2007年版，第177頁。
〔註3〕參見裴學海《古書虛字集釋》，中華書局1954年版，第8頁。
〔註4〕益猶稍，參見楊樹達《詞詮》，中華書局1954年版，第365～366頁。

（9）晉平公觴之於施夷之臺

按：施夷，《論衡・紀妖》同，《御覽》卷 579 引作「虒祁」，《事類賦注》
卷 11 引作「祁虒」。「祁虒」誤倒。《史記・樂書》作「施惠之臺」，《正
義》：「一本『慶祁之堂』。《左傳》云『虒祁之宮』。」「惠」、「慶」皆
誤。《左傳》見《昭公八年》，《說苑・辨物》亦作「虒祁」，唐・柳宗
元《晉問》作「褫祁」。太田方、陳奇猷謂「施夷」、「虒祁」音轉，
是也。《家語・本姓解》：「金父生睪（皋）夷。」《左傳・昭公七年》
孔疏、《儀禮經傳通解》卷 11 引作「皋夷父」，《詩・那》孔疏、《左
傳・桓公元年》孔疏引《世本》並作「祁父」，《潛夫論・志氏姓》亦
作「祁父」。此亦「夷」、「祁」音轉之證。

（10）公曰：「有新聲，願請以示。」

按：示，四庫本誤作「試」。《論衡・紀妖》作「願請奏以示公」，《後漢書・
陳元傳》李賢注引桓譚《新論》作「願奏之」。疑今本當據補「奏」、「公」
二字。

（11）平公曰：「此道奚出？」

按：王念孫據《史記・樂書》、《論衡・紀妖》作「何道出」，乙作「奚道
出」，謂「道，由也」，至確。本書《外儲說右上》「何道出」義同。
陳奇猷必與王異，謂「道，術也」，徐仁甫已駁之。《校注》：「道，指
曲調。」亦非是。

（12）公曰：「清商固最悲乎？」

按：最，《類聚》卷 90、《御覽》卷 916 引同，《論衡・紀妖》亦同，《御覽》
卷 579 引誤作「宜」。《史記・樂書》作「音無此最悲乎」。「清」取絃
急其聲清利爲義。張覺曰：「『清』當與『變』區別而言，是純正的意
思。」臆說無據。

（13）一奏之，有玄鶴二八，道南方來，集於郎門之垝

　　　舊注：道，從也。垝，棟端也。

按：道，《御覽》卷 916 引作「從」，《事類賦注》卷 11 引作「自」，《風俗
通義・聲音》引《春秋》、《論衡・紀妖》作「從」，《論衡・感虛》作

「自」，義並同，介詞。郎門之堄，《類聚》卷 90 引作「郭門之扈」，
《御覽》卷 579 引作「郎門之邑」，《御覽》卷 916 引作「廓門之危」，
《事類賦注》卷 11 引作「郭門之邑」，《論衡·紀妖》作「郭門之上
危」，又《感虛》作「廓門之危」。盧文弨曰：「『郎』、『廊』同。」王
先慎曰：「『郭』為『郎』之誤，『邑』、『扈』並『危』之誤。」楊樹
達指出「堄（危）」的本字是「厃」。皆是也。「廓」亦「廊」之形誤。
下文「伏於廊室之間」，《史記·樂書》：「有玄鶴二八集乎廊門。」《風
俗通義·聲音》引《春秋》：「進於廊門之扈（危）。」皆作「廊」字
之證。「進」為「集」誤。

（14）延頸而鳴，舒翼而舞

按：舒，《文選·三月三日曲水詩序》李善注引作「攄」，陳奇猷指出「攄、
舒同義」，是也。此乃李善臆改，非《韓子》之舊，《文選·長笛賦》
注引及各書引皆同今本。《路史》卷 36 作「延脛長鳴，舒翮迅舞」，
脛亦頸也，翮亦翼也，義並同。

（15）畢方並鎋，蚩尤居前

按：鎋，《書鈔》卷 16、《後漢書·劉昆傳》李賢注引作「轄」，《御覽》卷
79、579、《事類賦注》卷 11 引作「館」，《風俗通義·聲音》引《春秋》、
《論衡·紀妖》作「轄」。「轄」、「鎋」同，「館」為「鎋」形譌。《文
選·羽獵賦》：「蚩尤並轂，蒙公先驅。」李善注引此文作「異方並轂」。
「異」為「畢」形誤，《楚辭·遠遊》：「選署眾神以並轂。」《文選·
東京賦》：「屬車九九，乘軒並轂。」薛綜注：「皆在後，為三行，故曰
並轂。」疑「並轄（鎋）」當作「並轂」，猶言夾持於車子兩旁。「轂」
代指車。《潛夫論·浮侈》：「騎奴侍僮，夾轂並引。」「夾轂」是其誼
矣。《書鈔》卷 16 引《孫綽子》：「遠祖前驅，松喬夾轂。」與本文相
近。

（16）裂帷幕

按：裂，《太平廣記》卷 203 引王子年《拾遺記》作「掣」。帷，陳本《書
鈔》卷 109、《御覽》卷 185、《事類賦注》卷 11 引作「幃」，借字。

（17）隳廊瓦

　　王先愼曰：隳，《史記・樂書》作「飛」。

　　陳奇猷曰：隳，《論衡》作「墮」。「隳」即「墮」之俗，《列子・湯問篇》注亦作「飛」。

按：隳，《類聚》卷 41、100、《御覽》卷 579、767 引作「墮」〔註5〕，《御覽》卷 185 引作「憧」，《風俗通義・聲音》引《春秋》、《論衡・紀妖》、《感虛》、《太平廣記》卷 203 引王子年《拾遺記》亦作「墮」。「憧」爲「墮」形譌或借字。

（18）夫知伯之為人也，好利而鷙愎

　　顧廣圻曰：《藏》本同，今本「鷙」作「鶩」，誤。《戰國策》作「鷙」，吳師道引此亦作「鷙」。

按：鷙愎，《四部叢刊》影黃丕烈校宋本同，四庫本作「鶩愎」，《戰國策・趙策一》作「鷙復」，姚宏注：「四本只作復，劉作愎。」《御覽》卷 456 引《周書》作「鷙復」〔註6〕。「鷙愎」是，古無「愎」字，借「復」字爲之。《通鑑》卷 1 作「好利而愎」，蓋不解「鷙」字而刪之。《廣雅》：「恎、愎、鷙，很也。」《左傳・哀公二十七年》：「知伯愎而好勝。」「愎」即「好勝」之誼。鷙愎，猶言很戾，同義連文。「鷙」同「恎」，並讀爲蟄，《說文》：「蟄，忿戾也。」字亦作痓、窒、室、憤、懥、跮、至〔註7〕。鮑彪以「復」字屬下句，注云：「鷙，殺鳥也，喩其殘忍。」津田鳳卿、松皋圓並云：「『鷙』、『傲』同。」陳奇猷曰：「鷙，妄也。又鷙通傲，倨也。亦通。」皆非是。倒言則作「愎鷙」，唐・張說《中書令逍遙公墓誌銘》：「俾夫頑蔽開晢，愎鷙擾從。」字亦作「覆鷙」，《管子・五輔篇》：「下愈覆鷙而不聽從。」「覆鷙」即「不聽從」之誼。又作「蝮鷙」，《史記・酷吏傳》：「京兆無忌，馮翊殷周蝮鷙。」舊說皆誤，不具引徵，惟王念孫、王引之得之〔註8〕。字亦

〔註5〕　《御覽》卷 767 引出處誤作「《莊子》」。
〔註6〕　《御覽》所引出處疑誤。
〔註7〕　參見蕭旭《淮南子校補》，花木蘭文化出版社 2014 年版，第 643～645 頁。
〔註8〕　參見王念孫《讀書雜志》卷 12，又卷 16《餘編上》引作王引之說，中國書店 1985 年版，第 6～7、32 頁。又見王念孫《廣雅疏證》，收入徐復主編《廣雅詁林》，江蘇古籍出版社 1992 年版，第 236 頁。

作「腹鷙」，明‧陳昌積《敘循守贈致齋黃公》：「以陰猾腹鷙，刻深次骨。」

（19）夫知伯之為人也，陽規而陰疏

顧廣圻曰：「規」當從《策》作「親」。

按：四庫本作「親」。《鄧子‧無厚》、《鬼谷子‧內揵》並云：「合而不結者，陽親而陰疏。」

（20）臣聞聖人之治，藏於臣，不藏於府庫

按：顧廣圻、山仲質並謂「臣」當作「民」，是也。《資治通鑑外紀》卷 10 正作「藏於民」。《管子‧權脩》：「府不積貨，藏於民也。」又《山至數》：「管子對曰：『王者藏於民，霸者藏於大夫，殘國亡家藏於篋。』」此《韓子》所本。《漢書‧蕭望之傳》：「古者臧（藏）於民，不足則取，有餘則予。」《鹽鐵論‧禁耕》：「是以王者不畜聚，下藏於民。」亦其證。

（21）有奇人者使治城郭之繕

按：《資治通鑑外紀》卷 10 作「有奇人使繕治城郭」，今本「繕」字誤倒於下，因添一「之」字。

（22）倉不容粟，府無積錢，庫不受甲兵

按：物双松曰：「謂府無復積錢之所。」「無」下當據《資治通鑑外紀》卷 10 補「所」字。王先慎曰：「『無積』當作『不容』。」其說非也，當「積錢」成一詞。

（23）公宮之垣皆以荻蒿楛楚墻之，有楛高至於丈

顧廣圻曰：蒿，讀為藁。荻，《策》作「狄」。楛，《策》作「苦」，皆同字。「有楛」二字衍。

王先慎曰：墻，《事類賦》卷 13、《御覽》卷 350 引並作「廧」，並注云：「音墻。」

按：「公宮之垣」下，《類聚》卷 60 引作「皆以楛楚，其楛高十尺」，《御覽》卷 350 引作「皆以萩蒿楛楚廧之，其高至於丈」，注：「音秋。」

《戰國策・趙策一》作「皆以荻蒿苫（苦）楚廥之，其高至丈餘」，《初學記》卷 8 引《春秋後語》作「皆荻蒿」，《御覽》卷 1000 引《後語》作「荻蒿莒禁（苦楚）牆之，高基高至於丈餘」，《太平寰宇記》卷 40 引《後語》作「皆以荻蒿楛〔楚〕其牆之，蒿（高）至於丈」（「其」字當乙於下文），《元和郡縣志》卷 16 作「藝（荻）蒿楛〔楚〕牆之，蒿（高）至於丈」，《資治通鑑外紀》卷 10 作「皆以荻蒿楛楚牆之，有（其）楛其高丈餘」。「萩」字誤，「音秋」乃據誤字作音，《事類賦注》卷 13 引誤同。桂馥謂「荻」是「萩」誤〔註9〕，傎矣。其餘脫誤皆校如上文所示。于鬯謂此文「有」為「其」誤；陳奇猷謂《策》脫「楛」字，「有」為「其」誤。皆是也。荻蒿楛楚四物，其中「楛」為矢材，故獨突出其楛高至於丈。王叔岷謂當作「其高至於丈」，「楛」為衍文，非是。以荻蒿楛楚墻之者，古皆土城，故覆種之以防傾頹。今俗以草衣城，蓋其遺制耳。金正煒曰：「『廥』疑當作『廩』，藏也，治也。」〔註10〕未得其誼而妄改，不可信從。

（24）於是發而試之

按：發，《類聚》卷 60 引作「登」。「登」為「發」形誤，下文誤同。

（25）公宮令舍之堂，皆以鍊銅為柱質

按：《類聚》卷 60 引無「公」、「令」、「鍊」三字。質，《戰國策・趙策一》同，《御覽》卷 188 引《策》作「礩」，同。

（26）決晉陽之水以灌之

陳奇猷曰：「陽之」二字疑衍，《難三篇》及《趙策》皆作「晉水」，《趙世家》、《風俗通》作「汾水」。汾水為晉水之支流。

按：陳說是，《白帖》卷 13、《御覽》卷 757 引正作「晉水」，《戰國策・秦策四》、《淮南子・人間篇》、《說苑・敬慎》、《史記・魏世家》、《元和郡縣志》卷 16 引《春秋後語》同。

（27）張孟談曰：「臣聞之，亡弗能存，危弗能安，則無為貴智矣。」

〔註9〕桂馥《札樸》卷 7，中華書局 1992 年版，第 265 頁。
〔註10〕金正煒《戰國策補釋》卷 4，收入《續修四庫全書》第 422 冊，上海古籍出版社 2002 年版，第 506 頁。

按：《國語・吳語》：「（王孫雄）曰：『危事不可以爲安，死事不可以爲生，則無爲貴知矣。』」

《鬼谷子・謀》：「亡不可以爲存，而危不可以爲安，然而無爲而貴智矣。」此皆《韓子》所本，太田方、松皋圓已及。《戰國策・趙策一》作「貴知士」，《淮南子・人間篇》作「貴智」，「士」字當衍〔註11〕。無爲，猶言不用、無須。太田方曰：「無爲，猶無益也。」非是。

（28）知伯之爲人也，麤中而少親

顧廣圻曰：麤，《策》作「龘」。按當讀爲怚。

按：《淮南子・人間篇》作「粗」，《御覽》卷321引《淮南子》作「龘」。鮑彪本作「麤」，注云：「『麤』、『粗』同，疏也。」吳師道《補注》：「粗屬少仁愛。」羅焌曰：「按當讀爲粗，《說文》：『粗，疏也。』」考上文「夫知伯之爲人，陽規（親）而陰疏」，以《韓》證《韓》，「麤」即「疏」也，鮑注是也。金正煒、楊樹達、陳奇猷並本顧說，讀粗爲怚，引《說文》「怚，驕也」以釋之〔註12〕，非也。

（29）張孟談曰：「謀出二君之口而入臣之耳，人莫之知也。」

按：謀，《戰國策・趙策一》同，《淮南子・人間篇》作「言」。言，謀也〔註13〕。

（30）二君貌將有變

按：太田方曰：「《策》『貌』作『殆』。」「貌」或作「頯」，當是「類」字形誤。

（31）其行矜而意高，非他時之節也

按：《戰國策・趙策一》作「其志矜，其行高」。王先愼謂此文「行」、「意」互誤，陳奇猷謂王說非，古人皆以「矜行」連文，《漢書・賈誼傳》「故

〔註11〕 參見金正煒《戰國策補釋》卷4，收入《續修四庫全書》第422冊，上海古籍出版社2002年版，第506～507頁。

〔註12〕 金正煒《戰國策補釋》卷4，收入《續修四庫全書》第422冊，上海古籍出版社2002年版，第507頁。楊樹達《淮南子證聞》，上海古籍出版社2006年版，第182頁。

〔註13〕 參見蕭旭《淮南子校補》，花木蘭文化出版社2014年版，第609頁。

人矜節行」，《書·旅獒》「不矜細行」，皆連文之證。王說是，陳說非也。「不矜細行」之矜是愛惜義，「矜節行」之矜是戒慎、謹慎義，與此不同。《長短經·釣情》：「察其志矜而行高。」蓋本《策》文。「志矜」謂意氣矜高，「行高」謂跨步高遠，皆指傲慢而言。《國語·周語下》：「單襄公見晉厲公視遠步高。」「步高」是其誼矣。

（32）吾與二主約謹矣

按：《戰國策·趙策一》同。謹，嚴也。金正煒讀謹爲結〔註14〕，亦備一通。

（33）寡人所以親之，必不侵欺

按：《戰國策·趙策一》無「以」、「侵」二字。侵，侵越，以下犯上也，音轉則作「僭」字。本書《亡徵》：「父兄大臣祿秩過功，章服侵等。」侵亦過也，「侵等」即「僭等」。盧文弨謂「侵」當作「我」，陳奇猷謂「侵」爲陰謀掠利之意。皆非是。本書《解老》：「人君者無道，則內暴虐其民，而外侵欺其鄰國。」此「侵」則是侵陵義。

（34）今旦暮將拔之而嚮其利，何乃將有他心

按：嚮，《戰國策·趙策一》「嚮」作「饗」，「將」作「當」。當，猶將也。《後漢書·蘇竟傳》李賢注引《策》作「將」。盧文弨曰：「『嚮』、『饗』通。」物双松曰：「『嚮』、『享』同。」饗亦享借字。《史記·游俠傳》：「已嚮其利者爲有德。」《索隱》：「嚮，音享，受也。」

（35）君與其二君約，破趙國，因封二子者各萬家之縣一

按：王先愼謂「與其」當據《策》作「其與」，是也。陳奇猷曰：「『二君』當依《策》作『二子』。」檢《策》亦作「二君」，陳氏失檢。智伯封韓魏之謀臣，自當先與韓魏之君約定也。

（36）飯於土簋，飲於土鉶

按：簋，《御覽》卷80引作「軏」，又卷756引作「軌」。王叔岷曰：「『軌』當爲『甂』，《史記·李斯傳》正作『飯土甂』。」「軏」爲「軌」形譌，「軌」爲「甂」省，「甂」是「簋」古字。飲，《說苑·反質》作「啜」。

〔註14〕金正煒《戰國策補釋》卷4，收入《續修四庫全書》第422冊，上海古籍出版社2002年版，第507頁。

鉶，《御覽》卷 80 引作「形」，借字。

(37)（虞舜）作為食器，斬山木而財之，削鋸脩之迹，流漆墨其上，
　　輸之於宮以為食器

舊注：磨其斧迹。流，布也。

按：《御覽》卷 756 引「財」作「材」，並為「裁」借字；又引「削鋸」作
「削踞」，則誤。又卷 766 引「脩」作「循」，亦誤。《說苑・反質》
作「銷銅鐵脩其刃，猶漆黑之以為器」。顧廣圻曰：「『削鋸』是也。《淮
南子・本經訓》云『無所錯其剞劂削鋸』，高注：『削，兩刃句刀也。』
其下未詳。」王先慎曰：「『脩之迹』之『之』當作『其』，《御覽》卷
756 引正作『其』。」太田方曰：「《路史》作『削鏻修之迹』。鋸，鐵
葉為齟齬，其齒一左一右，以片解木石。『修』字疑在『削鋸』上。」
于鬯亦謂「修」當在「削」上。陳奇猷曰：「『修』字疑在『削鋸』上
是也。《淮南・齊俗訓》：『隅眥之削。』又《俶真訓》：『鏤之以剞劂。』
注：『剞劂，所以刻削之具也。』又《本經訓》『剞劂』與『削鋸』平
列，可知削鋸為刻削之具。王說非。」王先慎謂當作「脩其迹」，其
實不必改作，「之」猶其也，《御覽》卷 766 引亦作「其」，《說苑》同。
陳說「削鋸」為刻削之具，是也，而引《齊俗》「隅眥之削」則非。《本
經篇》：「衣無隅差之削。」高誘注：「古者質，皆全幅為衣裳，無有
邪角。削，殺也。」此二例「削」不是刻削之具，而是「削殺」、「衰
減」義。字亦作「銷鋸」，《淮南子・齊俗篇》：「故剞劂銷鋸陳，非良
工不能以制木。」「削（銷）」是木工所用的刀具；「鋸」是木工所用
的斷截工具。太氏移「修」於「削鋸」上亦非。此謂以削鋸削除磨滅
食器之痕迹，而非謂削磨削鋸的痕迹。《路史》卷 21：「於是百用作削
鏻，修之迹，流髹其上，輸之宮寢。」「鏻」同「鋸」；「漆墨」即「髹」，
指黑漆。陳啓天曰：「流，猶言塗也。」「流」謂塗飾之也，俗字「鎏」、
「鎦」，指鍍金，亦取義於「流」。「流漆墨其上」謂以黑漆塗飾食器
也。《說苑》「猶」是「流」音誤，「鋸」誤作「銅」，因又衍「鐵」字。
「刃」即「迹」字脫誤。于鬯曰：「修其刃，亦修其刃之迹。」松皋
圓曰：「流、猶，並『髹』音訛。『髹漆』對上『削鋸』。」皆非是。

（38）墨染其外，而朱畫其內

  王念孫曰：「染」當爲「漆」。《困學紀聞》引此已作「染」。《御覽》百三
十四引此正作「漆」，《說苑》亦作「漆」。

  王先愼曰：王說是。《御覽》卷 756 引同。

  陳奇猷曰：「漆」、「染」二字義同，不必改字。王引《御覽》見「四百九
十三」，作「百三十四」誤也。

按：王念孫引《御覽》，例舉各部卷號，不舉總卷號，其所引見《人事部》
  卷 134，亦即總卷號的卷 493，王引不誤。墨染，《困學紀聞》卷 11、
  《玉海》卷 89、《路史》卷 22 羅苹注引同，《御覽》卷 493、756、《事
  物紀原》卷 8 引作「黑漆」。

（39）蔣席頗緣

  顧廣圻曰：頗緣，《藏》本同，今本「頗」作「額」，誤。頗緣，謂其緣邪
裂之。

按：陳奇猷謂顧說是，是也。《御覽》卷 709、《路史》卷 22 羅苹注、《廣博
  物志》卷 10、《天中記》卷 11、48 引作「頗緣」，《事物紀原》卷 8 引
  誤作「頹緣」。

（40）觴酌有采

按：采，《御覽》卷 493 引誤作「竿」。

（41）作為大路，而建九旒

按：《說苑・反質》作「作爲大器，而建九傲」，蓋誤，「九傲」無考。「九
  旒」即「九游」，「傲」當是「游」形譌。

（42）臣聞戎王之居僻陋而道遠

按：顧廣圻曰：「『道』當依《說苑》作『遼』。」羅焌從其說。朱起鳳曰：
  「遼字隸書作遶，因訛作道。」〔註 15〕與顧說略同。《韓詩外傳》卷
  9 作「戎王居僻陋之地」，《史記・秦本紀》作「戎王處辟匿」，《說苑・

〔註15〕朱起鳳《辭通》，上海古籍出版社 1982 年版，第 1367 頁。「遶」原作「遶」，
  茲據《集韻》改。

反質》作「戎辟而遼遠」。「辟」同「僻」。道，讀爲由〔註16〕，亦讀
爲悠，又音轉爲遙、遼、迢。「道遠」即「悠遠」、「遙遠」、「遼遠」、
「迢遠」。裴學海曰：「《韓非子》假『道遠』爲『修遠』。道、攸、修三
字古通用（修從攸聲）。《書·金縢篇》：『惟永終是圖，茲攸，俟能念予
一人。』《史記·魯世家》『茲攸』作『茲道』。」〔註17〕裴說是也。《論
衡·超奇》：「古昔之遠，四方辟匿，文墨之士，難得紀錄。」二例「辟
匿」，朱起鳳曰：「陋字古文作匼，匿即匼字之譌。」〔註18〕朱說是，
《資治通鑑外紀》卷5正作「辟陋」。《治要》卷11、《長短經·昏智》
引《史記》已誤作「匿」。陋謂荒僻、邊遠也，《校注》解爲「簡陋」，
非是。

（43）君其遺之女樂，以亂其政，而後爲由余請期，以疏其諫

按：君其，《韓詩外傳》卷9、《說苑·反質》同，《史記·秦本紀》作「君
試」，其、試，猶且也，祈使之辭。諫，讀爲間，《史記》、《說苑》作
「間」。松皋圓徑改作「間」，則無必要。「其間」謂戎王與由余君臣
之間。「而後」是順承之辭，《外傳》作「因」，義同。《說苑》作「而
厚」，音之誤也。洪頤煊曰：「以疏其諫，謂以疏其諫諍也。《史記》
作『間』，是涉下文而譌。」顧廣圻曰：「『後』當依《說苑》作『厚』。
間，皆當讀爲諫。」孫楷第曰：「『後』之爲義，謂遲之也，緩之也。」
皆非是。

（44）設酒張飲

按：張，讀爲帳。《漢書·高祖紀》：「上留止，張飲三日。」張晏曰：「張，
帷帳。」《文選·別賦》李善注、《類聚》卷39引作「帳飲」。

（45）鮑叔牙爲人，剛愎而上悍

按：上悍，言處上而悍戾。下文「悍則下不爲用」，「下」即對應「上」而
言。物双松曰：「『上』、『尙』同。」梁啓雄說同，皆非也。

〔註16〕 《韓子》多以「道」用爲介詞「由」，不煩舉證。
〔註17〕 裴學海《評高郵王氏四種》，《河北大學學報》1962年第2期，第51頁。裴氏
　　　　原引「予一人」誤作「于一人」，逕正。
〔註18〕 朱起鳳《辭通》，上海古籍出版社1982年版，第2158頁。

（46）豎刁自獖以為治內

舊注：獖，虧勢也。

按：王先慎曰：「『爲』字衍，《二柄篇》、《難一篇》並無。」陳奇猷謂「爲」下脫「公」字。陳說是也，《管子・小稱》：「豎刁自刑而爲公治內。」此《韓子》所本，正有「公」字。亦可補「君」字，《御覽》卷 459 引《荀子》：「豎刁自宮而爲君治內。」疑所引出處誤，當是本書，下條所引爲《荀子》，涉下誤也。蔣超伯曰：「《易・大畜》：『豶豕之牙。』虞翻注：『劇豕稱豶。』崔憬云：『豕本剛突，劇乃性和。』今俗書劇作騸。」〔註 19〕文廷式曰：「『獖』當作『豶』。《易・大畜》：『豶豕之牙。』《釋文》引劉云：『豕去勢也。』是其義。」〔註 20〕王叔岷曰：「此本作『豎刁自獖以爲內』，爲猶治也。」非是。「獖」的語源是「分」，謂以刀分割之。字亦作豶，蔣禮鴻即謂此文「獖」爲「豶」俗字。去勢之豕亦曰豶，用爲名詞。家畜去勢，牛曰犗（犗）、犍（犍），羊曰羠、羯，豕曰豶（獖），犬曰猗，皆取除去爲義。犍（犍）之言劇〔註 21〕，羠之言夷（剃），豶（獖）之言分，猗之言掎；犗（犗、羯）音界，言割也。馬曰騬，音轉又爲騰、敦（驐），雞亦曰敦。《說文》：「騰，一曰犗馬也。」《慧琳音義》卷 57 引《考聲》：「騬，今之敦馬也，犍牛也，去其外腎也。」《廣韻》引《字林》：「驐，去畜勢也。」敦亦擊去之義，俗又作㨃，《集韻》：「㨃，擊也。」王筠謂「騬，今謂之騸，蓋本是雙聲語轉」〔註 22〕，恐未得。通言則曰騸，騸之言扇，動詞，擊打也，俗作搧、揎。人去勢亦曰斀（劅）、椓（涿），亦取擊去之爲義。《說文》：「斀，去陰之刑也。」又「㪅，擊也。椓，擊也。㱿，椎擊物也。」字並同。人與犬又曰閹，閹之言掩，閹取去勢後精閉之義，此義有別，附辨於此。孔穎達疏：「褚氏云：『豶，除也，除其牙也。』然豶之爲除，《爾雅》無訓。案《爾雅》云：『墳，大防。』則墳是隄

〔註 19〕蔣超伯《南漘楛語》卷 8《讀韓非子》，收入《續修四庫全書》第 1161 冊，上海古籍出版社 2002 年版，第 371 頁。

〔註 20〕文廷式《純常子枝語》卷 16，收入《續修四庫全書》第 1165 冊，上海古籍出版社 2002 年版，第 225 頁。

〔註 21〕《玄應音義》卷 11：「犍割：又作犍、劇二形，同。《通俗文》：『以刀去陰曰劇也。』」《廣韻》：「劇，以刀去牛勢也，或作犍。」

〔註 22〕王筠《說文解字句讀》，中華書局 1988 年版，第 371 頁。

防之義，此𤞤其牙，謂防止其牙。古字假借，雖豸傍土邊之異，其義
亦通。𤞤其牙，謂止其牙也。」褚氏說是也，孔氏未得其語源，其說
非是。《集解》引虞翻曰：「劇豕稱𤞤。」「劇」是「劇」形誤〔註23〕。
《史記・貨殖傳》《索隱》引徐廣曰：「羯羠，皆健羊也。其方人性若
羊，健捍（悍）而不均。」「健」即「犍」借字或形誤，《玉篇》、《廣
韻》並云：「羠，犍羊也。」字正作「犍」。徐廣亦未得其語源也。

（47）然則公子開方何如

按：開方，《御覽》卷459引《荀子》作「開封」。封、方一聲之轉，韻部
則東陽旁轉。《管子・小匡》：「徐（衛）開封處衛。」又《大匡》作
「游公子開方於衛」，亦其例。

（48）齊衛之間不過十日之行

按：不過十日，《難一篇》作「不容數日」，《管子・小稱》同。容，陳奇
猷讀爲用〔註24〕，是也。不容，猶言不用、不須。劉淇曰：「不容猶
云不應。」裴學海申之曰：「容，猶應也，宜也。容與應一聲之轉，
故『容保』與『應保』爲一語。」〔註25〕亦備一通。陳啓天曰：「不
容，猶言不過也。」非是。

（49）夫堅中則足以爲表廉外則可以大任

按：下「以」，《御覽》卷459引《荀子》作「與」。

（50）遂不用隰朋而與豎刁

按：趙海金曰：「與、用互文，與猶用也。」與，讀爲舉，《御覽》卷459
引《荀子》作「用」，義同。

（51）桓公南遊堂阜

按：堂阜，《御覽》卷459引《荀子》作「堂邑」，誤，堂邑爲吳邑。

〔註23〕段玉裁《說文解字注》已訂正，上海古籍出版社1981年版，第455頁。
〔註24〕陳奇猷《韓非子新校注》，上海古籍出版社2000年版，第850頁。
〔註25〕裴學海《古書虛字集釋》，中華書局1954年版，第85頁。我舊說云：「容猶
過也。」非是，亟當訂正。蕭旭《古書虛詞旁釋》，廣陵書社2007年版，第
35頁。

（52）夫以實告我者秦也，以名救我者楚也

按：「名」上當據馬王堆帛書《戰國縱橫家書》、《戰國策・韓策一》、《史記・韓世家》補「虛」字。告，《策》同，姚宏注：「告，一作困。」帛書作「苦」，《史記》作「伐」。告讀爲酷、嚳，困急也，與「苦」、「困」義合，與「伐」義亦相會。字亦作佶，《玉篇》：「佶，佶焉，暴也。」《玄應音義》卷 3：「酷毒：又作嚳、佶二形，同。」顧廣圻謂「告」當作「苦」，吳闓生謂「告」是「害」之壞字，范祥雍讀告爲梏〔註 26〕，皆未是。

（53）願大國之信意於秦也，因願大國令使者入境視楚之起卒也

按：「因願」承上「因」而言，因猶又也〔註 27〕。

（54）聽楚之虛言而輕誣強秦之實禍，則危國之本也

按：松皋圓曰：「誣，猶言侮也。《史》、《策》作『絕強秦之敵。』」誣讀爲侮，亦輕也〔註 28〕。王引之謂「誣」爲「輕」字誤衍，陳啓天已駁之。馬王堆帛書《戰國縱橫家書》、《戰國策・韓策一》、《史記・韓世家》作「輕絕」。

（55）曹人聞之，率其親戚而保釐負羈之閭者七百餘家

按：《列女傳》卷 3 作「士民之扶老携弱而赴其閭者，門外成市」。「保」字古文從孚，讀爲赴，猶言奔走、趨赴，字亦音轉作蠡、趕、報，故《列女傳》徑作「赴」。字亦音轉作服、伏，另詳《初見秦篇》校補。太田方曰：「保，樓守也。」非是。陳奇猷以「保」爲「保護」義，因改「曹人」爲「鄭人」，「釐負羈」爲「叔瞻」〔註 29〕，大誤。羅焌、劉如瑛、車淑婭雖知「釐負羈」不當改，而釋「保」爲「依附」、「憑藉、依憑」〔註 30〕，亦誤。

〔註 26〕范祥雍《戰國策箋證》，上海古籍出版社 2006 年版，第 1518 頁。
〔註 27〕參見蕭旭《古書虛詞旁釋》，廣陵書社 2007 年版，第 29～30 頁。
〔註 28〕參見蕭旭《〈大戴禮記〉拾詁》，《澳門文獻信息學刊》第 5 期，2011 年 10 月出版，第 114 頁。
〔註 29〕陳奇猷《韓非子新校注》，上海古籍出版社 2000 年版，第 237 頁。
〔註 30〕車淑婭《〈韓非子〉詞匯研究》，浙江大學 2004 年博士論文，第 29 頁。又見車淑婭《讀〈韓非子新校注〉札記》，《古籍整理研究學刊》2005 年第 3 期，第 67 頁。

卷　四

《孤憤》第十一校補

（1）智術之士，必遠見而明察

按：《後漢書・李固傳》《遷將作大匠陳事疏》：「是以巖穴幽人，智術之士，彈冠振衣，樂欲爲用。」「智術」謂有智慧的法術之士，「智」讀如字。容肇祖、梁啓雄讀智爲知，陳奇猷從容氏說，非也。

（2）重人也者，無令而擅爲，虧法以利私

按：本書《人主篇》：「無法而擅行。」又《詭使篇》：「威利所以行令，而無利輕威者，世謂之重。」又「無利於上謂之愿。」無，讀爲侮，輕也〔註1〕。

（3）郎中不因則不得近主，故左右爲之匿

舊注：（郎中）既因重人而得近主，故爲之匿非也。

按：匿，讀爲暱（昵），親近也。梁啓雄訓隱，未安。

（4）故法術之士奚道得進，而人主奚時得悟乎

舊注：法術之士既不得進，則人主何從而悟乎？

〔註1〕 參見蕭旭《商子校補》，收入《群書校補（續）》，花木蘭文化出版社 2014 年版，第 304 頁。

按：本書《人主篇》：「則法術之士奚時得進用，人主奚時得論裁？」又「則賢智之士奚時得用？」王念孫、俞樾、物双松並訓「道」為「由」，是也。舊注訓「奚時」為「何從」，亦是。「奚時」、「奚道」互文同義，時亦由也，從也〔註2〕。王先慎謂「『道』為『時』字變文」，陳啓天、蔣禮鴻已駁之，然亦未解「時」字。

《說難》第十二校補

此篇又見《史記·韓非傳》，《長短經·釣情》引《韓子》，所據蓋《史記》。下引省稱作「《史記》、《長短經》」。

（1）凡說之難，在知所說之心，可以吾說當之

按：凡，《史記》同，《長短經》引作「夫」。

（2）夫事以密成，語以泄敗

盧文弨曰：語，《史》作「而」。

按：夫，《御覽》卷462引作「凡」。語，《長短經·釣情》引同，《御覽》引作「亦」；《史記》作「而」，別本亦作「語」〔註3〕。何善周、陳奇猷謂當從《史記》作「而」〔註4〕。王叔岷曰：「而、亦同義。」〔註5〕而，猶亦也〔註6〕。「泄敗」的主詞承上，亦是「事」，下文「事泄於外」可證。

（3）說行而有功則德忘，說不行而有敗則見疑

按：德忘，《史記》、《長短經》作「德亡」。顧廣圻曰：「德，當依《索隱》引此作『見』。《史記》作『德亡』，《索隱》曰：『然「見忘」勝於「德亡」也。』」顧說是。「見忘」、「見疑」對舉，謂有功則被忘，有敗則

〔註2〕 參見裴學海《古書虛字集釋》，中華書局1954年版，第825～826頁。蕭旭《古書虛詞旁釋》有補證，廣陵書社2007年版，第374頁。
〔註3〕 參見水澤利忠《史記會注考證校補》，廣文書局1972年版，第2353頁。
〔註4〕 何善周《〈韓非子·說難篇〉約注》，《國文月刊》第14期，1942年版，第26頁。
〔註5〕 王叔岷《史記斠證》，中華書局2007年版，第2047頁。
〔註6〕 參見裴學海《古書虛字集釋》，中華書局1954年版，第539頁。蕭旭《古書虛詞旁釋》有補證，廣陵書社2007年版，第248頁。

被疑。「見」形誤作「尋」，古「得」字，因又易作「德」字。陳啓天依陶鴻慶說改作「見忌」，非是。

（4）貴人有過端，而說者明言禮義以挑其惡，如此〔者〕身危

舊注：挑謂發揚也。

　按：《史記》、《長短經》「禮義」作「善議」，「挑」作「推」。《正義》：「人主有過失之端緒，而引美善之議以推人主之惡，則身危。」李笠謂當作「善議」，猶言長於議論〔註7〕。李說是。「推」是尋求義。此作「挑」，即「挑剔」、「挑取」義。何善周曰：「挑猶今言挑撥。」〔註8〕陳奇猷曰：「挑，當讀挑戰之挑，撥動。」非是。

（5）故與之論大人則以為閒己矣，與之論細人則以為賣重

　按：何善周引《方言》卷3「閒，非也」、《廣雅》「閒，誋也」〔註9〕，是也，謂非議。舊注：「閒，代也。」《正義》：「乃為刺譏閒之。」松皋圓曰：「閒如閒然之閒。」傅佛崖說同松氏。王先慎曰：「閒，讀為諫。」于鬯、梁啓雄、陳啓天、陳奇猷、王煥鑣並曰：「閒，離閒。」吳國泰曰：「閒者瞷之省文，視也。」〔註10〕皆失之。賣重，《索隱》引同，《長短經》引作「鬻權」，《史記》同，義同。何善周曰：「重猶勢也。」羅焌引錢大昕曰：「賣當為鬻，《說文》：『鬻，衒也，讀若育。』」王叔岷曰：「鬻乃鬻之省。賣非買賣字，賣乃鬻之省，《說文》云云。賣、鬻，正、假字，亦古今字。《廣雅》：『權，重也。』」〔註11〕《六書故》卷20「賣」字條云：「按衒鬻之鬻，借用鬻字。」

（6）徑省其說則以為不智而拙之，米鹽博辯則以為多而交之

舊注：徑，直。

　按：《史記》作「徑省其辭，則不知而屈之；汎濫博文，則多而久之」。

〔註7〕　李笠《廣史記訂補》，復旦大學出版社2001年版，第171頁。
〔註8〕　何善周《〈韓非子・說難篇〉約注》，《國文月刊》第14期，1942年版，第26頁。
〔註9〕　何善周《〈韓非子・說難篇〉約注》，《國文月刊》第14期，1942年版，第26頁。又參見徐仁甫《史記注解辨正》，四川大學出版社1993年版，第110頁。
〔註10〕　吳國泰《史記解詁》，1933年成都居易簃叢著本，第3冊，第4頁。
〔註11〕　王叔岷《史記斠證》，中華書局2007年版，第2049頁。

「久」爲「交」形譌。二文「多」下脫「智」字。陳奇猷解「徑省」
爲「簡略而言少」,「拙（屈）」爲「笨拙」,皆是也。顧廣圻謂「交」、
「久」當作「史」,聞一多、梁啓雄從之〔註12〕;松皋圓解「交」爲
「交雜」,于鬯、陳啓天謂「交」當作「駮（駁）」,張覺從之;傅佛
崖解「交」爲「錯雜」,王叔岷曰:「交猶殽也。殽,雜也,亂也。」
〔註13〕陳奇猷謂「交」當作「弃」,羅焌、劉如瑛謂「交」當作「文」;
吳汝綸、高亨、王煥鑣從《史記》改「交」作「久」;高亨讀「拙（屈）」
爲「黜」,解「久」爲「拒」。陳啓天曰:「拙、屈古通,此謂屈辱之
也。」吳國泰曰:「『拙借』爲『黜』,『久』者『咎』字之奪譌,『交』
者『咎』字之假借。」〔註14〕諸說皆非是。「交」即「多智」之義,
當讀爲恔。《方言》卷3:「曉、恔,快也。自關而東或曰曉,東齊海
岱之閒曰恔,自關而西曰快。」郭璞注:「恔即狡戲,亦快事也。」《說
文》:「恔,憭也。」《玉篇》:「恔,憭也,黠也。」《集韻》:「恔,慧
也。」是「恔」亦曉慧也,黠慧也,今言聰明。字亦作狡、獥,《方
言》卷10:「央亡、嚜杘,獪也。江湘之閒或謂之無賴,或謂之獥,
凡小兒多詐而獪謂之央亡……或謂之〔獥〕猾,皆通語也。」〔註15〕
郭璞注:「獥,恣忦多智也。」《廣雅》:「狡,獪也。」字亦作佼,即
「佼佼者」之佼。《廣韻》:「佼,庸人之敏。」《論衡·講瑞》:「且人
有佞猾而聚者,鳥亦有佼黠而從群者。」佼亦黠也,「佼黠」即「狡
黠」。《後漢書·劉盆子傳》:「卿所謂鐵中錚錚,傭中佼佼者也。」李
賢注:「佼,好貌也。佼佼者,凡傭之人稍爲勝也。」《水經注·洛水》
作「皦皦」,亦借音字。字亦作嘹,《說文》:「嘹,誇語也。」字亦作
詨,《廣韻》:「詨,誇語也。」《集韻》:「詨,詨矜,誇也。」字亦作
鉸,《史通·忤時》:「以僕鎗鎗鉸鉸,故推爲首。」浦起龍曰:「鉸鉸,
恐即『鐵中錚錚,庸中佼佼』之義。」〔註16〕此文謂言辭簡略則以爲

〔註12〕聞一多說轉引自何善周《〈韓非子·說難篇〉約注》,《國文月刊》第14期,
1942年版,第26頁。
〔註13〕王叔岷《史記斠證》,中華書局2007年版,第2049頁。
〔註14〕吳國泰《史記解詁》,1933年成都居易簃叢著本,第3冊,第4頁。
〔註15〕《玄應音義》卷1、3、4、19並引作「凡小兒多詐或謂之狡猾」。「獥」同「狡」,
據補「獥」字。
〔註16〕浦起龍《史通通釋》卷20,收入景印文淵閣《四庫全書》第685冊,臺灣商
務印書館1986年初版,第462頁。

是笨拙，言辭瑣碎又認為是小聰明。其語源義為「喬」，方以智曰：
「橋橋、佼佼、翹翹、蹻蹻，皆矯矯，喬起之聲意也。」〔註17〕得之
也。

（7）略事陳意則曰怯懦而不盡，慮事廣肆則曰草野而倨侮

舊注：略言其事，粗陳其意。

何善周曰：聞一多先生云：「慮，讀為擴。《廣雅》：『擴，張也。』又『擴，
舒也。』張舒與鋪陳義近。然則擴事猶陳事也。上云『略事陳意』，謂省
略事類，但陳大意。此云『慮事廣肆』，則鋪陳事類，不憚繁瑣，而非粗
陳大意矣。」太田方云：「《荀子》注：『廣讀為曠。』」案：曠有野義。肆
有倨義。「草野」承曠言，「倨侮」承肆言也〔註18〕。

按：二「曰」，猶言以為也，上文「徑省其說」云云是其比。略，《御覽》
卷 462 引同，《史記》、《長短經》作「順」。略，讀為假，借助也。或
讀為託，亦順也。《管子・國蓄》：「故託用於其重。」又《地數》「託」
作「各」，是其相通之證。順託其事而發表意見，則視為怯懦而言辭不
盡。陳奇猷謂作「略」義長，非是。方以智《通雅》卷 26：「慮事，
錄事也。慮囚，錄囚也。」肆，大也。廣肆，猶言迂闊。何善周謂「草
野承曠言，倨侮承肆言」，非是。

（8）彼自多其力，則毋以其難概之也

舊注：概，礙也。

按：《史記》同。《索隱》：「概，猶格也。」又引劉氏曰：「拒格君上。」
何善周曰：「格、礙義同。」〔註19〕陳奇猷曰：「《莊子・至樂篇》《釋
文》引司馬云：『槩，感也。』感、憾同字。憾，恨也。舊注訓概為
礙，未聞。《索隱》訓概為格，亦未允。」槩訓感者，讀為「慨」，不
得轉訓為恨，陳說非是。太田方曰：「概，平斗斛木。」陳啓天曰：「概，

〔註17〕方以智《通雅》卷 9，收入《方以智全書》第 1 冊，上海古籍出版社 1988 年
　　　版，第 355 頁。
〔註18〕何善周《〈韓非子・說難篇〉約注》，《國文月刊》第 14 期，1942 年版，第 27
　　　頁。
〔註19〕何善周《〈韓非子・說難篇〉約注》，《國文月刊》第 14 期，1942 年版，第 28
　　　頁。

猶平也。」「概」同「槩」，《說文》：「槩，杚斗斛。」又「杚，平也。」
引申則有刮平、磨平義。字亦作扢，《廣雅》：「扢，磨也。」舊注及
《索隱》概訓礙、拒格者，蓋即讀概爲礙，是爲聲訓。王叔岷曰：「難，
忌憚。概讀爲慨，憞貌。」〔註20〕非是。

（9）然後極騁智辯焉

按：《史記》脫「極」字，「騁」又脫誤作「申」。

（10）此二人者，皆聖人也，然猶不能無役身以進加，如此其污也，今以吾言為宰虜，而可以聽用而振世，此非能仕之所恥也

按：恥，《史記》作「設」。「設」乃「役」形譌。即上文「役身」之義，
是亦「恥」也。李笠曰：「設猶措施也。」〔註21〕吳國泰曰：「設當爲
嚴字之訛。嚴謂戒禁也。」〔註22〕王叔岷曰：「《考證》：『設，當從《韓
子》作恥。』按：恥無緣誤爲設，疑此文（引者按：指《史記》）本
作『則能仕之所設也』，猶言此能士之所行也。」〔註23〕非是。

（11）深計而不疑，引爭而不罪

陳奇猷曰：「引」字無義，疑「盡」之假字。

按：「引」不可讀爲「盡」，陳說非是。「引」字自通，太田方曰：「引亦爭
也，正也。」《漢書·梅福傳》：「王章資質忠直，敢面引廷爭。」「引
爭」即謂「面引廷爭」。「引」猶言舉，謂舉其過也。爭，讀爲諍。
《史記》、《長短經》「引」作「交」。交，絞，急切也，故引申爲很戾
之義。字亦作姣、効、佼、挍、傲〔註24〕，俗字作佝、拗、㑃，固執，
與「爭」義相因。「交」非交互之義。

（12）昔者鄭武公欲伐胡，故先以其女妻胡君以娛其意

按：故，猶乃也〔註25〕，《長短經》作「乃」，《史記》作「迺」，同「乃」。

〔註20〕王叔岷《史記斠證》，中華書局 2007 年版，第 2050 頁。
〔註21〕李笠《廣史記訂補》，復旦大學出版社 2001 年版，第 172 頁。
〔註22〕吳國泰《史記解詁》，1933 年成都居易簃叢著本，第 3 冊，第 5 頁。
〔註23〕王叔岷《史記斠證》，中華書局 2007 年版，第 2052 頁。
〔註24〕參見蕭旭《淮南子校補》，花木蘭文化出版社 2014 年版，第 278～280 頁。
〔註25〕參見裴學海《古書虛字集釋》，中華書局 1954 年版，第 325 頁。

本書《說林下》：「知伯將伐仇由，而道難不通，乃鑄大鐘，遺仇由之
君。」《類聚》卷94引《蜀王本紀》：「秦惠王欲伐蜀，乃刻五石牛置
金其後。」又卷96引《蜀王本紀》：「秦惠王欲伐蜀，蜀王好色，乃
獻美女五人。」皆其比也，亦有「乃」字。陳啓天曰：「『故』如『將
欲取之，必故與之』之故。」陳奇猷曰：「《藏》本無『故』字，疑『故』
即『胡』之譌衍。」皆非是。《文選・爲曹公作書與孫權》李善注引
無「故」字，省文也。

（13）吾欲用兵，誰可伐者

按：欲，《文選・爲曹公作書與孫權》李善注引作「所」，形之譌也。

（14）大夫關其思對曰

按：關其思，今本《竹書紀年》卷10、《史記》同，《長短經・五間》作
「關期思」，同；《通典》卷151引《戰國策》作「關思期」，《御覽》
卷292引《戰國策》作「關思其」，皆誤倒。

（15）厚者爲戮，薄者見疑

按：松皋圓曰：「厚薄猶大小也。」陶鴻慶曰：「厚薄猶言重輕。《八姦篇》
『薄』與『甚』對文，可證此文之義。」于鬯、何善周說同陶氏〔註26〕。
諸說皆是也，《史記》、《長短經》正作「甚者爲戮」。龍宇純謂當從《史
記》作「甚」，非是。

（16）君聞而賢之曰：「孝哉，爲母之故，忘其刖罪。」

按：「刖罪」上，王先愼、陳啓天、陳奇猷據《文選・中山王孺子妾歌》李
善注、《治要》卷40、《類聚》卷33、《史記》、《說苑・雜言》補「犯」
字，是也。《御覽》卷773、《記纂淵海》卷55引亦有「犯」字。

（17）與君遊於果園

按：果，《說苑・雜言》同，《治要》卷40引作「菓」，《御覽》卷824引
作「東」。「菓」爲俗字，「東」則形譌。

（18）及彌子瑕色衰愛弛

〔註26〕何善周《〈韓非子・說難篇〉約注》，《國文月刊》第14期，1942年版，第29頁。

按：弛，《治要》卷 40、《類聚》卷 86、《事類賦注》卷 26、《記纂淵海》卷 55 引作「弛」，《史記》亦作「弛」，字同。

（19）是固嘗矯駕吾車，又嘗啗我以餘桃

按：固，《治要》卷 40、《類聚》卷 86 引作「故」，《說苑·雜言》同。固，讀爲故，猶言以前、過去。「是」是代詞，猶言此人。

（20）故有愛於主則智當而加親，有憎於主則智不當見罪而加疏

王先愼曰：《治要》無「見罪」二字。

按：「見罪」二字衍文。《史記》作「見憎於主則罪當而加疏」。「見罪」二字當是後人標識《史記》異文而掍入正文者。

（21）然其喉下有逆鱗徑尺，若人有嬰之者，則必殺人

舊注：嬰，觸。

按：嬰，《史記》、《論衡·龍虛》同，《周易經傳集解》卷 14 引作「攖」。《爾雅翼》卷 28：「龍之亢有逆鱗一尺，而不可膺也。」「膺」正字，「嬰」、「攖」皆借字。何善周曰：「『嬰』、『攖』通。」〔註27〕張覺說同，未得本字。

（22）人主亦有逆鱗，說者能無嬰人主之逆鱗，則幾矣

按：《史記》同，《文選·三國名臣序贊》李善注引作「人主有逆鱗，說者嬰之，則不幾矣」，蓋臆改。

《和氏》第十三校補

（1）王以和為誑而刖其左足

按：刖，《文選·贈徐幹》李善註引作「跀」，並云：「跀，音刖。」誑，《後漢書·孔融傳》李賢注、《事類賦注》卷 9 引作「謾」，《御覽》卷 648、805 引作「慢」，《記纂淵海》卷 53、70、《蒙求集註》卷上引作「詐」，《樂府詩集》卷 41 引《琴操》作「欺」，《新序·雜事五》作「謾」，

〔註27〕何善周《〈韓非子·說難篇〉約注》，《國文月刊》第 14 期，1942 年版，第 29 頁。

《初學記》卷 27 引《琴操》作「欺慢」，《後漢書・趙壹傳》李賢注引《琴操》作「欺謾」。陳奇猷曰：「詆、謾同義。『刖』同『跀』。」王先愼、石光瑛引《御覽》二引，並誤作「謾」〔註28〕。慢，讀爲謾，亦詆也，詐也，欺也。

（2）悲夫寶玉而題之以石，貞士而名之以詆

按：《御覽》卷 648 引「貞」作「直」，「名」作「命」，「詆」作「慢」。《蒙求集註》卷上引「詆」作「詐」。

（3）王乃使玉人理其璞而得寶焉

按：《新序・雜事五》同，當於「璞」字斷句。理，《後漢書・孔融傳》、《陳元傳》李賢注並作「攻」，《史記・鄒陽傳》《集解》引應劭曰同；《御覽》卷 648 引作「剖」，《御覽》卷 805、《事類賦注》卷 9 引作「治」。而，猶果也〔註29〕。《後漢書・陳元傳》李賢注引作「王乃使玉尹攻之，果得寶玉」〔註30〕，《樂府詩集》卷 41 引《琴操》作「王使剖之，果有寶」，《孟子・盡心下》孫奭疏引《韓詩》作「成王使人琢之，果得寶」，《淮南子・覽冥篇》高誘注作「遂剖視之，果得美玉」，皆正作「果」字。

（4）夫珠玉，人主之所急也

按：急，《新序・雜事五》作「貴」。急，讀爲亟。《方言》卷 1：「亟，愛也，東齊海岱之閒曰亟，自關而西秦晉之閒凡相敬愛謂之亟。」字亦作㥛，《說文》：「㥛，一曰謹重貌。」《廣雅》：「㥛，愛也。」此文爲「愛欲」、「看重」之義。

（5）和雖獻璞而未美，未為主之害也

舊注：所獻之寶設令未美，亦無害於王也。

按：《新序・雜事五》作「和雖獻寶而美，未爲玉尹用也」，「美」上脫「未」字，「用」爲「害」形誤。石光瑛所據本「用」作「害」，云：「《韓》當據本書校正，今本《韓子》多誤。此言和進玉而美，不致奪玉人之

〔註28〕石光瑛《新序校釋》，中華書局 2001 年版，第 783 頁。
〔註29〕參見蕭旭《古書虛詞旁釋》，廣陵書社 2007 年版，第 253 頁。
〔註30〕《史記・鄒陽傳》《集解》引應劭曰同。

寵，而玉人且嫉之，誣以爲石，況進賢人則邪臣退，尤易招其忌乎？」〔註31〕其說雖辯，而增文過多，未足信也。

（6）主用術則大臣不得擅斷，近習不敢賣重

按：得亦敢也〔註32〕。本書《人主篇》「擅」作「制」。

（7）人主非能倍大臣之議，越民萌之誹，獨周乎道言也

按：越，讀爲娍、跇，《說文》：「娍，輕也。」又「跇，輕也。」《廣雅》：「娍、狎、傷、蚩、侮、懁、忽，輕也。」是「娍」有輕忽義。《書・太甲》：「毋越厥命，以自覆也。」王念孫曰：「越，輕易也。言毋輕發女之政令，以自敗也。《說文》：『娍，輕也。』古通作越。」〔註33〕亦其例。王煥鑣曰：「越，跳過，不顧。」《校注》：「越，超過，引申爲擺脫。」皆非是。

（8）若此則上偪主而下虐民，此貪國弱兵之道也

按：盧文弨、顧廣圻、王先愼、松皋圓皆校「貪」爲「貧」，甚確。《渚宮舊事》卷 2 作「上逼主而下虛人，貧困弱兵之道」，正作「貧」字。「偪」、「逼」同。「虛」、「困」當依此文訂正。正可互校也。《商子・農戰》：「此貧國弱兵之教也。」此尤爲「困」當作「國」之確證。

（9）不如使封君之子孫三世而收爵祿，絕滅百吏之祿秩，損不急之枝官，以奉選練之士

舊注：枝官，謂非要急者，若樹之枝也。然養者必披落其枝，爲政者亦損其閒冗。

按：絕滅，盧文弨疑當作「減」；顧廣圻謂當作「纔（裁）減」，王先愼從之；陳啓天謂當作「裁減」，趙海金從顧、陳二氏說〔註34〕；羅焌曰：「『絕』字當屬上讀，『滅』當爲『減』。宮內氏改『絕滅』二字爲『減』字。」陳奇猷謂當作「截減」，即「裁減」；王煥鑣改作「絕減」，曰：

〔註31〕石光瑛《新序校釋》，中華書局 2001 年版，第 785 頁。

〔註32〕參見蕭旭《古書虛詞旁釋》，廣陵書社 2007 年版，第 197～198 頁。

〔註33〕王念孫說轉引自王引之《經義述聞》卷 16，江蘇古籍出版社 1985 年版，第 389 頁。

〔註34〕趙海金《韓非子叢詁》，《成功大學學報》1973 年第 8 期，第 116 頁。

「絕，停止。減，減少。」劉如瑛謂「滅」字衍，「絕」訓裁。盧氏、宮內氏說是，「絕」是衍文，蓋「減」誤作「滅」，後人不得其解，又加同義詞「絕」，不知愈不可通。「減百吏之祿秩」與「損不急之枝官」對舉。《說文》：「損，減也。」此文同義對舉。《戰國策・秦策三》言吳起「損不急之官」，《史記・蔡澤傳》同。《史記・吳起傳》作「捐不急之官」，《通鑑》卷 1、《通志》卷 88 同。「捐」當是「損」形譌，《渚宮舊事》卷 2 作「減百吏之秩，損不急之役」，正作「減」、「損」二字。舊注云云，是所見本已誤。《鹽鐵論・復古》：「減除不急之官。」「減除」是其誼也。《文選・景福殿賦》：「除無用之官。」「除」亦是其誼。李善注引《史記・吳起傳》作「捐」，《白氏六帖事類集》卷 12 引同，《晉書・元帝紀》亦同，是唐宋時已誤。陳啓天曰：「『損』、『捐』二字均可通。」斯亦失考矣。《漢語大字典》引《史記》釋為「捐，除去」〔註 35〕，非也。「捐」訓除是棄除義，而非減除義。校《史》諸家皆未及，新版《史記》點校本亦失校〔註 36〕。

《姦劫弒臣》第十四校補

（1）夫取舍合而相與逆者，未嘗聞也

按：松皋圓、蔣禮鴻據《治要》卷 40 引於「合」下補「同」字。王先慎謂「合」是「舍」誤衍，當作「取捨同」，蒙上文「此之謂同取，此之謂同舍」而言。劉文典駁王說，引《淮南子・齊俗篇》「故趣舍合即言忠而益親」，謂「趣舍合」即「取舍合」，陳奇猷從其說。陳啓天曰：「合，猶同也，不必增或改。」陳啓天說是也，「取舍合」即上文之「取舍同」，異字同義。此文不妨上言「同」，下言「合」也。《治要》引有「同」字，後人據上文旁注異文而捏入正文。《鶡冠子・著希》：「趨舍雖不合，不敢弗從。」《淮南子・說林篇》：「趨舍之相合，猶金石之一調。」《鹽鐵論・相刺》：「趨舍不合。」「趨（趍）舍」亦即「取舍」，皆與「合」連言。

〔註35〕《漢語大字典》（第二版），崇文書局、四川辭書出版社 2010 年版，第 1992 頁。

〔註36〕司馬遷《史記》（修訂本），中華書局 2013 年 9 月版，第 2624 頁。

（2）人主所（非）有術數以御之也，非參驗以審之也

按：王先愼據《治要》校「所」爲「非」，又謂依上文「參驗」上當有「有」
字。陳奇猷曰：「參驗，參驗形名，不當有『有』字。」王說是，王
叔岷引《治要》卷 40 引正有「有」字以證之。不知王先愼氏何以失
之目前，而未舉證。此文「參驗」用爲名詞，指參驗之術。下文「循
名實而定是非，因參驗而審言辭」，亦同。本書《顯學》：「無參驗而
必之者，愚也。」彼言「無參驗」，即此「非有參驗」也。

（3）為姦利以弊（蔽）人主

陳奇猷曰：「姦利」當作「姦私」，下文「爲姦私以適重人」可證。且此下
數言「姦私」，無言「姦利」者。

按：陳說本於陳啓天，其說非也。下文「百官之吏，亦知爲姦利之不可以
得安也」，亦作「姦利」。下文又云「乃以貪汙之心枉法以取私利」，
此即「爲姦利」之確詁。《史記·張丞相傳》：「蒼任人爲中候，大爲
姦利。」「爲姦利」是秦漢人習語，猶言爲姦而取利。亦言「處姦利」，
《漢書·貢禹傳》：「處姦而得利者爲壯士。」《潛夫論·賢難》：「諂
諛己者爲仁，處姦利者爲行。」

（4）我以清廉事上而求安，若無規矩而欲為方圓也，必不幾矣

按：《管子·法法》：「倍法而治，是廢規矩而正方圓也。」

（5）是以主孤於上而臣成黨於下

按：《意林》卷 3 引崔元始《正（政）論》：「黨成於下，君孤於上。」〔註37〕
本此。

（6）是以臣得陳其忠而不弊（蔽），下得守其職而不怨

按：怨，乖違，相亂。怨，讀爲縕，本指亂麻、亂絮，引申亦有亂義。《廣
雅》、《玉篇》並云：「縕，亂也。」《法言·孝至》：「齊桓之時縕，而
《春秋》美邵陵，習亂也。」李軌注：「縕，亦亂也。」古法家言君臣
當各守其職，互不相亂。《管子·宙合》：「則民守其職而不亂。」《淮
南子·原道篇》：「是故聖人使人各處其位，守其職，而不得相干也。」

〔註37〕崔寔字元始，東漢人。

又《主術篇》：「各守其職，不得相姦。」高誘注：「姦，亂也。」（「姦」當作「奸」，同「干」。）又《說林篇》：「人臣各守其職，不得相干。」高誘注：「干，亂也。」皆其證也。劉師培讀怨爲蘊，訓鬱蘊，蔣禮鴻從之〔註38〕；陳啓天謂怨訓怨望；陳奇猷謂怨訓恚。並未得其誼。

（7）人主者，非目若離婁乃為明也，非耳若師曠乃為聰也

按：陳奇猷引《孟子・離婁》趙歧注「離朱即離婁也」，云「朱爲婁之音轉」，是也。《長短經・適變》引此文作「離朱」〔註39〕。本書《觀行》：「離朱易百步而難眉睫。」《治要》卷40、《長短經・論士》引作「離婁」。又音轉作「離俞」，《山海經・大荒南經》：「離俞。」郭璞注：「即離朱。」皆即「矖瞜」、「麗廔」、「麗廔」之轉，言其透明也，故爲明目者之名〔註40〕。

（8）明主者，使天下不得不為己視，天下不得不為己聽

按：王先愼據《治要》卷40引，於下「天下」上補「使」字，陳啓天從之。陳奇猷謂上「使」字貫至此，不必補，各本及《長短經》引皆無。依句法而論，不補自可，然《長短經・適變》引下句實亦有「使」字，《道藏》本亦有，陳氏失檢。

（9）故身在深宮之中而明照四海之內

按：陳奇猷曰：「《長短經》引『照』作『燭』，義同。」《治要》卷40引亦作「燭」。

（10）古秦之俗，君臣廢法而服私，是以國亂兵弱而主卑

按：陳奇猷曰：「松皋圓改『君』爲『群』，非。君亦廢法而服私，不僅臣也。」松氏據山仲質說說改，陳啓天從之，非是。陳奇猷說是，另詳《有度篇》校補。松皋圓曰：「服，行也。」

（11）俱與有術之士，有談說之名，而實相去千萬也

〔註38〕蔣禮鴻《義府續貂》，收入《蔣禮鴻集》卷2，浙江教育出版社2001年版，第147頁。
〔註39〕此據《四庫》本，南宋本有脫文。
〔註40〕參見蕭旭《「流利」考》，收入《群書校補（續）》，花木蘭文化出版社2014年版，第2438頁。

按：王先慎曰：「與，讀若爲。」陳奇猷從之。陳啓天曰：「按：此與字，
或讀如字，或訓爲如，均可通。但訓爲爲，則未可從。」皆非是。「俱」
疑當作「其」，代指上文「世之愚學」。「與」爲介詞，猶今言比〔註41〕，
言愚學之人比有術之士實相去千萬也。下文「夫世愚學之人比有術之
士也，猶螘垤之比大陵也，其相去遠矣」，正作「比」字。本書《內
儲說上》：「袴之與嚬笑相去遠矣。」《老子》第 20 章：「唯之與阿，
相去幾何？善之與惡，相去何若？」《鄧子·轉辭》：「故之與右，諾
之與已，相去千里也。」《莊子·在宥》：「天道之與人道也，相去遠
矣。」《呂氏春秋·高義》：「其與秦之野人相去亦遠矣。」《列女傳》
卷 6：「飾與不飾，相去千萬。」皆是其例。

（12）愚者固欲治而惡其所以治〔者〕，皆惡危而喜其所以危者

按：固亦皆也〔註42〕。松皋圓據山說，改「皆」爲「者」，屬上句，非是。
下文「凡人臣者，有罪〔者〕固不欲誅，無功者皆欲尊顯」，亦同。

（13）聖人之治國也，賞不加於無功，而誅必行於有罪者也

按：本書《難一》：「明主賞不加於無功，罰不加於無罪。」又《說疑》：「賞
無功之人，罰不辜之民，非所謂明也。」《說苑·政理》：「賞賜不加於
無功，刑罰不施於無罪。」《越絕書·吳內傳》：「賞賜不加於無功，刑
罰不加於無罪。」考《治要》卷 31 引《六韜·文韜》：「賞賜不加於無
功，刑罰不施於無罪。」此諸書所本。

（14）皆欲行貨財，事富貴，爲私善，立名譽，以取尊官厚俸

按：「善」當作「義」，形之誤也〔註43〕。松皋圓曰：「爲私善，謂務曲學
也。」非是。

（15）無威嚴之勢，賞罰之法，雖堯舜不能以爲治

按：《鹽鐵論·申韓》：「無法勢，雖賢人不能以爲治。」即本此文。

〔註41〕 參見裴學海《古書虛字集釋》，中華書局 1954 年版，第 6～7 頁。其書「與猶
去」條，亦當歸入此義。

〔註42〕 參見裴學海《古書虛字集釋》，中華書局 1954 年版，第 321 頁。裴氏正舉此
例。陳啓天從其說。

〔註43〕 參見蕭旭《商子校補》，收入《群書校補（續）》，花木蘭文化出版社 2014 年
版，第 311～312 頁。

（16）託於犀車良馬之上

按：俞樾曰：「犀，堅也。」陳奇猷申證之。考鄭方坤《經稗》卷9引《金
罍子》：「古人凡堅謂之犀，雖器物之堅利，通謂之犀。如車曰犀車，
舟曰犀舟，銚亦曰犀銚，豈徒甲哉？」〔註44〕其說早於俞氏。本書《難
二》有「犀楯、犀櫓」，王先慎亦訓「犀」為堅。《呂氏春秋・貴直》：
「及戰，且遠立，（趙簡子）又居於犀蔽屏櫓之下。」義同。

（17）豫讓乃自黔劓，敗其形容

按：盧文弨曰：「黔，《藏》本、張本作『黚』，本當作『鉗』。」顧廣圻曰：
「黔，當作『黚』。」王先慎、陳啓天、梁啓雄皆從顧說。松皋圓曰：
「黔一作黚，同，黑也。山曰：『黔當作黚。』」又引太田方曰：「戰國
時未有鉗罪，山說得之。」于省吾曰：「黔，應讀為黚。」盧、于二說
皆通。「黔」、「黚」、「鉗」《廣韻》同音巨淹切，故可讀黔為鉗〔註45〕。
漢・衛宏《漢官舊儀》卷下：「秦制：凡有罪，男髡鉗為城旦。城旦者，
治城也。」敦煌懸泉漢簡：「髡鉗城旦昭宣。」〔註46〕《漢書・高祖紀》：
「皆自髡鉗為王家奴。」顏師古注：「鉗，以鐵束頸也。」漢代鉗刑，
乃承秦制，太田方謂「戰國時未有鉗罪」，失考。刑名的專字又作「髻」，
《集韻》：「髻，去髮著鉗之刑。」黚，墨刑。劓，截鼻。

（18）諺曰：「厲憐王。」

按：厲，《戰國策・楚策四》、《韓詩外傳》卷4作「癘」，姚宏注引此文亦
作「癘」；《長短經・是非》引《策》作「厲」。《說文》：「癘，惡疾也。」
癘、厲，止、借字，音轉又作癩。吳師道《補正》：「癘，癩也。」張
覺曰：「厲，通『癩』。」此亦未得本字也。

〔註44〕鄭方坤《經稗》卷9，景印文淵閣《四庫全書》第191冊，臺灣商務印書館
　　　　1986年初版，第722頁。
〔註45〕《漢書・地理志》犍為郡有「黚水」，《說文》「溫」字條作「黔水」。《易・說
　　　　卦》《釋文》：「黔，鄭作黚。」《史記・衛康叔世家》：「出公季父黔。」《呂氏
　　　　春秋・慎小》：「立公子黚。」高誘注引《史記》作「黚」，《左傳・哀公二十
　　　　六年》杜預注亦作「公子黚」，孔穎達疏引《史記》亦作「黚」。《宋書・州郡
　　　　志》武陵郡有「黔陽縣」，《水經注・延江水》、《晉書・地理志》、《廣韻》「黚」
　　　　字條作「黚陽」。皆其相通之證也。
〔註46〕胡平生、張德芳《敦煌懸泉漢簡釋粹》，上海古籍出版社2001年版，第19頁。

（19）雖然，古無虛諺，不可不察也

按：諺，《長短經‧是非》引《策》誤作「謬」。

（20）人〔主〕無法術以御其臣，雖長年而美材，大臣猶將得勢，擅事
主斷，而各為其私急

按：上二句，《戰國策‧楚策四》作「夫人主年少而矜材，無法術以知姦」，
《韓詩外傳》卷 4 作「夫人主年少而放，無術法以知奸」。本書《定
法》：「主無術以知姦。」知，讀為折、制，與「御」義同〔註 47〕。矜
材，自賢其材。《廣雅》：「放，妄也。」義亦與「矜材」相合。屈守
元謂「放」是「矜材」脫誤，猶言寡材也〔註 48〕，非是。

（21）廢正的而立不義

顧廣圻曰：《藏》本「的」作「適」，是也，《策》、《外傳》皆作「適」。

按：適、的，正、借字；《長短經‧是非》引《策》作「嫡」，俗借字。《韓
詩外傳》卷 4 作「廢正直而用不善」，王叔岷已指出顧氏失檢。「直」
當作「適」，「善」當作「義」，皆當據《策》訂正〔註 49〕。松皋圓曰：
「不義，謂庶孽不宜立者。」指非嫡子。立不宜，指立不宜立之子。
《董子‧玉英》：「《春秋》之法，君立不義立不書，大夫立則書。」
一本「不義」作「不宜」。《外傳》「用」一本作「亡」，「亡」是「立」
形誤〔註 50〕，余舊讀亡為改〔註 51〕，非是。

（22）故《春秋》記之曰

按：記之，《策》作「戒之」，《韓詩外傳》卷 4 作「之志」。「志」同「記」，
「戒」當作「記」。下引《春秋》，記臣弒君子殺父之事。《管子‧法
法》：「故《春秋》之記，臣有弒其君，子有殺其父者矣。」

〔註 47〕 參見蕭旭《〈韓詩外傳〉補箋》，收入《群書校補》，廣陵書社 2011 年版，第
456 頁。
〔註 48〕 屈守元《韓詩外傳箋疏》，巴蜀書社 1996 年版，第 417 頁。
〔註 49〕 參見周廷寀《韓詩外傳校注》，民國 21 年安徽叢書編印處據歙黃氏藏營道堂
刊本影印。
〔註 50〕 參見屈守元《韓詩外傳箋疏》，巴蜀書社 1996 年版，第 418 頁。
〔註 51〕 蕭旭《〈韓詩外傳〉補箋》，收入《群書校補》，廣陵書社 2011 年版，第 456
頁。

（23）齊崔杼，其妻美

按：當六字作一句讀。其，猶之也，《策》、《外傳》正作「之」。

（24）故厲雖癰腫疕瘍

按：故，猶夫也，發語辭，《策》、《外傳》正作「夫」。疕瘍，《策》作「胞疾」，《外傳》作「痂疕」。俞正燮曰：「胞即脬字，膀胱也。」〔註52〕關修齡曰：「『胞』疑『疱』字訛。疱亦腫疾也。」橫田惟孝曰：「『胞疾』疑『疕瘍』訛。」中井積德曰：「『胞疾』疑當作『抱疾』。」范祥雍曰：「『胞』字當爲『皰』之借字（『疱』又『皰』之或作）。《說文》：『皰，面上氣也。』『疾』當依《韓非子》作『瘍』，謂皮膚瘍潰。」〔註53〕范祥雍前說是，《玉篇》：「疱，疱瘡也。」《集韻》：「皰，面生氣，或作胞。」但「疾」不得爲「瘍」字之誤。疱疾，疱病。《外傳》「痂疕」當作「痂疕」〔註54〕，《急就篇》卷4：「痂疕疥癘癡聾盲。」顏師古注：「痂，創上甲也。疕，謂薄者也。」

（25）宿昔而死

按：宿昔，《秦策三》同，《楚策四》作「宿夕」。「昔」同「夕」，夜也。宿，一宿之時，指一整夜。《秦策三》鮑彪注引《集韻》：「宿（宿），夜也，通作者（昔）。」〔註55〕《文選・詠懷詩》：「宿昔同衣裳。」李善注引《廣雅》：「宿，夜也。」〔註56〕《戰國策・趙策三》：「不出宿夕，人必危之矣。」鮑彪注：「一宿二夕。夕，初夜。」鮑說「一宿二夕」是。也作「宿夜」，《漢書・杜欽傳》：「宿夜徘徊，不忍遠去。」梁啓雄曰：「宿，留也。昔，夜也。」張覺襲其說，云：「宿，停留。宿昔，隔了一夜。」皆非也。

（26）故劫殺死亡之君，此其心之憂懼，形之苦痛也，必甚厲矣

〔註52〕俞正燮《癸巳類稿》卷6，收入《叢書集成續編》第18冊，新文豐出版公司1988年印行，第442頁。

〔註53〕四說並見范祥雍《戰國策箋證》，上海古籍出版社2006年版，第897頁。

〔註54〕參見趙懷玉校本《韓詩外傳》，《龍溪精舍叢書》刊本，無頁碼。

〔註55〕今本《集韻》作「宿、宿，夜也，或省，通作昔」，鮑氏誤「宿」爲「宿」。松皋圓引作「夕，夜也，通作昔」。松皋圓《定本韓非子纂聞》，昭和8年崇文院出版，收入《叢書集成續編》第40冊，新文豐出版公司1988年印行，第121頁。

〔註56〕今本《廣雅》作「昔，夜也」，疑李氏誤。

按：故，《策》、《外傳》作「夫」。憂懼，《策》、《外傳》作「憂勞」。「憂
勞」是秦漢人成語，勞亦憂也。《淮南子・氾論篇》：「以勞天下之民。」
高誘注：「勞猶憂也。」苦痛，《外傳》同，《策》作「困苦」。

卷　五

《亡徵》第十五校補

此篇《書鈔》卷 42 引之，下引省稱作「《書鈔》」。

（1）凡人主之國小而家大，權輕而臣重者，可亡也

按：太田方曰：「《治要》引《尹文子》：『國貧小，家富大，君權輕，臣勢重，亡國也。』」文見《尹文子·大道下》，不煩據《治要》卷 37 轉引。權輕，《書鈔》引作「勢輕」。此文當作「君輕」，與「臣重」對舉。

（2）好宮室臺榭陂池，事車服器玩好

按：《書鈔》引作「好爲宮室臺榭陂池車馬衣服器用玩好」，此當據訂補。「事」即「車」形誤而衍。陂池，即「陂陁」，猶言陵遲之地形〔註1〕。太田方曰：「澤障曰陂，停水曰池。」王煥鑣本其說。陳奇猷於上「好」字下補「治」字，「器」上補「奇」字。梁啓雄曰：「《釋名》：『山旁曰陂。』指花園中的石山。事，治也。」王叔岷於「器」下補「械」字，趙海金從王說〔註2〕。《校注》：「陂池，池沼。事，從事，愛好的意思。」皆未得。

〔註1〕 參見蕭旭《家語校補》，收入《群書校補（續）》，花木蘭文化出版社 2014 年版，第 340 頁。

〔註2〕 趙海金《韓非子觺詁》，《成功大學學報》1973 年第 8 期，第 120 頁。

（3）聽以爵不待參驗

按：《書鈔》引作「聽毀譽不待參驗」，義長。一本「不待」作「以待」，又作「不以眾言」，皆誤。今「聽以爵」，猶言聽人言，則以爵賞之。「爵」是動詞。陳奇猷解「以」爲「予」，非是。

（4）緩心而無成，柔茹而寡斷

按：王煥鑣謂「心」疑當作「怠」，可備一說。緩，怠慢。梁啓雄曰：「《釋名》：『緩，浣也，斷也，持之不急則動搖浣斷自放縱也。』」松皋圓解爲「見事遲緩」，陳奇猷解爲「行事遲遲」，皆未得。

（5）饕貪而無饜，近利而好得

按：《書鈔》引脫誤作「貪攻而取無厭」。「近利」無義，疑當作「祈利」。祈，求也。

（6）喜淫而不周於法，好辯說而不求其用

按：《校注》據《書鈔》卷 42 引於「淫」下補「辭」字，是也。淫，過度、過甚。辯，猶言巧也。顧廣圻謂「淫」即淫辭；王先慎據凌本補作「淫刑」，陳啓天從王說；陳奇猷補作「淫賞」。皆失之。

（7）很剛而不和，愎諫而好勝

按：很，《道藏》本作「佷」，同。《書鈔》引「很」作「狠」，餘同；《後漢書・袁紹劉表傳》引作「很剛而不和，愎過而好勝」（太田方、楊樹達已及）。「狠」爲俗字。愎諫，謂愎其過而惡諫。《呂氏春秋・誣徒》：「愎過自用，不可證移。」高誘注：「愎，戾。證，諫。」又《似順》：「恥不知而矜自用，好愎過而惡聽諫。」

（8）恃交援而簡近鄰

按：交，《書鈔》引作「勢」。上文「荒封內而恃交援」，「交」字是。

（9）羈旅起貴以陵故常

按：楊樹達曰：「起當作趣，趣與驟同，急疾也。」然「起」、「趣」形聲俱遠，無緣致誤。陳啓天曰：「起貴，謂崛起而貴重也。《纂聞》改作『超貴，未可從。」松皋圓改作「超貴」，云「超作起誤」，是也。超亦陵也。

以，猶而也。

（10）怯懾而弱守，蚤見而心柔懦，知有謂可，斷而弗敢行者，可亡也

按：《書鈔》引無「柔」字。盧文弨據凌本，謂「謂」字衍。顧廣圻謂「知
有謂可」句。于鬯以「斷」字屬上句，讀「知」如字，解「謂」爲「說」、
「言」。劉師培謂「有」當作「否」。于省吾讀「謂」爲「爲」，以「知
有爲可斷」五字爲句，解爲「知有爲而不敢爲，知可斷而不敢斷」。王
煥鑣以上句「懦」屬下，讀「知」爲「智」，改「有」作「皆」。陳奇
猷謂「『有』讀爲『又』」。裴學海以「知有謂可斷而弗敢行者」十字爲
句，云：「謂，猶以也。『知』同『智』，『可』、『敢』皆訓『能』。言智
有以能斷而不能行也。顧廣圻失之。」〔註3〕徐仁甫亦以「斷」字屬
上句，云：「『知』同『智』，『有』讀爲『又』，『謂可』當作『可謂』。
『謂』猶『以』也。」裴學海以十字爲句，謂「知同智」，是也。「有」、
「謂」皆當讀如字。謂，猶言認爲。「有……者」呼應。斷，決也。言
其智有認爲可以決斷，而不敢行者，可亡。《史記·淮陰侯傳》：「智誠
知之，決，弗敢行者，百事之禍也。」（《漢書》上句作「計誠知之而
決」，「決」當一字爲句，松皋圓本所引及新版《史記》點校本誤屬下
句〔註4〕。）與本文義同。蔣禮鴻未得其讀，因謂「斷」借爲「䠧」，
引《說文》「䠧，礙，不行也」以說之〔註5〕，迂曲不可信。

（11）挫辱大臣而狎其身，刑戮小民而逆其使

按：于省吾曰：「『使』應讀作事。此言刑戮小民而違逆其所爲之事也。」
于氏讀使爲事，得之，而所釋則非。逆，受也。事，侍奉也。二句言
折辱大臣而又狎近其身，刑戮小民而又受其奉事。顧廣圻謂「逆」當
作「近」。太田方曰：「逆，不順也，謂虐使也。逆音虐。」松皋圓引
井說同，又引或說：「使當作便。」陳啓天曰：「逆其使，言使民不以
其道也。」陳奇猷謂「逆有相反之意」，王煥鑣乙作「刑戮小使而逆其
人」，皆失之。梁啓雄解爲「違逆人情道理來役使那些『刑戮小民』」，
大誤。「刑戮小民」不是專有名詞。

〔註3〕裴學海《古書虛字集釋》，中華書局 1954 年版，第 130 頁。
〔註4〕司馬遷《史記》（修訂本），中華書局 2013 年 9 月版，第 3164 頁。
〔註5〕蔣禮鴻《讀韓非子小記》，《國師季刊》1940 年第 9 期，第 74 頁。

（12）懷怒思恥而專習，則賊生

按：《書鈔》引作「懷怒息恥而身專習」。「息」字誤。此言使受辱之大臣受刑之小民懷怒思恥，而得身近於君，則賊生而危矣。松皋圓曰：「怒當作怨。」所改無據。

（13）婢妾之言聽，愛玩之智用

按：《書鈔》引下句脫誤作「受之知用」。

（14）好以智矯法，時以行雜公

按：顧廣圻曰：「今本『行』作『私』，誤。」于省吾、陳啓天、梁啓雄、陳奇猷皆謂當作「私」字，是也。《書鈔》引正作「私」。

（15）種類不壽，主數即世，嬰兒為君，大臣專制，樹羈旅以為黨，數割地以待交者，可亡也

按：即，《書鈔》卷 42 引作「易」。待，讀為得〔註6〕。「交」是動詞，結交。言主弱臣重，多次割地乃得交於諸侯者，可亡也。陶鴻慶、松皋圓並改「待」作「持」，訓養；陳奇猷舉《三守篇》「群臣持祿養交」以證之。山仲質謂「待」疑當作「恃」，王煥鑣說同。其說皆非是。持祿養交，謂拿俸祿供養友人。與此意思不同。梁啓雄引《周禮》注「待，給也」，亦非。

（16）貴臣相妬，大臣隆盛

按：《書鈔》引作「貴人相妬，大家降盛」。降，讀為隆。

（17）后妻淫亂，主母畜穢

按：《書鈔》引「妻」作「妾」，「穢」作「妖」。「畜」同「蓄」，蓄養。「妖」通「夭」，幼小，此指少艾。作「穢」蓋後人所改。章太炎讀畜為縮，訓亂，非是。

（18）后妻賤而婢妾貴

按：婢，《書鈔》引作「婦」。

〔註6〕 參見蕭旭《古書虛詞旁釋》，廣陵書社 2007 年版，第 211 頁。

（19）大臣甚貴，偏黨眾強

按：偏，《書鈔》引作「朋」，當據訂正。「偏黨」是偏袒義，出《書・洪範》「無偏無黨」，本書《解老》「所謂直者，義必公正，公心不偏黨也」，是其例，非此文之誼。「朋」或作「倗」，因形譌作「偏」也。

（20）私門之官用，馬府之世絀，鄉曲之善舉，官職之勞廢

舊注：軍馬之府，立功者也。

按：絀亦廢也，唐敬杲、陳奇猷讀為黜，是也。「馬府」句舊說紛紜，迄無定說。惠士奇引此文，又節引《解老》「民產絕則畜生少，畜生少則戎馬乏，戎馬乏則將馬出」，因云：「是將馬者國馬，謂之馬府。戎馬者民間之馬，所謂民出軍賦者也。民馬乏，故以國馬給軍。」〔註7〕今人胡寧認為「將馬」即「雌馬」〔註8〕。錄以備考。

（21）女子用國，刑餘用事

按：用，《書鈔》引作「與」。

（22）親臣進而故人退，不肖用事而賢良伏

按：王先慎曰：「親，讀為新。」津田鳳卿、梁啓雄、陳奇猷皆持此說，趙海金從王說〔註9〕。太田方曰謂「親當作新」，又引《逸周書〔・史記解〕》「昔者有果氏好以新易故，故者疾怨，新故不和，內爭朋黨，陰事外權，故有果亡」。讀為「新」是也，「事」字衍文。《書鈔》引作「新臣進而故臣退，不肖用而良臣伏」。張覺謂「親，親近」，而駁舊說，傎矣。

（23）木之折也必通蠹，墻之壞也必通隙

按：「隙」音綺路反，與「蠹」為韻。陶鴻慶、高亨並謂「通」當作「道」，由也。其說是也，陳啓天從之。《記纂淵海》卷90引已誤作「通」〔註10〕。陶氏復引《商子・修權》「諺曰：『蠹眾而木折，隙大而牆壞。』」

〔註7〕惠士奇《禮說》卷4，收入景印文淵閣《四庫全書》第101冊，臺灣商務印書館1986年初版，第461頁。

〔註8〕胡寧《「將馬」新釋》，《古今農業》2013年第4期，第61～65頁。

〔註9〕趙海金《韓非子叢詁》，《成功大學學報》1973年第8期，第121頁。

〔註10〕《記纂淵海》據《北京圖書館古籍珍本叢刊》第71冊，書目文獻出版社1998

以證其誼。此乃秦漢古諺語也,《鬼谷子‧謀篇》:「故墻壞於〔其〕隙,木毀於其節。」《淮南子‧人間篇》:「夫牆之壞也於隙,劍之折必有齧。」又《說林篇》:「蠹眾則木折,隙大則牆壞。」《易林‧乾之大壯》:「隙大墙壞,蠹眾木折。」又《剝之中孚》:「郤大墙壞,蠹眾木折。」

《三守》第十六校補

(1) 愛人不獨利也,待譽而後利之;憎人不獨害也,待非而後害之

按:《意林》卷 1 引二「不」下有「得」字,義長。陳奇猷引《意林》誤作卷 2,且謂有「得」字誤,「獨」是「獨斷而行」;梁啓雄亦解為「獨斷」,皆非也。獨,讀為徒,猶言空也,平白無故也。言君主愛人憎人,不得平白無故地利之害之,必待非譽而後利之害之也。下文「人主雖賢,不能獨計」,「獨」猶言獨自,陳解作「獨斷而行」亦失之。《文子‧精誠》:「令雖明,不能獨行,必待精誠。」《韓詩外傳》卷 8:「且妾聞奚公之車,不能獨走;莫邪雖利,不能獨斷;必有以動之。」《淮南子‧泰族篇》:「故弩雖強不能獨中,令雖明不能獨行。」義並同。

(2) 人臣有大臣之尊,外操國要以資群臣,使外內之事非己不得行

按:松皋圓曰:「『外』字疑誤。」陳奇猷據下文「外內之事」,補作「外〔口口口,以資諸侯;內〕操國要,以資群臣」,所補太多,不足信。龍宇純謂「以」當作「內」。趙海金疑「外」當作「擅」。竊疑「外」為「獨」之誤。

(3) 國無臣者,豈郎中虛而朝臣少哉?群臣持祿養交,行私道而不效公忠

按:《管子‧明法》:「國無人者,非朝臣之衰也,家與家務於相益,不務尊君也。大臣務相貴而不任國,小臣持祿養交,不以官為事,故官失其能。」《明法解》釋之云:「如此者,非朝臣少也,眾不為用也。」此《韓子》所本。

《備內》第十七校補

（1）醫善吮人之傷，含人之血，非骨肉之親也，利所加也

王先愼曰：《御覽》卷724、《初學記》卷20引「傷」作「腸」，「利」下有「之」字。

太田方曰：《初學記》「骨肉」作「肌骨」，「利」下有「之」字。

按：《緯略》卷4引亦作「腸」，《古今合璧事類備要》前集卷55引作「腹」，皆誤。孫楷第謂「傷與瘡通」，蔣禮鴻謂「傷當作瘍」。《記纂淵海》卷101引正作「瘍」〔註11〕。骨肉，《初學記》、《御覽》、《淵海》、《緯略》引「骨肉」並作「肌骨」，「非」下有「有」字。

（2）故輿人成輿，則欲人之富貴；匠人成棺，則欲人之夭死也

太田方曰：《愼子》：「匠人成棺，不憎人死，利之所在，忘其醜也。」《漢書》：「鬻棺者欲歲之疫，非憎人欲殺之，利在於人死也。」

按：《意林》卷1引作「輿人欲人富貴，棺人欲人死喪」。太氏引《愼子》見《意林》卷2所引，《御覽》卷551引作「匠人成棺，而無憎於人，利在人也死（死也）」。此《韓子》所本。《漢書》見《刑法志》所引諺語。《淮南子·說林篇》：「鬻棺者欲民之疾病也，畜粟者欲歲之荒飢也。」《長短經序》：「趙子曰：匠成輿者憂人不貴，作箭者恐人不傷。」

（3）人不貴則輿不售，人不死則棺不買

按：《意林》卷1引「售」作「用」。

（4）執後以應前，按法以治眾，眾端以參觀

按：上一「眾」涉下而誤，當作「官」。本書《孤憤》：「人臣循令而從事，案法而治官。」

「案」同「按」，猶據也，依也，循也，緣也。《管子·明法解》：「平吏之治官也，行法而無私。」銀雀山漢簡《守法守令十三篇》：「治官

〔註11〕　《記纂淵海》據《北京圖書館古籍珍本叢刊》第71冊，書目文獻出版社1998年版，第430頁。四庫本在卷54。

莫如公以直矣。」「行法而無私」、「公以直」即「按法」之謂也。金其源曰：「端謂頭緒也。參者交互之義。言眾議之頭緒，必交互觀聽之也。」「參」當訓驗，金說未是。

（5）今夫水之勝火亦明矣，然而釜鬵間之，水煎沸竭盡其上，而火得熾盛焚其下，水失其所以勝者矣

按：松皋圓曰：「間，猶隔也。」鬵，《道藏》等本作「鬲」。《記纂淵海》卷6引「鬵」作「鬲」，無「竭」字〔註12〕。鬲、鬵亦釜屬，而音異。《論衡・非韓》：「水之性勝火，如裹之以釜，水煎而不得勝，必矣。」《意林》卷5引杜恕《篤論》：「水性勝火，分之以釜甑，則火強而水弱。」皆本此文。「裹」以雙聲借為「隔」，與「間」、「分」同義。馬宗霍謂「裹」取其引申義訓「盛」〔註13〕；楊寶忠謂「裹」是「贏」之誤，訓「受」、「盛」〔註14〕。皆失之。

《南面》第十八校補

（1）則相愛者比周而相譽，相憎者朋黨而相非

按：《意林》卷1引「朋」作「比」，「非」作「誹」，二「者」下有「則」字。「朋黨比周」是本書習語。

（2）人臣易言事者，少索資，以事誣主，主誘而不察，因而多之，則是臣反以事制主也

按：王先謙謂「誣，欺也」，是。句謂人臣言事容易，索資甚少，主被欺不察，反而多給他費用。因而，猶言反而〔註15〕。「多」與「少」對舉成義。俞樾疑「誣」為「誘」之誤，王先謙、松皋圓並解「多」為「賢」；陳奇猷從王說，又於「少索資」下補「可得大利」四字。皆非是。

〔註12〕《記纂淵海》據《北京圖書館古籍珍本叢刊》第71冊，書目文獻出版社1998年版，第48頁。四庫本在卷55。
〔註13〕馬宗霍《論衡校讀箋識》，中華書局2010年版，第138頁。
〔註14〕楊寶忠《論衡校箋》，河北教育出版社1999年版，第333頁。
〔註15〕參見蕭旭《古書虛詞旁釋》，廣陵書社2007年版，第32頁。

(3)(而)輾小變而失長便，故鄒賈非載旅

按：于省吾、高亨、尹桐陽、羅焌並讀輾爲震，是也。《賈子·道術》:「臨制不犯謂之嚴，反嚴爲輾。」章太炎曰:「輾亦震也。」〔註 16〕

(4)狎習於亂而容於治，故鄭人不能歸

按：上文云「苦小費而亡大利，故龠虎受阿謗」，又云「輾小變而失長便，故鄒賈非載旅」，例以上文文例，「狎」涉「習」而衍。容之言裕，言鄭人狎習於亂而寬裕於治，亦即對治亂都適應，故不願歸國也。松皋圓曰:「容於治，不務治也。」高亨曰:「容當作吝，形近而誤。」尹桐陽曰:「容，緩也。」羅焌、趙海金並曰:「容讀爲傛，《說文》:『傛，不安也。』」陳奇猷曰:「『容』上當脫『不』字。容，悅也。」皆未得。

《飾邪》第十九校補

(1)龐援揄兵而南，則鄣盡矣

按：下文云「魏數年東鄉攻盡陶、衛，數年西鄉以失其國」,「盡」與「失」對舉，猶言盡得、盡取。下文又云「南盡中山之地」,「盡」亦同。《戰國策·趙策一》:「今燕盡韓之河南。」鮑彪注:「盡，言得其地。」鄣盡，言鄣被秦得也。攻盡陶衛，猶言攻取陶衛。雖有主動被動之別，其義一也。陳奇猷曰:「盡有無義。鄣盡，猶言無鄣。」非是。

(2)故曰龜筴鬼神不足舉勝，左右背鄉不足以專戰

按：松皋圓於上「不足」二字下補「以」字，陳奇猷從之，趙海金說同，皆是也。《路史》卷 17 正有「以」字。筴，《路史》作「策」。舉，取也。專，單也，獨也。陳啓天曰:「舉勝，猶言論勝。專戰，猶言決戰。」陳奇猷曰:「舉，指出。專，今語管理、主管之義。」皆非是。

(3)越王勾踐恃大朋之龜與吳戰而不勝，身臣入宦於吳

按：臣，用爲動詞，稱臣，陳啓天解爲「臣服」，得之。《吳越春秋·句踐

〔註 16〕章太炎說轉引自方向東《賈誼集匯校集解》，河海大學出版社 2000 年版，第 329 頁。

入臣外傳》：「（句踐）於是入吳，見夫差，稽首再拜稱臣。」顧廣圻曰：
「『臣』字當衍。」太田方曰：「『臣』疑『親』字之誤。」尹桐陽曰：
「身，謂勾踐。臣，謂范蠡。」陳奇猷曰：「臣，謂囚俘。」張覺謂「尹
說是，陳說非」。皆非是。

（4）人主又以過予，人臣又以徒取

按：過予，言踰功而賞賜。《荀子・修身》：「怒不過奪，喜不過予。」亦
作「過與」，《呂氏春秋・務本》：「主雖過與，臣不徒取。」高誘注：
「過，多。」「過予（與）」與《八經》所言「過賞」同義，亦與《顯
學》、《飭令》所言「多賞」同義。下文云「故用賞過者失民，用刑過
者民不畏」，猶言濫賞濫刑也。本書《八姦篇》：「軍旅之功無踰賞，
邑鬬之勇無赦罪。」《備內》：「士無幸賞，無踰行。」《南面》：「雖有
賢行，不得踰功而先勞。」「踰賞」亦其誼也。陳奇猷解「過」爲「誤」，
非是。

（5）故鏡執清而無事，美惡從而比焉；衡執正而無事，輕重從而載焉

按：太田方舉《治要》卷 36 引《申子》「鏡設精（清）無爲，而美惡自備；
衡設平無爲，而輕重自得」。按《賈子・道術》：「鏡儀而居，無執不
臧，美惡畢至，各得其當；衡虛無私，平靜而處，輕重畢懸，各得其
所。」《說苑・說叢》：「鏡以精（清）明，美惡自服；衡平無私，輕
重自得。」陳奇猷曰：「執，守也。設，施陳也。『精』、『清』通。《申
子》『比』作『備』，以音近而誤。」陳氏謂「執，守也。精、清通」
是，餘說非是。「執正」是古書習語，執猶守持也。《申子》作「設」，
乃「執」之誤，「執平」猶言守正。服，讀爲備〔註 17〕。裘錫圭謂《賈
子》「執」當作「設」，云：「此文『執』字無疑是表『設』的『執』
的形近誤字。《文子・上德》：『鼓不藏聲，故能有聲。鏡不設形，故
能有形。』《淮南子・原道》：『夫鏡、水之與形接也，不設智故，而
方圓曲直弗能逃也。』皆其確證。《道術篇》上文說：『道者，所道接
物也。其本者謂之虛，其末者謂之術。虛者言其精微也，平素而無設
諸也。』劉殿爵先生據《淮南子・詮言》『聖人無思慮，無設儲』語，

〔註 17〕 我舊說讀備爲服，儳矣。蕭旭《說苑校補》，收入《群書校補》，廣陵書社 2011
年版，第 538 頁。

校此文『設諸』爲『設儲』；並指出『「無設儲」即下文「不臧」之意』。這也說明『無執不臧』的『執』本應作『埶（設）』。『無設儲』與『無埶（設）不臧（藏）』，意義全同。」〔註18〕郭永秉補引《韓子》此例以證裘說〔註19〕。裘、郭之說有疑問，「設正」、「設平」皆不辭，且所引《文子》及《淮南子》二例，與《賈子》文義並不相同，不能作爲證據。

（6）故智能單道，不可傳於人

按：《說文》：「單，大也。」言大道不可傳於人也。松皋圓曰：「『單』、『彈』通，盡也。智能明通，盡其道也。」王先謙於「單」字句，云：「單，盡也。」陳啓天曰：「智能單，謂僅有智能也。」陶鴻慶於「道」字句，云：「單，獨也。」皆未得。陳奇猷從陶讀，云：「『單』通『彈』，有止義。單道，猶言止於道，即『以道爲舍』。」此說甚誤。「單」訓止盡，而不得轉爲舍止之義。

（7）釋法禁而聽請謁，群臣賣官於上，取賞於下，是以利在私家而威在群臣。故民無盡力事主之心，而務爲交於上。民好上交則貨財上流，而巧說者用

按：《管子·立政九敗解》：「人君唯毋聽請謁。任譽則群臣皆相爲請。然則請謁得於上，黨與成於鄉。如是則貨財行於國，法制毀於官，群臣務佼（交）而求用。」此《韓子》所本。

（8）姦臣愈進而材臣退，則主惑而不知所行，民聚而不知所道

按：《管子·立政九敗解》：「夫諂臣者常使其主不悔其過，不更其失者也。故主惑而不自知也。如是則謀臣死而諂臣尊矣。」此亦《韓子》所本。巧說者用，諂臣尊，則民相聚而不知所言矣。道，猶言也，與「行」對舉成義。舊注：「道，從也。」尹桐陽、陳奇猷並讀聚爲趣。張覺

〔註18〕裘錫圭《再談古文獻以「埶」表「設」》，香港中文大學「古道照顏色～先秦兩漢古籍國際學術研討會」論文（2009年），收入《裘錫圭學術文集》卷4，復旦大學出版社2012年版，第491頁。

〔註19〕郭永秉《以簡帛古籍用字方法校讀古書札記》，《簡帛語言文字研究》第5輯，巴蜀書社2010年版；收入《古文字與古文獻論集》，上海古籍出版社2011年版，第298頁。又見於上引《裘集》附記，第494頁。

謂「民聚」指民眾被姦臣聚集。皆非是。

（9）不可為賞勸，不可為罰沮

按：陳奇猷曰：「『沮』字蓋用為禁止之意。」又引《外儲說右上》「是望不得以賞罰勸禁也」為證。其說是也。本篇上文云：「有賞不足以勸，有刑不足以禁。」又《內儲說上》：「天下太平之士，不可以賞勸也；天下太平之士，不可以刑禁也。」又《八經》：「賞者有誹焉，不足以勸；罰者有譽焉，不足以禁。」亦其證。《商子·靳令》：「其次為賞勸罰沮。」《墨子·尚同中》：「賞譽不足以勸善，而刑罰不足以沮暴。」《呂氏春秋·至忠》：「人知之不為勸，人不知不為沮。」高誘注：「勸，進。沮，止也。」三文「沮」字誼同。

卷　六

《解老》第二十校補

（1）神不淫於外則身全，身全之謂德。德者，得身也

 按：《類聚》卷 75、《御覽》卷 720 引「淫」作「注」。「注」為「淫」形譌。
  松皋圓曰：「《長門賦》：『神怳怳而外淫。』注：『《廣雅》曰：「淫，
  游也。」』引此文作『神不淫放』也。」陳奇猷指出「放」為「於」
  形譌，又脫「外」字，皆是。淫、游一聲之轉，故「淫魚」又音轉作
  「游魚」〔註1〕。

（2）禮者，所以情貌也

  王先慎從張本乙作「貌情」，曰：「貌」與「飾」同義。《御覽》卷 542 引作
  「禮者所以飾貌情也」，「飾」蓋校者旁注，刊書者失刪。

 按：陳奇猷從王校，云：「《藏》本亦作『貌情』，《書鈔》卷 85 引同。」景
  宋本《御覽》引作「貌情」，無「飾」字，王叔岷已指出王氏所據為誤
  本。孔本《書鈔》作「白情」，孔廣陶指出「白」為「皃」誤省〔註2〕。

（3）詹何坐，弟子侍，有牛鳴於門外

 按：王先慎、陳奇猷據《藏》本及《御覽》卷 899、《事類賦注》卷 22、《論

〔註1〕　參見蕭旭《淮南子校補》，花木蘭文化出版社 2014 年版，第 786 頁。
〔註2〕　《書鈔》（孔廣陶校注本）卷 85，收入《續修四庫全書》第 1212 冊，上海古
   籍出版社 2002 年版，第 400 頁。

衡・實知》引於「牛」上補「有」字。《渚宮舊事》卷 1 亦有「有」字，
「弟子」上有「堂上」二字。

（4）是黑牛也而白題

按：題，《御覽》卷 899、《事類賦注》卷 22 引作「蹄」，《論衡・實知》、
《渚宮舊事》卷 1 同。諸書蓋讀「題」爲「蹏」，「蹏」同「蹄」。松
皋圓、陳奇猷、梁啓雄謂「題」取其本義訓額。

（5）華焉殆矣

按：陳奇猷曰：「『殆』即下文之『愚』。」陳說是也，而猶未盡。殆，讀
爲佁，《說文》：「佁，癡貌，讀若騃。」字亦作嬯、騃、怠、儓，俗
作呆、獃〔註3〕。物双松曰：「紛然用其智，所以危殆也。華焉，猶紛
然也。」太田方曰：「華，實之反。殆，審之反。」尹桐陽曰：「殆，
庶幾也。」陳啓天曰：「謂虛華不實而有害也。」梁啓雄曰：「華，浮
華。《賈子・道術》：『反誠爲殆。』」《校注》：「殆，疲憊。」皆非是。

（6）樹木有曼根，有直根

按：曼，讀爲般，字亦作盤，或作蟠。「曼根」即盤曲之根。段玉裁曰：
「直者曰直根，橫者曰曼根。」〔註4〕又曰：「枝根謂根之橫生者，韓
非所謂曼根。」〔註5〕孫詒讓從段氏說〔註6〕。段氏謂「曼根」是根
之橫生者，是也，而尚未明其語源。物双松曰：「曼，長也，謂橫根
也，亦有蔓義。」釋「橫根」雖是，而所釋其語源二說皆非。太田方
曰：「曼根，細根也。」亦非是。

（7）是以有道之君貴靜，不重變法

按：「有道之君」下，《治要》卷 40、《類聚》卷 54 引作「貴虛靜而重變
法」，《御覽》卷 638、《記纂淵海》卷 45 引作「貴虛靜重變法」，《書

〔註3〕 參見蕭旭《〈越絕書〉古吳越語例釋》，收入《群書校補（續）》，花木蘭文化
　　　出版社 2014 年版，第 2011 頁。
〔註4〕 段玉裁《說文解字注》，上海古籍出版社 1981 年版，第 248 頁。
〔註5〕 段玉裁《周禮漢讀考》卷 3，收入《皇清經解》卷 636，上海書店 1988 年版，
　　　第 4 冊，第 202 頁。
〔註6〕 孫詒讓《周禮正義》卷 43，中華書局 1987 年版，第 1778 頁。

鈔》卷 43「有道之君而重變法」條注引本書亦作「貴虛靜」。是唐宋人所見本「不」皆作「而」字，《御覽》、《淵海》雖省「而」字，然無害於文意。松皋圓改「不」爲「而」，云：「重，憚也。」王先愼增「虛」字，改「不」爲「而」，云：「重，猶難也。」是也。梁啓雄曰：「本段不言『虛』。『重』字借爲『緟』，增益也。」陳奇猷曰：「上文皆言靜，而未及虛義，明『虛』字不當有。重，猶尙也。」「虛」字不必補，「不」字當改從舊本作「而」，二氏未得「重」字之誼。

（8）夫內無痤疽癉痔之害，而外無刑罰法誅之禍者，其輕恬鬼也甚

按：顧廣圻改「痔」作「疛」，解爲「小腹病」。王先愼謂不必改「痔」，引《說文》：「痤，小腫也。疽，癰也。癉，勞病也。痔，後病也。」陳奇猷從王說。王氏引「癉，勞病也」非是，「勞病」與「痤疽」不類。山仲質曰：「《左傳》注：『癉疽，惡瘡也。』」癉亦痤疽癰腫之病，字亦作疸。《左傳・襄公十九年》：「荀偃癉疽，生瘍於頭。」杜預注：「癉疽，惡創。」《玉篇》：「疸，黃病也。《左氏傳》云：『荀偃疸疽，生瘍於頭。』疸疽，惡創也，亦作癉。」《外臺秘要方》卷 17 有「疸痔」症。龍宇純於「輕」下補「醫」字。

（9）萬物得之以死，得之以生，萬物得之以敗，得之以成

按：得，讀爲待〔註 7〕。《文子・道原》：「天常之道，生物而不有，成化而不宰，萬物恃之而生，莫之知德；恃之而死，莫之能怨。」「恃」亦讀爲待。

（10）而常者，無攸易，無定理

按：攸，讀爲遊。易，移也。王先愼曰：「無攸易，謂無所變易也。」太田方曰：「據《說文》，以『攸』爲行水……疑爲淨泛不定之義。」皆非是。

（11）務致其福，則事除其禍

按：松皋圓曰：「事亦務也。」其說是也，余另有詳說〔註 8〕。

〔註 7〕　參見裴學海《古書虛字集釋》，中華書局 1954 年版，第 448 頁。蕭旭《古書虛詞旁釋》有補充，廣陵書社 2007 年版，第 194～195 頁。
〔註 8〕　參見蕭旭《淮南子校補》，花木蘭文化出版社 2014 年版，第 85～86 頁。

（12）是之謂盜竽矣

按：竽，《老子》第 53 章作「夸」。楊慎《升菴集》卷 46：「今本誤作盜夸，
與竽字相近而誤也。」焦竑《老子翼》卷 2、王先慎說同。顧炎武曰：
「夸，古音枯。《說文》夸從大于聲。楊慎據《韓非子》改《老子》
盜夸爲盜竽，恐非。」又曰：「楊慎改爲盜竽，謂本之《韓非子》，而
不知古人讀夸爲刳，正與除爲韻也。」〔註9〕顧說是，「夸」讀爲竽。
上博五楚簡《弟子問》：「吾未見芋而信者。」〔註10〕郭店楚簡《尊德
義》：「教以言，則民話（訏）以寡信。」芋、訏皆讀爲夸，是其證也。
陳奇猷謂「夸」爲「匏」省文，指「笙」，與「竽」爲小大之別，則
頗迂曲。

（13）得於好惡，忧於淫物，而後變亂

按：徐仁甫曰：「『得』當爲『迫』字之誤。《管子·心術篇》：『人迫於惡
則失其所好，忧於好。』」徐說得其誼，然「得」、「迫」形聲俱遠，
無由致譌。松皋圓曰：「『得』如貧（貪）得之得。一說：恐『碍』字
訛。」一說是也，「得」本作「㝵」，後人不知此「㝵」是「礙（碍）」
俗字，誤以爲是「得」古字，因改作「得」。礙，牽掛也。忧，梁啓
雄、陳奇猷讀爲怵，是也，其說本《漢書·武帝紀》顏師古注。

〔註9〕 顧炎武《唐韻正》卷 4，收入《四庫全書》第 241 冊，臺灣商務印書館 1986
年初版，第 215 頁。顧炎武《答李子德書》，收入《亭林文集》卷 4，《續修四
庫全書》第 1402 冊，上海古籍出版社 2002 年版，第 101 頁。
〔註10〕 「者」字整理者釋爲「絕」，茲從陳偉改釋。馬承源主編《上海博物館藏戰國
楚竹書（五）》，上海古籍出版社 2005 年版，第 280 頁。陳偉《上博五〈弟子
問〉零釋》，簡帛網，http://www.bsm.org.cn/show_article.php?id=215。

卷　七

《喻老》第二十一校補

（1）天下無道，攻擊不休，相守數年不已

按：下二句，《書鈔》卷 121、《御覽》卷 356 引作「攻戰不已」，《文選‧
長楊賦》李善註引作「攻戰無已」，《御覽》卷 922、951 引作「攻擊不
已」，皆無「不休相守數年」六字。

（2）甲冑生蟣蝨

按：陳奇猷曰：「謂甲冑長期不離體而生蟣蝨也。」考《淮南子‧氾論》：
「甲冑生蟣蝨。」高誘注：「蟣蝨不離體也。」此陳說所本。又考《淮
南子‧泰族篇》：「牛馬之氣蒸生蟣蝨，蟣蝨之氣蒸不能生牛馬。」則
亦可以解為牛馬長期頻繁征戰，其氣蒸騰而致甲冑生蟣蝨也。

（3）越王入宦於吳，而觀之伐齊以弊吳

按：顧廣圻曰：「《藏》本、今本『觀』作『勸』。觀，示也。『勸』字非。」
陳啓天、陳奇猷、梁啓雄從之，謂勾踐無勸吳伐齊之語。其說非也，
三氏未得「勸」字之誼。《廣雅》：「勸，助也。」據《家語‧屈節解》
記載子貢說越王曰「王誠能發卒佐之，以邀射其志，而重寶以悅其心，
卑辭以尊其禮，則其伐齊必矣」，於是「越使大夫文種，頓首言於吳
王曰：『越悉境內之士三千人以事吳。』吳王乃受越王卒，謝留勾踐」；

《越絕書・越絕內傳陳成恒》記載越王「以先人之藏器，甲二十領、屈盧之矛、步光之劍，以賀軍吏。悉擇四疆之中，出卒三千」〔註1〕。此皆越助吳伐齊之事。

（4）白圭之行堤也塞其穴，丈人之愼火也塗其隙

按：《初學記》卷25、《錦繡萬花谷》續集卷8引二句互倒。塗亦塞也，《莊子・天運》：「塗卻守神。」郭象注：「塞其兌也。」本字爲敿，《說文》：「敿，閉也。」字或作杜，《小爾雅》：「杜，塞也。」又或作塛，《廣雅》：「塛，塞也。」字或作劇，《集韻》：「敿、劇，《說文》：『閉也。』或從刀。」字亦作涂，馬王堆帛書《稱》：「涂其門。」

（5）桓侯故使人問之

按：《新序・雜事二》無「故」字，陳奇猷謂「故」字衍。王叔岷據《史記・扁鵲傳》作「桓侯使人問其故」，謂「故」字當在「問之」下，「之」猶「其」也。王說是也，《御覽》卷738引《春秋後語》同《史記》。或訓「故」爲特地，亦通。物双松曰：「『故』、『姑』通。」非是。

（6）昔者紂爲象箸而箕子怖

盧文弨曰：怖，《史記》、《淮南》作「唏」，凌本同。此自作「怖」。

顧廣圻曰：「怖」當作「悕」，下文及《說林上》同。

王先愼曰：顧說非。《史記》、《淮南》作「唏」誤，當依此訂正。《類聚》卷73、《御覽》卷759引作「怖」。

陳奇猷曰：《御覽》卷760引亦作「怖」。《論衡・龍虛篇》：「《傳》曰：『紂作象箸而箕子泣。』」悕、泣義近，可證此當以作「悕」爲是。且《淮南・說山》作「唏」，而《繆稱》又作「譏」，《論衡・龍虛篇》作「泣」，《實知》又作「譏」。唏、悕、譏、譏同聲通用，並與泣義近。

按：顧、陳說是。《史記》見《十二諸侯年表》，《文子・微明》明刊本亦作「唏」，《纘義》本作「啼」。《玉篇》：「譏，紂爲象箸而箕子譏。譏，唏也。」《集韻》同。《潛夫論・浮侈》：「箕子所唏，今在僕妾。」《鹽鐵論・散不足》：「箕子之譏，始在天子，今在匹夫。」《史記・宋微

子世家》：「紂始爲象箸，箕子歎曰：『彼爲象箸，必爲玉杯。』」《後漢書・西羌傳》：「故微子垂泣於象箸。」李賢注引《帝王〔世〕紀》：「紂作象箸，箕子爲父師，歎曰：『象箸不施於土簋，不盛於菽藿，必須犀玉之杯，食熊蹯豹胎。』臣賢案《史記》及《韓子》並云箕子，今云微子，蓋誤。」〔註2〕《楚辭・天問》王逸注：「紂作象箸而箕子歎，預知象箸必有玉杯，玉杯必盛熊蹯豹胎。」是六朝以前，並云「唏」、「譏（譏）」、「泣」、「啼」、「歎」，義並相近。

（7）**象箸玉杯必不羹菽藿，〔則〕必旄象豹胎**

顧廣圻曰：旄，讀爲芼。

王先愼曰：顧讀誤。《呂氏春秋・本味篇》：「肉之美者，旄象之約。」高注：「旄，旄牛也。」「旄象」二字，《類聚》、《御覽》均作「薦」字，誤。《說林上篇》亦作「旄象」。

陳奇猷曰：「豹」疑「約」形近之誤。「約」即「腰」。「旄象約胎」即旄象之腰與胎也。

按：顧、陳說皆非是。本書《說林上》亦作「豹胎」。《文選・七發》：「山梁之餐，豢豹之胎。」又《七命》：「丹穴之鷇，玄豹之胎。」李善注並引《六韜》：「玉杯象箸不盛菽藿之羹，必將熊蹯豹胎。」《論衡・龍虛篇》：「夫有象箸，必有玉杯。玉杯所盈，象箸所挾，則必龍肝、豹胎。」上引《帝王世紀》亦作「豹胎」。「豹胎」指豹之胎。《御覽》卷892引《帝王世紀》：「紂爲王者（玉箸），箕子曰：『王（玉）箸必食熊蹯、豹胎。』散宜生獻紂黑豹。」散宜生獻黑豹，即是提供豹胎。《古文苑》卷4《蜀都賦》：「被紕之胎。」章樵註：「紕與貔通用，豹屬也。」羹，用爲動詞，《御覽》卷759、760引作「美」，誤。

（8）**旄象豹胎必不衣短褐，而食於茅屋之下，則〔必〕錦衣九重廣室高臺**

按：顧廣圻曰：「今本『短』作『裋』，誤。《說林上》亦作『短』。」松皋圓、劉文典、劉堅、陳奇猷並謂作「短」非，「短褐」當作「裋褐」。二者所爭，以未得其語源，故各執一端。作「裋」者，其語源是「短」。

故短衣謂之裋、褉，小童謂之豎，其義一也。既造作專字，音亦隨變矣。劉文典曰：「『裋』本字，『短』借字。」亦失其源。茅屋，《御覽》卷760引作「茅茨」。《說林上》作「旄象豹胎必不衣短褐，而舍茅茨之下，則必錦衣九重高臺廣室也」。《御覽》卷83引《帝王世紀》：「必不衣短褐處茅屋之下，必將衣文繡之衣，遊於九層之臺，居於廣室之中矣。」「食」當作「舍」，與「處」同義。九重，指高臺九層也。各家皆以「錦衣九重」爲句，非也。

（9）知者不藏書

按：顧廣圻曰：「《淮南子》無『不』字。」王先愼曰：「《淮南》脫『不』字。知，讀曰智。」陳奇猷曰：「知，如字。『知』下當有『言』字。《書鈔》卷101引正有『言』字，王說非。」張覺曰：「『知者』當爲『知知者』之省文。王、陳之說皆不當。」王說是也，下文云「故知者不以言談教，而慧者不以藏書篋」，「知者」即「智者」，亦即「慧者」也。

（10）宋人有爲其君以象爲楮葉者，三年而成，豐殺莖柯，毫芒繁澤，亂之楮葉之中而不可別也

按：豐殺，《淮南子·泰族篇》、《列子·說符》作「鋒殺」，《御覽》卷805引《列子》作「鋒鍛」，《事類賦注》卷9引《列子》作「鋒鍛」。「鍛」爲「鍛」形譌，「鍛」爲「殺」涉「鋒」的增旁字。龍宇純曰：「豐、鋒古音同。又疑鋒爲降之誤字，降借爲隆。」後說非是。亂，《列子》、《淮南子》同，《白帖》卷83引《列子》作「雜」。別，《列子》同，《淮南子》作「知」，《白帖》卷83引《列子》作「辨」。「知」亦辨別、識別之義。陳奇猷曰：「知，覺也。」未切。繁澤，《列子》同，《淮南子》作「顏澤」。高亨謂「繁」是「顏」聲誤，陳奇猷從其說。龍宇純曰：「繁當作敏，讀與娩同。《荀子·禮論》云：『故說豫娩澤憂戚萃惡，是吉凶憂愉之情發於顏色者也。』王念孫《讀書雜誌》云：『娩讀問。娩澤，顏色潤澤也。』是『繁澤』本作『敏澤』之證也。」〔註3〕龍氏改字，無有確證。且「娩」亦非本字，即如其說，亦當讀

爲脕（曼）澤，《荀子》亦用借字耳。《楚辭・大招》：「曼澤怡面，血氣盛只。」竊疑「繁澤」讀爲「粉澤」，無庸易字。

（11）此人遂以功食祿於宋邦

按：功，《列子・說符》作「巧」。太田方曰：「功，『巧』字訛。」王先愼曰：「『功』當作『巧』。《列子》下文云：『聖人恃道化而不恃智巧。』」陳啓天、陳奇猷從王說，是也。《呂氏春秋・季春紀》：「無或作爲淫巧，以蕩上心。」高誘注：「淫巧，非常說詭怪。若宋人以玉爲楮葉，三年而成，亂之楮叶之中，不可別知之類也。」尤其確證。

（12）豐年大禾，臧獲不能惡也

陳奇猷曰：《漢書・司馬遷傳》顏注引晉灼曰：「臧獲，敗敵所被虜獲爲奴隸者。」案臧即贓字。贓者，乃意外所得之物。臧獲，即獲臧。俘虜當然爲意外所得，故謂之臧獲。《名義考》引《風俗通》云：「臧，被罪沒官爲奴婢。獲，逃亡獲得爲奴婢。」則非臧獲之本義矣。

按：陳氏臆說，非也。《漢書・司馬遷傳》顏注引應劭曰：「揚雄《方言》云：『海岱之間，罵奴曰臧，罵婢曰獲。燕之北郊，民〔男〕而聟（壻）婢謂之臧，女而婦奴謂之獲。』」顏氏且云：「應說是也。」《史記・魯仲連傳》：「臧獲且羞與之同名矣。」《集解》亦引《方言》：「荊淮海岱燕（雜）齊之間罵奴曰臧，罵婢曰獲。」《方言》卷3：「臧甬侮獲，奴婢賤稱也。荊淮海岱雜齊之閒，罵奴曰臧，罵婢曰獲。齊之北鄙，燕之北郊，凡民男而聟（壻）婢謂之臧，女而婦奴謂之獲。亡奴謂之臧，亡婢謂之獲。皆異方罵奴婢之醜稱也。」〔註4〕亦單稱爲「臧」，《莊子・駢拇》：「臧與穀二人相與牧羊，而俱亡其羊。」不知陳氏何故據晉灼誤說立論？《荀子・王霸》楊倞註：「或曰：取貨謂之臧，擒得謂之獲，皆謂有罪爲奴婢者。」亦誤。且「贓」之語源是「藏」，亦非意外所得之物。

第12～13頁；又收入《絲竹軒小學論集》，中華書局2009年版，第421～422頁。

〔註4〕《莊子・駢拇》成玄英疏及《釋文》引「聟」作「壻」，《類聚》卷35、《初學記》卷19引亦作「壻」，據正。《文選・報任少卿書》李善注引韋昭曰又誤作「歸」。

（13）凡御之所貴，馬體安於車，人心調于馬，而後可以進速致遠

按：松皋圓校「進」爲「追」，蔣禮鴻說同〔註5〕，陳啓天、陳奇猷從松說，
是也。《玉海》卷44引已誤作「進」。《淮南子・主術篇》：「今夫御者，
馬體調於車，御心和於馬，則歷險致遠，進退周游，莫不如志。」即本
此文。

（14）夫誘道爭遠，非先則後也

按：誘，讀爲逐。《易・頤》：「其欲逐逐。」《釋文》：「逐逐，《子夏傳》
作『攸攸』，《志林》云：『攸當爲逐。』荀作『悠悠』，劉作『跾』。」上
博楚簡三《周易》作「攸攸」，《漢書・敘傳》顏師古注引作「浟浟」。
《淮南子・說林篇》：「蘭芝（芷）欲脩，而秋風敗之。」《御覽》卷4、
《記纂淵海》卷59引「脩」作「秀」。王先愼、陳奇猷訓誘爲引誘，
松皋圓、于省吾訓誘爲惑，皆未安。陳啓天曰：「『誘』字疑爲『取』，
『取』、『趣』通。趣道，謂競逐也。」陳氏得其義，然「誘」、「取」
無緣致誤，陳氏未得其字。高亨曰：「《爾雅》：『誘，進也。』誘道即
競進行道之義。王說非是。」梁啓雄訓誘爲進。誘訓進者，猶言引進、
勸導，而非競爭義。高說亦未是。

（15）倒杖而策銳貫頯

按：銳貫頯，《御覽》卷368引作「錣貫頤」，《淮南子・道應篇》、《列子・
說符》作「錣上貫頤」，《資治通鑑外紀》卷9作「銳貫頤」。顧廣圻、
孫志祖、松皋圓謂「頯」是「頤」別體，松皋圓、高亨乙「而策」作
「策而」，皆是。「頯」蓋唐人所書俗字。《慧琳音義》卷12：「狡猊頯：
出西國，漢武帝時疏勒王所獻頯頯也。」「頯」字習見於《可洪音義》。
楊樹達曰：「此銳字借爲筄。《說文》：『筄，羊車騶箠也，箸箴其耑，
長半分。』字又作錣，故《淮南》作錣。筄、銳、錣古音並同，故得
通用。」楊說是也，「梲」或作「棁」，亦是其比也。《集韻》：「筄，
或作錣。」本書《外儲說右》：「鉤飾在前，錯錣在後。」又「馬欲進
則鉤飾禁之，欲退則錯錣貫之。」亦作「錣」字。蔣禮鴻曰：「舉其
物則曰錣，因其銛利則曰銳也。」〔註6〕張覺曰：「銳，芒也，鋒。此

〔註5〕蔣禮鴻《讀韓非子小記》，《國師季刊》1940年第10期，第88頁。
〔註6〕蔣禮鴻《讀韓非子小記》，《國師季刊》1940年第10期，第89頁。

指銖。」皆未達通借之指。

（16）頩之忘，將何為忘哉

按：為，王先慎據《淮南子‧道應篇》、《列子‧說符》校作「不」，是也，《御覽》卷 368、《資治通鑑外紀》卷 9 引正作「不」字。張覺謂「作『為』也通」，非是。

（17）此言智周乎遠，則所遺在近也

按：周，徧及。梁啓雄解為「至」，近是。《易‧繫辭上》：「知周乎萬物，而道濟天下。」《中論‧審大臣》：「智周乎萬物而不過。」義並同。陳奇猷解為「周旋」，非是。

（18）隨時以舉事，因資而立功

按：《淮南子‧氾論篇》：「隨時而動靜，因資而立功。」又《說林篇》：「隨時而舉事，因資而立功。」又《修務篇》：「循理而舉事，因資而立〔功〕。」〔註7〕又《齊俗篇》：「故聖人論世而立法，隨時而舉事。」皆本此文。

（19）不飛不鳴，將以觀民則

按：觀民則，《呂氏春秋‧重言》作「覽民則」，高誘注：「覽，觀。」《新序‧雜事二》作「觀羣臣之慝」。則，讀為賊。《董子‧仁義法》：「稱人之惡謂之賊。」或讀為側，邪僻不正也，與「慝」義近。《莊子‧列禦寇》：「醉之以酒而觀其則。」《釋文》：「側，不正也。王云：『側謂凡為不正也。』側或作則。」《慎子外篇》亦作「則」。俞樾謂「側」當從一本作「則」，法則也〔註8〕，非是。《詩‧賓之初筵》孔疏引《莊子》作「態」，《六韜‧龍韜‧選將》、《越絕書‧越絕外傳計倪》亦作「態」。「態」讀為「慝」，《釋名》：「慝，態也，有姦態也。」《吳越春秋》作「飲之以酒，以視其亂。」「亂」字義亦近。王先慎曰：「則，法也。」趙仲邑曰：「則，讀為惻。」〔註9〕松皋圓解「則」為「態度」。並失之。

〔註7〕「功」字據《文子‧自然》補。
〔註8〕俞樾《莊子平議》，收入《諸子平議》卷 19，上海書店 1988 年版，第 383 頁。
〔註9〕趙仲邑《新序詳注》，中華書局 1997 年版，第 66 頁。

（20）杜子曰：「臣愚患之，智如目也，能見百步之外，而不能自見其
　　　睫。」

　　　盧文弨曰：「愚」字衍，「之智」當作「智之」。

　　　王先慎曰：《御覽》引無「自」字，「睫」作「睂」。盧說是，下「此智之
　　　如目也」，即承此句。《御覽》引正作「臣患知之如目也」。

　按：景宋本、四庫本《御覽》卷 366 引皆有「自」字，「睫」同今本，《資
　　　治通鑑外紀》卷 6 亦同，王氏所據為誤本。《荀子・議兵》楊倞註引無
　　　「自」字，「睫」同今本。盧說是，《史記・越王勾踐世家》：「吾不貴
　　　其用智之如目，見豪毛而不見其睫也。」即本此文，亦作「智之如目」。
　　　陳奇猷謂盧、王說非，失考矣。

（21）吾入見先王之義則榮之，出見富貴之樂又榮之

　按：《淮南子・精神篇》作「出見富貴之樂而欲之，入見先王之道又說之」。
　　　「榮」讀如字，趙海金謂「榮」借為「說（悅）」，則濫說通借。

（22）兩者戰於胷中

　按：中，《文選・初去郡》、《觀朝雨》李善注二引皆作「臆」，《御覽》卷 378
　　　引同。

（23）周有玉版，紂令膠鬲索之，文王不予；費仲來求，因予之

　按：《御覽》卷 84 引「版」作「板」，「膠鬲」作「戾」。「戾」誤。《今本竹
　　　書紀年》卷上：「王使膠鬲求玉於周。」

（24）文王舉太公於渭濱者，貴之也；而資費仲玉版者，是愛之也

　按：《御覽》卷 805 引無「是」字。

《說林上》第二十二校補

（1）湯以伐桀，而恐天下言己為貪也，因乃讓天下於務光

　按：以，猶言因為。言，猶以也。王先慎曰：「『以』、『已』同。」非是。

（2）秦武王令甘茂擇所欲為於僕與行事

按：俞樾曰：「『事』字衍文，下文曰『公佩僕璽而爲行事』，是僕與行爲官
　　名。」于鬯、陳直、陳啓天、陳奇猷從之。惠士奇曰：「僕謂大僕，行
　　事謂大行。」〔註10〕則以「行事」爲官名。惠說爲長。

（3）子圍見孔子於商太宰

按：商太宰，陳奇猷據《日知錄》卷2指出即宋太宰，是也。子圍，當據《御
　　覽》卷951引作「子韋」。「韋」音誤爲「圍」，又形誤爲「圍」〔註11〕，
　　諸家未有能訂正者。《呂氏春秋‧制樂》：「宋景公之時，熒惑在心，公
　　懼，召子韋而問焉。」《史記‧宋微子世家》宋景公時有「司星子韋」。
　　又《天官書》：「昔之傳天數者……於宋子韋，鄭則裨灶。」《漢書‧古
　　今人表》中中有「宋子韋」，又《藝文志》有「《宋司星子韋》三篇。」
　　「子韋」蓋宋之著名占星家。《史記‧孔子世家》：「景公二十五年，孔
　　子過宋。」是孔子正當宋景公。

（4）君已見孔子，亦將視子猶蚤虱也

按：《御覽》卷951引「君」上有「且」字。

（5）我且曰子取吞之

按：《類聚》卷84引無「吞」字。

（6）變是心也，居晉而可；不變是心也，雖遠越，其可以安乎

按：《御覽》卷459引「而可」作「而安」。

（7）任妄曰：「饑召兵，疾召兵，勞召兵，亂召兵。」

按：任妄，《資治通鑑外紀》卷6作「任望」。

（8）田成子去齊，走而之燕

按：《類聚》卷96、《御覽》卷933、《事類賦注》卷28引「走而」作「亡」。

〔註10〕　惠士奇《禮說》卷11，收入《叢書集成三編》第24冊，新文豐出版公司1997
　　　　　年版，第409頁。
〔註11〕　《荀子‧彊國》：「在魏者乃據圍津。」楊倞註：「圍當爲圍。或作『韋津』。」
　　　　　《玉海》卷14引正作「圍津」。《史記‧陳杞世家》：「子文公圍立。」杜預《春
　　　　　秋釋例》卷9《世族譜》作「文公韋。」《論衡‧吉驗》：「楚共王有五子：子
　　　　　招、子圍、子干、子皙、棄疾。」《左傳‧昭公元年》、《史記‧楚世家》、《諸
　　　　　侯年表》並作「子圍」。皆其相誤之例。

（9）群臣有內樹黨以驕主，有外為交以削地，則王之國危矣

按：驕主，《戰國策·韓策一》作「擅其主」。驕，讀為矯。

（10）紹績昧醉寐而亡其裘

于鬯曰：「昧醉」蓋謂衣（？）醉耳。或疑涉「寐」字而衍，未知然否？

按：紹績昧醉寐，《御覽》卷 497 引作「紹緇昧醉」，《金樓子·立言下》作「人有積醉寐」，《毛詩集解》卷 24 作「治積昧醉」。疑當作「紹積醉寐」，「紹」是人名。「積醉」猶言宿醉。「昧」涉「寐」誤衍。松皋圓曰：「『紹績』覆（複）姓，《希姓錄》收此。」王煥鑣曰：「姓紹績，名昧。」皆臆說無據。

（11）對曰：「桀以醉亡天下，而」

按：孫志祖謂「而」衍。《御覽》卷 497 引作「紂以酒亡天下，而況裘亡乎」，《金樓子·立言下》作「桀醉亡天下，而況裘乎」。陳奇猷謂當作「而況裘乎」，王叔岷謂當作「而況亡裘乎」，陳啟天從王說。均通。

（12）迷惑失道

按：《御覽》卷 490 引誤倒作「迷失惑道」。

（13）乃放老馬而隨之，遂得道

按：《意林》卷 1 引作「遂縱馬，從而得歸」，蓋臆改。遂，猶果也〔註12〕，《白帖》卷 26 引作「果」。下文「乃掘地，遂得水」，《意林》卷 1 引亦作「果」。

（14）蟻壤一寸而仞有水

王先慎曰：《意林》及《御覽》卷 37、947、《事類賦》卷 30 引無「一」字「仞」字，今據刪。

按：蔣禮鴻指出《御覽》卷 27 引同今本，《記纂淵海》卷 57 二引，亦同今本；《記纂淵海》卷 100、《古今事文類聚》後集卷 49、《古今合璧事類備要別集》卷 93 引無「一」、「仞」二字。此二字當有，當如松皋圓所釋，言蟻壤高一寸，其下深一仞有水。《類聚》卷 97 作「蟻壤

〔註12〕參見蕭旭《古書虛詞旁釋》，廣陵書社 2007 年版，第 322 頁。

守而有水」〔註13〕，「守」即「一寸」之誤合，又脫「仭」字。

（15）人見君，則眽其一目

　　　王先愼曰：眽，《御覽》卷 366 引作「瞑」，注云：「大叶切，閉目也。」
　　《玉篇》：「瞑，閉一目也。」本此爲訓。眽爲目旁毛，義稍隔。

　按：眽，《類聚》卷 17 引同。《說文》：「眽，目旁毛。」陳啓天、陳奇猷
　　引王說，以「毛義稍隔」四字爲句，陳奇猷又解釋云：「蓋謂從毛之
　　𣎴（同『睫』）與從目之眽義不同。」大誤矣。此文「眽」義爲一目
　　眨，「瞑」亦同，字又作瞲、矏、瞷。《玄應音義》卷 1：「瞑眼：又作
　　瞲，同。《通俗文》：『一目眨曰瞑。』謂眇目視曰（白）也。」《集韻》：
　　「瞲，目動皃，或作眽、睫。」又「矏，目眇視，或作瞑、瞷。」解
　　爲目旁毛的「眽（睫）」是另外一字。「眽」從二人（ren），與從二入
　　（ru）的「眽（音閃）」字音義亦異。徐仁甫曰：「則，猶特也。」

（16）犁鉏曰

　按：松皋圓曰：「犁、黎音近。《史記・齊世家》作『犁鉏』，《內儲說》作
　　『黎且』。」陳奇猷曰：「《齊世家》《索隱》曰：『犁鉏，即犂彌也。』」
　　「鉏（且）」與「彌」當爲其名、字，其取名、字相應，當即「鉏彌」
　　之分言〔註14〕。

（17）無正重法而畏上

　按：《御覽》卷 810 引脫「重」字。本書《制分》：「是以其民重法而畏禁。」

（18）樂羊坐於幕下而啜之

　　　王先愼曰：《類聚》卷 73、《御覽》卷 759、《初學記》卷 17 引「啜」並作「饗」。
　　《淮南子・人間訓》作「啜三杯」。

　按：啜，《戰國策・魏策一》、《長短經・忠疑》同，《說苑・貴德》作「食」，
　　《風俗通義・十反》作「歠」。《說文》：「歠，歙也。」歠、啜，正、假
　　字。

〔註13〕《類聚》據南宋紹興本，失引出處。四庫本誤加出處爲「《管子》」。
〔註14〕參見蕭旭《「嬰兒」語源考》，收入《群書校補（續）》，花木蘭文化出版社 2014
　　　　年版，第 2073 頁。

（19）文侯謂堵師贊曰

　按：堵師贊，《戰國策・魏策一》作「觀斯贊」，《御覽》卷 861 引《策》
　　　作「褚師贊」。姚宏曰：「《後語》作『堵師』。」吳師道《補正》：「愚
　　　按《左傳》褚師段，宋共公子石，食采於褚，其後可師，號褚師，後
　　　因氏焉。又有堵師比，堵亦姓也。鄭有堵汝父。但此作堵師，則恐字
　　　有訛。」

（20）其子而食之，且誰不食

　按：徐仁甫曰：「而，猶尚也。且，猶其也，其猶將也。《戰國策・魏策一》
　　　作『其子之肉尚食之，其誰不食？』可證。」《長短經・忠疑》作「其
　　　子且食之，其誰不食」，「且食」亦猶尚食。

（21）其母隨之而啼

　按：啼，《後漢書・公孫述傳》李賢注、《治要》卷 40、《書鈔》卷 65、《類
　　　聚》卷 66、《御覽》卷 483、832 引作「呼」，《淮南子・人間篇》作
　　　「嗁」，《說苑・貴德》作「鳴」，《白帖》卷 26 引董仲舒《春秋決獄》
　　　亦作「鳴」，《晉書・殷仲堪傳》作「悲鳴」。

（22）孟孫獵得麑，使秦西巴載之持歸

　　　王先慎改作「持之歸」，曰：「載之持歸」語重複，蓋一本作「載之歸」，
　　　一本作「持之歸」，校者誤合為一。《治要》、《類聚》卷 66、《御覽》卷 822
　　　引無「載」字，《說苑》亦無，今據改。《淮南子》作「持歸烹之」。

　按：陳啟天、陳奇猷從王校，陳奇猷又引《錦繡萬花谷》前集卷 12 引作
　　　「持歸」以證之。載之持歸，《書鈔》卷 65 引作「抱持之」，《治要》
　　　卷 40 引作「持之以歸」，《後漢書・公孫述傳》李賢注、《類聚》卷 66、
　　　《御覽》卷 483、832 引作「持之」，《說苑・貴德》作「持歸」。王氏
　　　《御覽》誤記作卷 822。

（23）秦西巴弗忍而與之

　按：《書鈔》卷 65 引作「秦西不忍而放，抱麑與其母」。

（24）衛君怨吳王

　按：陳奇猷謂吳王指夫差，衛君為出公或莊公；夫差伐齊魯，必經衛，衛

受其害，故怨之。考《淮南子‧人間篇》：「昔者衛君朝於吳，吳王囚之，欲流之於海。」下文言子貢說而出之。高誘注：「衛君，衛侯輒也。吳王，夫差。」《資治通鑑外紀》卷 9 繫此事於周敬王三十七年春，吳王夫差囚衛出公，故衛君怨吳王也。

（25）紂為長夜之飲，懼以失日，問其左右，盡不知也

按：顧廣圻曰：「『懼』當作『懽』。」《喻林》卷 47 引作「懽」。陳啓天從顧說改。考《論衡‧語增》引《傳》語：「紂為長夜之飲，亡其甲子。」《御覽》卷 83 引《帝王世紀》：「……紂不懼，愈慢神，誅諫士，為長夜之飲，七日七夜，失忘曆數，不知甲乙。問於左右，莫知。使問箕子，謂其私人曰：『為天下主而一國皆失日，天下危矣；一國不知而我〔獨知之，吾〕其危矣。』亦亂以醉。」此文「失日」，即「失忘曆數，不知甲乙」，亦即「亡其甲子」，猶今言忘記了日子。此文「懼」字疑不誤，當有脫文，或當如《帝王世紀》作「不懼，愈慢神，誅諫士」，在「為長夜之飲」句上。《御覽》卷 497 引作「紂為長夜〔之飲〕而失日」，無「懼」字，是此句本當在上之旁證。松皋圓本「懼」作「悞」，引太田方說，謂當作「娛」，蓋臆改。

（26）箕子謂其徒曰：「為天下主而一國皆失日，天下其危矣；一國皆不知而我獨知之，吾其危矣。」

按：陳奇猷曰：「當作『為天下主而失日』，『一國皆』三字蒙下而衍。」其說非是。上引《帝王世紀》亦有「一國皆」三字，《資治通鑑外紀》卷 2 有「一國」二字。《御覽》卷 497 引「徒」作「從」，「主」作「王」。

（27）辭以醉而不知

按：《御覽》卷 83 引《帝王世紀》作「亦亂以醉」，「亂」為「辭」形譌，當據《資治通鑑外紀》卷 2 作「辭以亦醉」。

（28）而越人跣行

按：跣行，《金樓子‧立言下》同，《御覽》卷 486 引作「乘舟」，又卷 826 引作「舟行」，《說苑‧反質》作「徒跣」。《御覽》二引蓋臆改，非其舊。

（29）而越人被髮

按：被，《金樓子‧立言下》同，《說苑‧反質》作「剪」。《莊子‧逍遙遊》：
「宋人資章甫而適諸越，越人斷髮文身，無所用之。」與本書說的是
同一事。「被」當作「祝」，斷也，與「剪」義同〔註15〕。陳奇猷曰：
「越人剪短其髮而被之。」王叔岷謂當作「翦髮」，陳啓天從王說改。
張覺曰：「被，通『披』，分散。」皆非是。

（30）今季孫乃始血，其毋乃未可知也

按：毋乃，亦作「無乃」，表示測度語氣。松皋圓引或說，謂「毋」為「衃」
誤；陳奇猷改「毋」為「衄」，非是。

（31）隰斯彌見田成子

按：其人名「斯彌」，乃「礎磨」音轉，取摩擦為義；字亦作「鉏彌」、「虒
彌」〔註16〕。

（32）隰子歸，使人伐之，斧離數創

按：王先慎曰：「離，割也。言斧割其樹創未多也。」松皋圓曰：「離，析
也。」于省吾曰：「王說非是。離，著也。」王、松說是，蔣禮鴻申王
說曰：「『離』解作割者，乃劦字之假借。」〔註17〕字亦作劙，《方言》
卷 13：「劙，解也。」

（33）魯丹出而不反舍，遂去中山

按：《御覽》卷 810 引「反」誤作「及」。

（34）夫以人言善我，必以人言罪我

按：《意林》卷 3 引桓譚《新論》：「夫以人言善我，亦必以人言惡我。」《說
郛》卷 11 引龔公《芥隱筆記》引二「人」誤作「一」。

（35）狂者東走，逐者亦東走

〔註15〕參見蕭旭《淮南子校補》，花木蘭文化出版社 2014 年版，第 20～21 頁。
〔註16〕參見蕭旭《「治魚」再考》，收入《群書校補（續）》，花木蘭文化出版社 2014
年版，第 2147 頁。
〔註17〕蔣禮鴻《義府續貂》，收入《蔣禮鴻集》卷 2，浙江教育出版社 2001 年版，第
23 頁。

按：一本「狂」作「往」。陳奇猷據《淮南子・說山》、《金樓子・雜記上》
校作「狂」，是也，《御覽》卷 739 引亦作「狂」。《甄正論》卷 3：「今
屬頹光，西邁之晨；方悟非狂，東走之弊。」《弘明集》卷 2 晉・宗炳
《明佛論》：「雖復進趨大道，而與東走之疾同名狂者，皆違理謬感遁
天忘（妄）行彌非眞有矣。」皆用此典，是所見本亦作「狂」字也。

卷　八

《說林下》第二十三校補

（1）伯樂教二人相踶馬，相與之簡子廐觀馬。一人舉踶馬，其一人從
　　後而循之，三撫其尻而馬不踶

　按：循，藤澤南嶽解爲「撫」，尹桐陽、梁啓雄更指出本字爲「揗」，皆是
　　　也。松皋圓、陳啓天、張覺從太田方說解爲「旋繞往來」，失之。此文
　　　「循」、「撫」異字同義。

（2）此其爲馬也，踒肩而腫膝

　按：蔣禮鴻引《廣雅》「踒，折也」。王念孫曰：「《眾經音義》卷 13 引《倉
　　　頡篇》云：『挫足爲踒。』又引《通俗文》云：『足跌傷曰踒。』《韓非
　　　子・說林篇》云云。《易林・蒙之隨》云：『猿墮高木不踒手足。』」朱駿
　　　聲說同〔註1〕。楊樹達曰：「《說文》云：『踒，足跌也。』《倉頡篇》：『挫
　　　足爲踒。』」陳奇猷引《說文》段注：「踒者，骨委屈失其常。」《玄應
　　　音義》卷 13：「踒傷：《通俗文》：『足跌傷曰踒。』《蒼頡篇》：『挫足爲
　　　踒。』」此「踒」指足扭傷。《韓子》「踒」讀爲蔿，《說文》：「蔿，不正
　　　也。」段注：「俗字作歪。」〔註2〕與足跌之「踒」雖同源，而所指不

〔註1〕王念孫《廣雅疏證》，收入徐復主編《廣雅詁林》，江蘇古籍出版社 1992 年版，
　　　　第 99 頁。朱駿聲《說文通訓定聲》，武漢市古籍書店 1983 年版，第 558 頁。
〔註2〕段玉裁《說文解字注》，上海古籍出版社 1981 年版，第 500 頁。

同。松皋圓曰：「蹙，讀爲瘻。瘻肩，肩無力也。」松皋圓《增讀》又云：「蹙肩，短肩也。」皆非是。

（3）惠子曰：「置猿於枸中，則與豚同。」

按：王先愼曰：「《意林》『枸中』二字作『檻』。」松皋圓曰：「《俶眞訓》作『置猨檻中』。」《鄧子·無厚篇》：「驅逸足於庭，求猨捷於檻。」《楚辭·哀時命》：「置猨狖於櫺檻兮，夫何以責其捷巧？」豚，《意林》卷1引作「独」，同。

（4）故勢不便，非所以逞能也

按：逞，讀爲騁，肆行也，施展也。《淮南子·俶眞篇》作「肆」，義同。

（5）以我爲暴人也，暴人安可侮也

按：二「暴」字，《御覽》卷188引誤作「愚」。

（6）鳥有翢翢者，重首而屈尾，將欲飲於河則必顚，乃銜其羽而飲之

按：盧文弨曰：「《文選·詠懷詩》『周周尙銜羽』，李善注引此亦作『周周』。」顧廣圻曰：「『翢』、『周』同字。《集韻》又云『翢，弱羽者』，即此。」李善注引作「周周」，蓋改字以從正文，非《韓子》原文即作「周周」也。《御覽》卷928引《莊子》：「周周銜羽以濟河。」又引司馬彪注：「周周，河士（上）鳥也。頭重尾輕，是以銜他鳥羽如（而）飛過，何人之不可求益於物以補其所短也？」呂向曰：「以喻君臣相須而濟。」呂說與司馬彪注合。此其喻意。陳奇猷曰：「蓋以喻姦邪之臣爲姦私之行，則必求黨羽以比周相爲也。」未得。《埤雅》卷6引《禽經》：「鸑鸑之信不如鴈，周周之智不如鴻。」《類聚》卷58梁·劉之遴《與劉孝標書》：「蚩蚩之謀，止於善草；周周之計，利在銜翼。」亦是此鳥。楊樹達曰：「屈，短也。」「屈」爲「𡲿」省，《說文》：「𡲿，無尾也，從尾出聲。」又「趉，走也。讀若無尾之屈。」無尾則短，故屈有短義。鳥名「翢翢（周周）」者，蓋取義於短尾。《說文》：「裯，衣袂祇裯。」《廣韻》引作「裯，祇裯，短衣」。從「周」從「刀」從「鳥」古音通，故又音轉作「鴻」、「䴏」、「鴗」，《廣雅》：「䴏，短也。」《集韻》：「鴗，犬之短尾者。」王念孫曰：「《玉篇》：

『矤，犬短尾。』字亦作刀，俗作刁。《晉書・天錫傳》韓博嘲刁彝云『短尾者爲刁』是也。《說文》：『裋，短衣也。』《方言》云：『無緣之斗謂之刁斗。』義並與矤同。」錢大昭曰：「《釋名》：『裯，貂也。貂，短也。』」〔註3〕《說文》：「檻，裋謂之檻褸。檻，無緣也。」《方言》卷4：「裋謂之檻，無緣之衣謂之檻。」無緣之衣（即短衣）謂之裋、裋，短尾之犬謂之矤、貂，短尾之鳥謂之翢（周），無緣之斗謂之刁，其義一也。小船謂之舠、舠、舠，小魚謂之鯛、鮹，小兒留髮謂之髻、髻〔註4〕，亦皆取短義。方以智曰：「周周……啞啞、楂楂，鳥聲也。周周銜羽之鳥，即其聲也。」〔註5〕此說失之。尹桐陽曰：「翢，倒也。」張覺從而爲之辭曰：「『翢翢』這一鳥名蓋取義於其容易顛倒。」亦失之。

（7）鱓似蛇，蠶似蠋

按：《顏氏家訓・書證》：「《韓非》、《說苑》皆曰：『鱓似蚖，蠶似蠋。』並作鱓字，假鱓爲鱣，其來久矣。」王先愼曰：「鱓，即鱣叚字。」陳奇猷曰：「《說苑・談叢》作『鱣』。」鱓，《內儲說上》同，《御覽》卷825、950引作「鱣」，《御覽》卷933、《埤雅》卷10引作「蟺」，《御覽》卷937引作「組」，《事類賦注》卷29引作「組」。「鱣」或作「組」，故《御覽》形誤作「組」〔註6〕。《淮南子・說林篇》：「今鱣之與蛇，蠶之與蠋，狀相類而愛憎異。」即本此文，而正作本字「鱣」。《廣韻》：「蜀，《說文》：『葵中蟲也。』亦作蠋。」引《淮南》「蠋」作「蜀」。

（8）伯樂教其所憎者相千里之馬，教其所愛者相駑馬。千里之馬時一，其利緩；駑馬日售，其利急

按：王先愼據《類聚》卷93、《御覽》卷896所引，補作「以千里之馬時一有」。陳奇猷謂王補非也，云「時一，猶言時而見其一也」。《類聚》

〔註3〕 王念孫《廣雅疏證》，錢大昭《廣雅疏義》，並收入徐復主編《廣雅詁林》，江蘇古籍出版社1992年版，第178～179頁。《方言》卷13作「無升謂之刁斗」，王氏校改作「無緣」，是也。

〔註4〕 髮多亦謂之髻，取義於稠，是另一語源，音亦有異。

〔註5〕 方以智《通雅》卷10，收入《方以智全書》第1冊，上海古籍出版社1988年版，第417頁。

〔註6〕 已詳蔣禮鴻《讀韓非子小記》，《國師季刊》1940年第10期，第89頁。

卷 93 引作「以千里馬世一有，其利少；駑馬多，其利多也」，《御覽》卷 896、《記纂淵海》卷 47 引同，蓋皆據《類聚》轉鈔，非《韓子》之舊文。《金樓子・立言上》「時一」作「不時有」，餘同《韓子》。時，猶偶也〔註7〕。不補字是也，然陳解亦非。

（9）此《周書》所謂「下言而上用者惑也」

按：松皋圓引井氏曰：「惑字衍文。」《淮南子・氾論篇》引《周書》：「上言者下用也，下言者上用也。」《文子・道德》引作老子語（太田方、松皋圓已引此二文），文同，無「惑」字。《金樓子・立言上》亦無「惑」字。孫詒讓曰：「『惑』古字與『或』通用，『或』亦不常用之言。」高亨從其讀。陳奇猷曰：「惑猶亂也。孫氏未得其旨。」皆非是。

（10）崇侯、惡來知不適紂之誅也，而不見武王之滅之也

按：王先慎曰：「《書大傳》注：『適，得也。』」陳奇猷、裴學海從其說〔註8〕。考《後漢書・蔡邕傳》李賢注引《尚書大傳》：「古者諸侯之於天子，三年一貢士。一適謂之攸好德，再適謂之賢賢，三適謂之有功。」又引注：「適，猶得也。」《禮記・射義》孔穎達疏引略同，又見《說苑・修文》、《潛夫論・考績篇》、《漢書・武帝紀》、《漢紀》卷 12。顏師古引服虔曰：「適得其人。」「適」為「適宜」之義，舊注訓「得」，亦謂「得其宜」，服注是也。非此文之誼，王說非是。此文「適」當訓悅。松皋圓曰：「謂不順適紂意，則被誅也。適，一作遇。」「遇」字誤。陳啓天曰：「適，猶言順也。」王煥鑣曰：「適，順。一說：適，讀為敵。」一說非是。言崇侯、惡來知道如果不取悅順從於紂，則必被誅也。

（11）楊布怒，將擊之

按：怒，《御覽》卷 689 引誤作「恐」。擊，《列子・說符》作「扑」，《白氏六帖事類集》卷 29 作「殺」〔註9〕。

〔註7〕訓見徐仁甫《廣釋詞》，四川人民出版社 1981 年版，第 470 頁。蕭旭《古書虛詞旁釋》有補證，廣陵書社 2007 年版，第 375 頁。
〔註8〕裴學海《古書虛字集釋》，中華書局 1954 年版，第 798 頁。
〔註9〕四庫本《白帖》在卷 98。

（12）曩者使女狗白而往，黑而來

按：《列子・說符》「曩」作「嚮」，「女」作「汝」；《御覽》卷 905、《事類
賦注》卷 23、《記纂淵海》卷 98 引《列子》「嚮」作「向」。

（13）而理其毀瑕

按：《御覽》卷 828 引無「瑕」字。于鬯曰：「『瑕』當作『璞』。」

（14）若亦不患臘之至而茅之燥耳

按：《御覽》卷 951 引作「若爾不患臘之將至而烹之也躁目」，《記纂淵海》
卷 100 引無「躁目」二字，餘同。雖譌誤不可通，然可據補「將」字。
松皋圓曰：「燥，宜作燋。」

（15）毼臞，人乃弗殺

按：臞，《御覽》卷 951、《記纂淵海》卷 100 引作「瘦」。

（16）蟲有就者，一身兩口，爭食相齕，因自殺

按：《顏氏家訓・勉學》：「吾初讀《莊子》：『蝝二首。』《韓非子》曰：『虫
有蝝者，一身兩口，爭食相齕，遂相殺也。』茫然不識此字何音，逢
人輒問，了無解者。案《爾雅》諸書，蠶蛹名蝝，又非二首兩口貪害
之物，後見《古今字詁》『此亦古之虺字』，積年凝滯，豁然霧解。」
顧廣圻、盧文弨皆據改「就」作「蝝」。《御覽》卷 951 引「就」作「蝝」，
「口」作「頭」，「齕」作「噛」；《楚辭・天問》洪興祖《補注》引亦
作「蝝」（王渭、王先慎已及）。《玄應音義》卷 7、16、18 引作「虺」
〔註 10〕，又卷 9 引此文作「蝝」，引《莊子》作「虺」〔註 11〕。陳奇
猷指出「就」即「虺」之誤。「蝝（虺）」音轉亦作「蟣」，《管子・水
地》：「涸川之精者生於蟣。蟣者一頭而兩身，其形若虵，其長八尺，
以其名呼之，可以取魚鱉。」《廣韻》、《五音集韻》、《龍龕手鑑》皆
謂「一身兩頭」。字亦作「蝼」，《集韻》：「蝼，水精也，形如蛇，紆
曲，長八尺，以名呼之，可使取魚。通作蟣。」又音轉作「遺」、「蠵」，
《山海經・北山經》：「（渾夕之山）有蛇，一首兩身，名曰肥遺，見

〔註 10〕　《玄應音義》卷 18 據高麗本，磧砂本同。《慧琳音義》卷 28、65、73 轉錄。
〔註 11〕　《玄應音義》卷 9 據磧砂本，金藏本無。《慧琳音義》卷 46 轉錄，陳奇猷已
　　　　　引《慧琳》，而未及《玄應》。

則其國大旱。」又《西山經》:「(太華之山)有蛇焉,名曰肥蟥,六
足四翼,見則天下大旱。」《類聚》卷100、《御覽》卷933引作「肥
遺」。其名爲「蟥」者,蟥讀爲蠣,俗作「歪」,不正也。口不正爲瘑、
喎,門不正開爲閱,蛇首不正爲蟥,其義一也。「齧」爲俗「齛」字。
《說文》:「齗,齛也。」《晏子春秋・內篇問上》:「而用事者迎而齗
之。」《韓詩外傳》卷7「齗」作「齛」。

(17) 有與悍者鄰

按:悍,《御覽》卷180引作「猛」。

(18) 是其貫將滿也

按:《書・泰誓上》:「商罪貫盈,天命誅之。」孔疏:「紂之爲惡,如物在繩
索之貫,一以貫之。其惡貫已滿矣,物極則反,天下欲畢其命,故上天
命我誅之。」《黃氏日抄》卷5:「貫者,串物之名,即今錢貫之貫。貫
盈者,積而至盈也。」《左傳・宣公六年》:「使疾其民以盈其貫,將可
殪也。」杜預注:「貫,猶習也。」松皋圓從其說。劉炫曰:「以繩穿物
謂之貫。《書》云云。」顧炎武、惠棟、沈彤並從劉說而駁杜氏〔註12〕。
黃生曰:「以緡穿錢曰貫……錢滿一貫,則不可益,故有盈滿之義。」
引《書》及《韓子》爲證〔註13〕。是「貫」取錢貫爲喻也。陳奇猷曰:
「貫,滿張弓也。則貫之義爲滿。引申之,則凡罪惡滿皆謂之貫。再
引申之,則凡罪惡皆曰貫。」陳啓天從其說。蔣禮鴻亦謂「盈貫滿貫,
皆取義乎射」。此又一說。滿張弓之「貫」,是「彎」的借字,古籍亦
借「關」字爲之。「是」表示判斷。龍宇純曰:「是讀爲視。」非也。

(19) 故曰:「物之幾者,非所靡也。」

按:《迂評》本注:「幾,危也。靡,隨也。」山仲質曰:「《周易》:『君子
見幾而作,不俟終日。』靡讀羈縻之縻。」「幾」字山說是,「靡」字
舊說是。幾,徵兆、萌兆。靡,漸也,隨順也,另詳《揚權篇》校補。

〔註12〕顧炎武《左傳杜解補正》卷中,收入景印文淵閣《四庫全書》第174冊,臺
灣商務印書館1986年初版,第308頁。惠棟《春秋左傳補註》卷2,沈彤《春
秋左傳小疏》,並收入《四庫全書》第181冊,第154、237頁。
〔註13〕黃生《義府》卷下,黃生、黃承吉《字詁義府合按》,中華書局1954年版,
第181頁。

言事物已有徵兆，不可漸順之，即防微杜漸之義。太田方、陳奇猷、
王煥鑣、《校注》、張覺並解「幾」爲危險，「靡」爲遲緩。趙海金從胡、
太之說，又引胡承珙說「靡，披靡也，引申之爲慢緩」以申之〔註14〕。
皆非是。

（20）齊王必不資於無魏者而以怨有魏者

按：松皋圓曰：「《策》無『以』字，『怨』作『害』。」見《戰國策·魏策
四》。害，讀爲妎，妒也。字亦作齘、忦、阣、愵、嫉，字亦省作介；
複言則作「嘆齘」、「類齘」、「齞齘」、「嘆害」，同義連文〔註15〕。

（21）故諺曰：「巫咸雖善祝，不能自祓也；秦醫雖善除，不能自彈
　　也。」

按：《文選·七發》：「雖令扁鵲治內，巫咸治外，尚何及哉？」李善注引
《史記》：「扁鵲，勃海鄭人也。姓秦氏，名越人。」又引此文。松皋
圓謂「秦醫」指扁鵲，亦引《史記》。王煥鑣、陳奇猷從松說；劉師
培謂「秦醫」指和緩。松說是，此「秦」即指扁鵲之姓，而非國名。
枚乘以「扁鵲」與「巫咸」對舉，用此文之典，是漢人亦認爲「秦醫」
指扁鵲也。

（22）此鄙諺所謂「虜自賣，裷而不售；士自譽，辯而不信」者也

王先愼曰：《御覽》卷828引「虜」作「傭」，「裷」作「衣」。

按：《御覽》卷 828 引「裷」作「哀」，「辯」作「辨」，王氏失檢。「裷」
爲「哀」形誤。

（23）除道將內之

按：道，《御覽》卷 457 引同，《史記·樗里子傳》《正義》、《元和郡縣志》
卷 16、《御覽》卷 575、《記纂淵海》卷 78、《太平寰宇記》卷 40 引作
「塗」。《荀子·議兵》：「故辟門除塗，以迎吾入。」楊倞註：「除塗，
治其道塗也。」

〔註14〕趙海金《韓非子覈詁》，《成功大學學報》1973 年第 8 期，第 131 頁。胡承珙
　　　　說見《毛詩後箋》，黃山書社 1999 年版，第 334 頁。
〔註15〕參見蕭旭《〈慧琳音義〉「譀譀」正詁》。

（24）赤章曼枝曰

　　　　顧廣圻曰：曼，《呂氏春秋・權勳》作「蔓」。

　　　　陳奇猷曰：《御覽》卷 575 引作「赤草曼支」，「枝」、「支」同。

　　按：《史記・樗里子傳》《正義》、《元和郡縣志》卷 16、《御覽》卷 457、《記纂淵海》卷 78 引作「赤章曼支」，《太平寰宇記》卷 40 引作「赤單曼伯」。「草」、「單」皆是「章」形誤。周・庾信《哀江南賦》：「章曼支以轂走，宮之奇以族行。」即用此典。

（25）此小之所以事大也，而今也大以來，卒必隨之

　　按：而今也大以來，《史記・樗里子傳》《正義》、《御覽》卷 457 引作「而今大以遺小」，《御覽》卷 575、《記纂淵海》卷 78 引作「今以大事小」。

（26）赤章曼枝因斷轂而驅

　　按：驅，《史記・樗里子傳》《正義》、《元和郡縣志》卷 16、《御覽》卷 457、575、《太平寰宇記》卷 40 引作「馳」。

（27）不如起師與分吳

　　　　顧廣圻曰：《藏》本同，今本「與」作「以」，誤。

　　按：陶鴻慶曰：「與亦以也。」《渚宮舊事》卷 2 作「以」。

（28）乃割露山之陰五百里以賂之

　　按：賂，《渚宮舊事》卷 2 作「和」。

（29）雨十日夜，星

　　按：文廷式曰：「『星』與『暒』通。」〔註16〕顧廣圻曰：「星，《說苑・指武》作『晴』。按『星』正字作『姓』。」《渚宮舊事》卷 2 亦作「晴」。《御覽》卷 330 引《史記》、《冊府元龜》卷 390 作「見星」，蓋未得其誼而妄增字。今《史記》無此文，蓋《御覽》誤記出處。「十日夜」指「十日十夜」，《說苑・指武》正作「十日十夜」。松皋圓、陳啓天、張覺以「夜星」爲句，大誤。

〔註16〕文廷式《純常子枝語》卷 16，收入《續修四庫全書》第 1165 冊，上海古籍出版社 2002 年版，第 225 頁。

（30）見荊陳而反

　　　王先慎曰：《御覽》卷 10「陳」作「有戒」。

　按：《御覽》卷 330 引《史記》、《冊府元龜》卷 390 作「有備」，《諸宮舊事》
　　　卷 2 作「戒備」。

（31）寡人與韓兄弟，不敢從

　按：上文云「寡人與趙兄弟，不可以從」；《戰國策・魏策一》二句皆作「不
　　　敢從」。敢，猶言可以也〔註 17〕。

（32）齊伐魯，索讒鼎，魯以其鴈往

　按：鴈，《御覽》卷 430 引作「僞」，音之轉也。黃生曰：「鴈當讀為僞，
　　　古字音近而借用也。古為讀如訛，又古之所謂鴈，即今之所謂鵝，疑
　　　古鴈正作鵝音，則鴈、僞之聲可通轉矣。」黃承吉、章太炎、洪誠皆
　　　有申說〔註 18〕，茲不轉錄，而諸家皆未檢及《御覽》異文。《潛夫論・
　　　敘錄》：「買藥得鴈，難以為醫。」是漢人仍用「鴈」字，六朝後俗字
　　　作贗、𠏿，《玉篇》：「贗，不直（眞）也。」〔註 19〕蔣斧印本《唐韻
　　　殘卷》：「贗，僞物，又作𠏿。」敦煌寫卷 P.2011 王仁昫《刊謬補缺切
　　　韻》：「贗，僞物。」S.617《俗務要名林》：「贗，色不眞。」《廣韻》：
　　　「贗，僞物。𠏿，上同。」字亦作譀，又借嗲為之。《說文》：「譀，
　　　傳言也。」謂訛傳之言。《玄應音義》卷 5：「眞譀，宜箭反，俗言也。
　　　了別眞言，無疑難也。又經文作嗲，非也。」又卷 20：「眞譀，宜箭
　　　反，《說文》：『傳言也。』俗語也，眞猶眞實也。言了達眞言俗語也。
　　　經文從口作嗲，誤也。」「譀（嗲）」與「眞」相對，止取「不眞」為
　　　義，即「僞」音變。後漢支曜譯《成具光明定意經》卷 1：「別了眞嗲
　　　而無疑難。」宋、元、明本「嗲」作「譀」。三國吳康僧會譯《六度
　　　集經》卷 4：「爾等無寐，察其眞贗矣。』」宋、元、明本「贗」作「譀」。

〔註 17〕參見蕭旭《古書虛詞旁釋》，廣陵書社 2007 年版，第 132～133 頁。
〔註 18〕黃生《義府》卷下，收入黃生、黃承吉《字詁義府合按》，中華書局 1954 年
　　　　版，第 217 頁。章太炎《文錄》卷 1，收入《章太炎全集》（4），上海人民出
　　　　版社 1985 年版，第 45 頁。洪誠《訓詁學》，收入《洪誠文集》，江蘇古籍出
　　　　版社 2000 年版，第 117 頁。
〔註 19〕胡吉宣《玉篇校釋》校「直」作「眞」，上海古籍出版社 1989 年版，第 5115
　　　　頁。

字又省作彥，敦煌寫卷北圖 8727《法句譬喻經·雙要品第九》：「以眞
爲彥，以彥爲眞。是爲邪計，不得眞利。如（知）眞爲眞，見彥如（知）
彥。是爲正計，必得眞利。」其中四個「彥」字，日本天平十二年（740
年）古寫經《聖語藏》同，《大正藏》本《法句經》卷 1、《法句譬喻
經》卷 1 並作「僞」字。「彥」字原作俗體，據趙家棟錄正，趙君謂
「彥」、「諺（嗉）」與「贗」同義或音借，後說得之；又謂作「僞」
是臆改〔註 20〕，則非是。《說文》：「爂，火色也。」段玉裁曰：「《韓
子》云云。贗，蓋即爂之叚借字，如今之作僞古物曰燒癜貨是也。俗
作眞贗。」朱駿聲說同〔註 21〕。黃侃曰：「爂，即贗鼎字。」〔註 22〕
皆取自段說。王筠駁段說曰：「火色者，火自具之色，非火所燒之色
也，段說未確。」〔註 23〕

（33）魯君請樂正子春

按：請，《御覽》卷 430 引作「謂」，誤。

（34）韓咎立爲君，未定也。〔其〕弟在周，周欲重之，而恐韓咎不立
也

按：末句，陳奇猷曰：「《策》『咎』作『之』，是也。此謂恐韓不立韓咎之
弟，非謂恐韓咎不立爲君也，明當作『之』。」陳氏說同陳啓天，得其
義，而所校則非是。《戰國策·韓策二》作「恐韓咎入，韓之不立也」，
松皋圓據補「入韓之」三字，是也。謂恐韓咎入而立爲君，韓不立其
弟也。

（35）蕩而失水，螻蟻得意焉

按：蕩，《戰國策·齊策一》、《淮南子·人間篇》同，《新序·雜事二》作
「碭」。碭、蕩並讀爲宕，宕從宀碭省聲。《說文》：「宕，過也。」謂

〔註 20〕趙家棟《敦煌文獻疑難字詞研究》，南京師範大學 2011 年博士學位論文，第 9
頁。

〔註 21〕段玉裁《說文解字注》，上海古籍出版社 1981 年版，第 481 頁。朱駿聲《說
文通訓定聲》，武漢市古籍書店 1983 年版，第 713 頁。

〔註 22〕黃侃《字通》，收入《說文箋識》，中華書局 2006 年版，第 144 頁。《黃侃手
批說文解字》說同，上海古籍出版社 1987 年版。

〔註 23〕王筠《說文解字句讀》，中華書局 1988 年版，第 382 頁。

激過也、奔突也〔註24〕。

（36）荊王弟在秦，秦不出也

　　　王先愼曰：《說苑‧權謀篇》云「楚公子午」。

　按：《渚宮舊事》卷2作「康王弟午在秦」。

（37）中射之士曰

　按：《御覽》卷810引作「中尉之士」，《渚宮舊事》卷2作「申射士」，皆誤。

（38）對曰：「荊王弟在秦，秦不出也，是秦惡荊也。」

　按：秦惡荊，《御覽》卷810引作「秦、荊惡」，是也，當據乙正。《渚宮舊事》卷2作「秦楚惡」，亦其證。

（39）彼如出之，可以得荊；彼不出，是卒惡也，必不敢禁我城壺丘矣

　按：劉師培曰：「『得』當作『德』，言示德於荊也。『得』爲叚字。」《御覽》卷810引「得荊」作「得禁」，「禁」爲「楚」形譌。《說苑‧權謀》敘此事作「楚必德君」，《渚宮舊事》卷2作「可以德楚」。此「德」用如使動，劉說「示德」，猶疏。

（40）秦因出之

　按：因，《說苑‧權謀》作「遂」，《渚宮舊事》卷2作「果」。因、遂，猶果也。《戰國縱橫家書》：「韓王弗聽，遂絕和於秦。秦因大怒，興師與韓氏戰於岸門。」《戰國策‧韓策一》「因」作「果」，亦其例。

（41）對曰：「溺人者一飲而止，則無逆者，以其不休也，不如乘之以沈之。」

　　　顧廣圻曰：《藏》本、今本「逆」作「溺」，按所改誤也。「逆」當作「遂」。

　　　陶鴻慶曰：今輒正其文云：「溺人者一飲而止，則無遂者。沉之，以其不休也。不如乘之。」

　　　孫楷第曰：按如顧說則下句「不」字衍文，「以其休也」正承「一飲而止」

言之。

> 陳奇猷曰：作「遂」是。遂，成也。又案：孫師說是。或依顧說改「逆」
> 爲「遂」，而重「遂者」二字，此文之句讀則爲：「溺人者一飲而止則無遂
> 者。遂者，以其不休也。不如乘之以沈之。」亦通。

按：陳氏所引或說重「遂者」二字，即陳啓天說。王叔岷亦疊「遂者」二
字。諸說皆非。「溺」字不誤。《渚宮舊事》卷 2 作：「溺人者一飲而
止，則無溺也。其沉者，以其飲不休。不如乘之以沉之。」是今本作
「無溺者」不誤，而脫「其沈者」、「飲」四字。言欲溺人，如果一飲
而止，則不能溺之。其沉，是因爲使其飲水不止。乘，因也，因其勢
也，猶今言乘機。張覺曰：「乘，陵也，逐也。」非是。

（42）鄭人有一子，將宦，謂其家曰：「必築壞墻，是不善，人將竊。」

按：尹桐陽曰：「善，繕也。」善讀爲繕，《說文》：「繕，補也。」字亦作
敾，《玉篇》：「敾，治也。」「是不善」三字句。是，猶如也，若也，
假設之辭〔註25〕。松皋圓、陳啓天、陳奇猷以「是不善人將竊」六字
爲句，非是。

《觀行》第二十四校補

（1）古之人目短於自見，故以鏡觀面；智短於自知，故以道正己

按：松皋圓曰：「自知，《後漢・宦者傳》注作『自規』。」各書引皆作「自
知」，獨李賢引作「自規」，蓋誤記，非有別本也。自見，《御覽》卷
365 引作「面見」，誤。智短，《後漢書・呂強傳》李賢注、《治要》卷
40、《書鈔》卷 136、《類聚》卷 70、《初學記》卷 25、《白帖》卷 4、《御
覽》卷 717、《古今事文類聚》續集卷 28 引同，《傅子・鏡總敘》亦同，
《意林》卷 1 引作「身短」，《長短經・是非》引作「智疑」。今本不誤。
《意林》卷 5 引吳・唐滂《唐子》：「古人目短於自見，故以鏡觀形；
心短於自治，故以禮自防。」

（2）故鏡無見疵之罪，道無明過之怨

〔註25〕 參見蕭旭《古書虛詞旁釋》，廣陵書社 2007 年版，第 371 頁。

按：王先愼據《類聚》卷 70、《御覽》卷 717、《初學記》卷 25 所引，改
「怨」作「惡」。太田方曰：「《後漢書》注、《淵鑑類函》『怨』並作
『惡』，非。」陳奇猷曰：「太說是。《白帖》卷 4 引亦作『惡』，誤。
怨，讎也。作『惡』字殊不辭。」《傅子‧鏡總敘》亦作「惡」。《書
鈔》卷 136 引作「怨」。《後漢書‧呂強傳》：「夫立言無顯過之咎，明
鏡無見玼之尤。」李賢注引「疵」作「玼」，「怨」作「惡」，又云：「玼
與疵同也。」尤亦怨也。「怨」字是。《御覽》卷 717「疵」引作「庇」，
則為形誤。

（3）目失鏡則無以正鬚眉，身失道則無以知迷惑

按：《意林》卷 1、《御覽》卷 365 引無「目」、「身」二字，蓋省文。目，《御
覽》卷 717 引作「面」，《傅子‧鏡總敘》亦作「面」。作「面」義長，
此「面」、「身」即照應上文之「面」、「己」二字。鬚，《後漢書‧呂
強傳》李賢注、《類聚》卷 70、《御覽》卷 365、717 引作「鬢」。

（4）西門豹之性急，故佩韋以緩己；董安于之心緩，故佩弦以自急

按：王先愼據《御覽》卷 459、《意林》卷 1 所引，校「緩己」為「自緩」，
陳奇猷舉《文選‧王文憲集序》注引及《論衡‧率性》、《譴告》以證
之。王氏謂《類聚》卷 23、《御覽》卷 376 引作「自緩己」，則有失檢。
《類聚》引作「自緩」，無「己」字。《治要》卷 40、《御覽》卷 766
引作「緩己」，《後漢書》卷 71 李賢注、《貞觀政要》卷 1、、《記纂淵
海》卷 42、62 引作「自緩」。「緩己」即「自緩」，不煩改作。《御覽》
卷 376 引作「自緩己」，蓋誤合二本異文也。陳啟天曰：「緩己，猶言
緩之，亦通。」非是。

（5）人主為三者發喜怒之色，則金石之士離心焉

按：句謂人主喜怒之色不當表露出來，故下文云「明主觀人，不使人觀己」。
本書《用人》：「故至治之國，有賞罰，而無喜怒。」又《揚權》：「去
喜去惡。」又《八經》：「明主，其務在周密，是以喜見則德償，怒見
則威分。」皆此旨。

《安危》第二十五校補

（1）奔車之上無仲尼，覆舟之下無伯夷

按：《白氏六帖事類集》卷 8「愼」條〔註 26〕、《御覽》卷 459「鑒戒」條引《淮南子》亦有此語，今本無之；《白帖》誤作「覆車」，餘同。《御覽》卷 430 引殷康《明愼》：「犇車之上無仲尼，覆舟之下無伯夷，益（蓋）言愼也。」《金樓子・立言下》：「夫犇車之士，上無仲尼；覆車（舟）之士，下無伯夷。」《宋書・顧琛傳》《定命論》：「是以禀仲尼之道，不在奔車之上；資伯夷之運，不處覆舟之下。」皆出本書。此言仲尼、伯夷皆謹愼之人，故仲尼不立於奔車之上，伯夷不處於覆舟之下也。陶鴻慶、羅焌謂奔讀爲偾，偾亦覆也，其說非是。

（2）安則智廉生，危則爭鄙起

按：《御覽》卷 638 引「爭鄙」作「鄙爭」，又卷 768 引作「安則知廉，危則爭越也」，蓋臆改。

（3）先王寄理於竹帛，其道順，故後世服

按：寄，當爲「記」，謂書寫之，猶言著也。「理」指道理。《賈子・道德說》：「書者，著德之理於竹帛而陳之，令人觀焉。」《迂評》本、凌本、松皋圓本於「理」上有「治」字，非是。王先愼曰：「理，治也。」陳奇猷曰：「理，法紀也。」皆失之。

（4）堯無膠漆之約於當世而遺行，舜無置錐之地於後世而德結

按：王先愼據《藏》本改「遺」作「道」，陳奇猷舉《御覽》卷 766 引正作「道」以證之，是也。《說郛》卷 28 引許觀《東齋記事》、《喻林》卷 61 引《韓子》亦並作「道」字。《路史》卷 20：「故亡膠漆之約於當世而道行。」亦其證。

《用人》第二十七校補

（1）釋法術而心治，堯不能正一國；去規矩而妄意度，奚仲不能成一

〔註 26〕四庫本《白孔六帖》在卷 29。

輪

按：王先愼據《御覽》卷 830 引，於「心治」上補「任」字，陳啓天從之；
陳奇猷謂不當補，景宋本《御覽》無「任」字。陳奇猷說是也，《治
要》卷 40 引同今本，《長短經・是非》引作「釋法術而以心理」，《類
聚》卷 54 引作「釋法術而思（心）治」，《御覽》卷 638 引作「釋法
術而爲（心）治」，亦皆無「任」字。意，《長短經》引誤作「善」。《書
鈔》卷 43 引作「釋法思治」，孔廣陶謂今本「思」誤「心」〔註27〕，
非是。

（2）廢尺寸而差短長，王爾不能半中

按：《御覽》卷 830 引同，《類聚》卷 54 引作「廢尺寸而差長短，王爾不
能命中」。「命」字誤。「半中」二字，陳奇猷解爲「不能中十之五」，
是也。松皋圓疑當作「成半圓」，王叔岷疑當作「成半器」，皆無據。
太田方曰：「『半』上脫『爲』字。半，分也。中，均也。」非是。

（3）使中主守法術，拙匠守規矩尺寸，則萬不失矣

按：王先愼據《治要》卷 40、《類聚》卷 54、《御覽》卷 830 引，改下「守」
作「執」，又謂《類聚》引「矣」作「一」。陳啓天從其說改下「守」
作「執」。陳奇猷曰：「守，遵守也。不必改字。下文亦無『一』字，《類
聚》妄改，不可據。」《治要》卷 40 引脫「尺寸」二字。中主，《御覽》
卷 638 引誤作「中正」。下「守」，《長短經・是非》、《御覽》卷 638 引
作「執」。「執」字義長，與上文避複。守，亦執也。陳說「遵守」非是。
則萬不失矣，《治要》引作「則萬不失也」，《類聚》引作「則萬不失一」，
《長短經》引作「而萬不失矣」，《御覽》卷 638 引作「則萬不失一也」，
又卷 830 引作「則萬不失」。當作「則萬不失一矣」，《類聚》引省「矣」
字，並非「矣」作「一」。「萬不失一」是古成語，亦見本書《解老篇》。
《管子・明法解》：「尺寸尋丈者，所以得長短之情也，故以尺寸量短長，
則萬舉而萬不失矣。」亦脫「一」字。

（4）故明主厲廉恥，招仁義

〔註27〕《書鈔》（孔廣陶校注本）卷 43，收入《續修四庫全書》第 1212 冊，上海古
籍出版社 2002 年版，第 201 頁。

按：山仲質曰：「招，猶揭也。《莊子》：『自虞氏招仁義以撓天下也，天下
莫不奔命於仁義。』」陳啓天從之。太田方曰：「招，明也。」陳奇猷
曰：「『厲』、『勵』同。明主以廉恥勵人，以仁義招人。」王煥鑣曰：
「『厲』，與『勵』通，獎勵。招，求、舉。一說：揭也，提倡之意。」
此「招仁義」與《莊子·駢拇》不同，山氏引未切。陳、王說「厲、
勵同」，尹桐陽解爲「勉」，皆是也。諸家說「招」皆未得。本書《詭
使》：「上之所以立廉恥者，所以厲（勵）下也。」《家語·五刑》：「凡
治，君子以禮〔義〕御其心，所以厲（勵）之以廉恥之節也。」〔註28〕
《賈子·階級》：「此厲廉恥、行禮義之所致也。」皆上立廉恥以厲下
之證。招，讀爲劭，亦厲（勵）也，勉也。《爾雅》、《說文》並云：「劭，
勉也。」《治要》卷45引仲長統《昌言》：「教興而罰罕用者，仁義相
厲，廉恥成也。」張覺曰：「尹、陳恐不當。『厲』與『招』相對，當
同義，應解爲『舉』。」不顧文義之不切，而妄立新說。

（5）不忍口腹而仁割其肌

按：割肌，《淮南子·說山篇》高誘注說同，松皋圓校「肌」爲「股」，向宗
魯說同〔註29〕，是也。趙海金謂「不」字衍。

（6）釋儀的而妄發，雖中小不巧；釋法制而妄怒，雖殺戮而奸人不恐

顧廣圻曰：今本「小」作「而」，誤。

按：當作「雖中小而不巧」，各脫一字。陳奇猷曰：「《問辯篇》所謂妄發中
秋毫不可謂善射。」本書《外儲說左上》：「夫新砥礪殺矢，彀弩而射，
雖冥而妄發，其端未嘗不中秋毫也，然而莫能復其處，不可謂善射，無
常儀的也。」亦足參證。

（7）道蔽天地，德極萬世矣

按：王先愼曰：「『蔽』當作『被』。」陳奇猷曰：「謂道之大，遮蔽天地。
王說非。」《校注》：「蔽，充實。」徐仁甫曰：「蔽，塞也，當也。」
諸說皆誤。趙海金曰：「《呂覽·當染》：『功名蔽天地。』注：『蔽，

〔註28〕敦煌寫卷 S.1891《家語》「仁」下有「義」字，「厲」作「屬」，《治要》卷10
引同。
〔註29〕向宗魯說轉引自何寧《淮南子集釋》，中華書局 1998 年版，第 1105 頁。

猶極也。』」蔽亦極也，盡也〔註30〕。

《功名》第二十八校補

（1）非天時雖十堯不能冬生一穗，逆人心雖賁育不能盡人力

按：陶鴻慶曰：「『非』乃『北』字之誤。北，讀爲背。背亦逆也。」陳啓天
從之，陳奇猷申證其說。陶說未是，《治要》卷 40 引亦作「非」字。梁
啓雄、趙海金皆引《說文》「非，違也」，是也。《說文》：「非，違也，
從飛下翄，取其相背。」是「非」本是「背」義，《韓子》正用本義。《漢
語大字典》舉此爲證〔註31〕，甚是。《墨子・耕柱》：「古者周公旦非關
（管）叔，辭三公。」阮廷焯亦引《說文》解之〔註32〕。本書《外儲說
右下》：「夫非令而擅禱，是愛寡人也。」又《說疑》：「非上之令。」又
《忠孝》：「孝子，不非其親。」非亦違也。《淮南子・齊俗篇》「法與義
相非，行與利相反」，非亦反也，《文子・上禮》「非」作「背」。又《氾
論篇》：「號令行於天下而莫之能非矣。」亦皆用本義〔註33〕。《意林》
卷 4 引《正部》：「進於道，則成君子；非於禮，則曰小人。」敦煌寫卷
S.1380《應機鈔》引《院（阮）子》：「知進於道，則成君子；行違於禮，
則爲小人。」是「非」即「違」也。

（2）千鈞得船則浮，錙銖失船則沈，非千金輕錙銖重也，有勢之與無
勢也

按：王先愼據《類聚》卷 11、《白帖》卷 11、《御覽》卷 768 引，於「輕」
下補「而」字，陳啓天從之。陳奇猷謂「而」字不必有，王說非。《長
短經・論士》引亦有「而」字，是唐宋人所見，並有「而」字，當據
補。《書鈔》卷 137 引《愼子》：「今之重錙銖，役（没）千仞之水，

〔註30〕 參見蕭旭《〈素問・上古天眞論篇〉校補》，收入《群書校補》，廣陵書社 2011
年版，第 1213～1215 頁。

〔註31〕 《漢語大字典》（第二版），崇文書局、四川辭書出版社 2010 年版，第 4353
頁。

〔註32〕 阮廷焯《校書堂札迻・墨子》，香港《聯合書院學報》第 6 期，1967 年出版，
第 130 頁。

〔註33〕 參見蕭旭《淮南子校補》，花木蘭文化出版社 2014 年版，第 320 頁。

窮泥於（而）後止，勢然也；吳舟之重，錯（措）之千鈞，入水則浮，輕於錙銖，則勢浮之也。」〔註34〕《御覽》卷768引《慎子》：「燕鼎之重乎千鈞，乘於吳舟，則可以濟，所託者，浮道也。」為此文所本。《初學記》卷25引西晉‧棗據《舩賦》：「運重固之滯質，雖載沉而載浮；飄燕鼎於吳會，轉金石於洪濤。」亦用此典。

（3）名實相持而成，形影相應而立

按：持，《藏》本、張本作「待」，《御覽》卷370引作「須」。陳奇猷曰：「『待』誤。蓋『持』訛為『待』，待與須同義，《御覽》又改為『須』耳。《御覽》卷370、《文選‧解嘲》引『立』作『生』，誤。立，謂成立也。」《御覽》引「影」誤作「體」。《文選‧七啓》李善注引作「形影相應而生」，陳氏誤記出處。作「待」、「生」是，謂名實、形影皆相待而生成也，缺一則皆無之。《新論‧正經》：「《左氏傳》於經，猶衣之表裏，相待而成。」《淮南子‧說山篇》：「事固有相待而成者。」

（4）一手獨拍，雖疾無聲

按：拍，《御覽》卷370引作「抃」。抃，擊手也，與「拍」義同。

（5）故臣主同欲而異使

按：《荀子‧富國》：「萬物同宇而異體，無宜而有用，為人數也。人倫並處同求而異道，同欲而異知。」為此文所本。「使」當作「知」。陶鴻慶改「使」作「勢」，松皋圓、王叔岷改作「便」，于省吾讀為「事」，陳奇猷從于說。皆未得。

（6）立功者不足於力，親近者不足於信，成名者不足於勢

按：下文「故古之能致功名者，眾人助之以力，近者結之以成（誠），遠者譽之以名，尊者載之以勢」，即承此言。立功者不足於力，故眾人助之以力；親近者不足於信，故近者結之以誠，遠者譽之以名；成名者不足於勢，故尊者載之以勢。陳奇猷謂「三『不足』之不皆讀若丕，語辭，不為義」，大誤。松皋圓曰：「不足謂有餘也。足猶饜也。」亦非是。

〔註34〕此據孔氏舊鈔本，陳本、四庫本改引《韓子》此文。

《大體》第二十九校補

《慎子・君人》與第一節大同。

（1）望天地，觀江海

按：望，《治要》卷 40 引同，《御覽》卷 429 引誤作「則」。

（2）不以智累心，不以私累己

按：王先慎曰：「《御覽》引『智』作『欲』。」景宋本《御覽》卷 429 引仍
　　作「智」，《治要》卷 40、《書鈔》卷 27 引同，王氏所據本誤，四庫本
　　《御覽》引又誤作「致」。私，《書鈔》、《御覽》引同，《治要》引誤作
　　「心」。己，《治要》、《御覽》引同，《書鈔》引誤作「世」。

（3）不吹毛而求小疵，不洗垢而察難知

按：王叔岷曰：「《治要》、《文選・四子講德論》注引『洗』並作『洒』。
　　當以作『洒』為正。」《書鈔》卷 27 引亦作「洒」。察難知，《文選》
　　注、孔本《書鈔》、《治要》、《記纂淵海》卷 43 引同，陳本《書鈔》
　　作「索瘢」。《後漢書・趙壹傳》《刺世疾邪賦》：「所好則鑽皮出其毛
　　羽，所惡則洗垢求其瘢痕。」《新唐書・魏徵傳》：「好則鑽皮出羽，
　　惡則洗垢索瘢。」陳本或據此而改。下句與上句喻意相同。張覺曰：
　　「比喻深入地去瞭解深奧隱微的事理，近於現在所說的『打破砂鍋問
　　到底』。」全是妄說。

（4）禍福生乎道法而不出乎愛惡

按：生，《御覽》卷 429 引誤作「主」。

（5）故車馬不疲蔽於遠路，旌旗不亂於大澤

按：劉師培謂「亂」上脫一字，王斯睿謂「疲」字衍。陳奇猷先從王說，
　　後改從劉說，而於「亂」上補「擾」，又云「車馬不疲蔽於遠路，謂
　　不出征遠方。旌旗不擾亂於大澤，謂不田獵」。王說為長。《御覽》卷
　　613 引《東觀漢記》：「樊準上疏曰：『光武受命中興之初，群雄擾於冀
　　州，旌旗亂於大澤。』」旌旗不亂於大澤，謂無兵事，陳說非也。

（6）使匠石以千歲之壽操鉤，視規矩，舉繩墨，而正太山

按：疑「鉤視」二字衍。「視」即「規」形譌而衍，後人以「視規矩」爲
句，因於「操」下補「鉤」字以足句。《楚辭・哀時命》：「握剞劂而
不用兮，操規榘而無所施。」舊說不具引徵。

（7）上不天則下不徧覆

按：《治要》卷 40 引「徧」作「偏」，古字通借。

（8）太山不立好惡，故能成其高；江海不擇小助，故能成其富

按：《管子・形勢解》：「海不辭水，故能成其大；山不辭土石，故能成其
高。」《史記・李斯傳》斯上書：「太山不讓土壤，故能成其大；河海
不擇細流，故能就其深。」（以上二文松皋圓已引）。《韓詩外傳》卷 3：
「夫太山不讓礫石，江海不辭小流，所以成其大也。」《淮南子・泰
族篇》：「海不讓水潦以成其大，山不讓土石以成其高。」《文子・自
然》：「故海不讓水潦以成其大，山林不讓枉橈以成其崇。」《說苑・
尊賢》：「夫太山不辭壤石，江海不逆小流，所以成大也。」「擇」與
「辭」、「讓」同義，當讀爲庣，俗作斥，《說文》：「庣，卻屋也。」《玄
應音義》卷 14 引《三蒼》：「斥，推也。」《廣雅》：「斥，推也。」《漢
書》顏師古注每云：「斥，卻也。」字亦作音轉作托，《玉篇》：「托，
推也。」俗字亦作拓、攡，《集韻》：「拓，手推物，或作攡、托。」《說
苑》作「逆」，《廣韻》：「逆，卻也。」「逆」從屰得聲，與「庣」同
源。施之勉曰：「擇，失也。」〔註 35〕《校注》：「擇，選擇。」皆非
是。太田方曰：「小助，細流也。」其說是也，而未指明「助」字之
義。助，當讀爲渠。「小渠」與「小流」、「細流」義合。本書《難四》：
「遂去雍鉏，退彌子瑕。」「雍鉏」即《史記・孔子世家》、《家語・
七十二弟子解》之「雍渠」，此其相通之證。

（9）故大人寄形於天地而萬物備，歷心於山海而國家富，上無忿怒之
毒，下無伏怨之患，上下交撲（樸），以道為舍

按：「歷」乃「虛」形誤，「以道爲舍」當乙作「以爲道舍」。本書《揚權》：
「喜之則多事，惡之則生怨。故去喜去惡，虛心以爲道舍。」是其確
證。此文「虛心」即承上文「不立好惡」而言，謂無喜無怒也。《治

〔註35〕施之勉《史記會注考證訂補》，華岡出版有限公司 1976 年版，第 1358 頁。

要》卷 40 引「歷」作「措」，蓋臆改。龍宇純曰：「『歷』字難通，字當作『厝』，借以爲『措』。措，置也，與『寄』字義近。《治要》作『措』，改作本字也。」陳啓天據龍說改作「措」。《校注》：「歷心，盡心。」張覺曰：「歷，逐個經過。」皆非是。松皋圓曰：「《字書》：『歷，錯也。』《莊子》：『交臂歷指。』《墨子・非攻下篇》：『歷爲山川。』歷、籍（藉）義同。藉，因也。又與措通，置也。」松氏此說，錯謬極多。《字書》未見「歷，錯也」之說，松氏引誤。《莊子》「歷指」同「櫪指」，是一種酷刑。《墨子》之「歷」，猶言分離。皆與此無涉。又謂「歷、藉義同，與措通」，皆無稽之談。徐仁甫曰：「『以』猶『與』也。『舍』當作『合』。謂與道爲合也。不然，『爲』當『趣』字之誤，謂與道趣舍也。」二說亦皆誤。

卷　九

《內儲說上》第三十校補

（1）侏儒有見公者曰：「臣之夢賤矣。」

按：賤，凌本作「踐」，《難四》作「淺」。王先慎謂「踐」是，「淺」誤。
　　陳奇猷謂凌本是，又謂「踐、淺通」。「賤」亦借字，不必改作。于鬯
　　曰：「淺、賤、踐通用。」羅焌曰：「賤讀爲踐。」又曰：「淺讀爲踐。」
　　四庫本《難四》作「賤」，陳本作「踐」，《御覽》卷 457 引《難四》作
　　「賤」。銀雀山漢簡《孫臏兵法・官一》：「賤令以采章。」整理者注：
　　「賤，疑讀爲踐。」〔註1〕是其例。松皋圓曰：「侏儒，短人。《文選》
　　注作『朱孺』，則似人姓名。」《文選・詠懷詩》李善注引作「朱孺」，
　　亦「侏儒」之借，字或作「朱儒」、「犰需」等形〔註2〕，松氏誤以「朱」
　　爲姓，故云「似人姓名」。

（2）人君兼燭一國，一人不能擁也

按：顧廣圻謂「擁」當作「壅」，陳奇猷據《難四》及《御覽》卷 457 引，
　　改作「壅」。《御覽》所引，是《難四篇》文，而非此文〔註3〕。松皋

〔註1〕銀雀山漢簡《孫臏兵法》，收入《銀雀山漢墓竹簡〔壹〕》，文物出版社 1985
　　　年版，第 70 頁。
〔註2〕參見蕭旭《〈國語〉「僬僥」語源考》，收入《群書校補（續）》，花木蘭文化出
　　　版社 2014 年版，第 1929～1931 頁。
〔註3〕《御覽》末段引「公曰：『善！』遂去雍鉏，退子瑕，而用司空狗」，見《難

圓曰：「『擁』、『壅』通。」其說是，不必改作。《管子・明法》：「出而道留謂之擁，下情求不上通謂之塞。」《明法解》作「壅」。《御覽》卷208引《尚書大傳》：「溝瀆擁遏，水為民害。」《漢紀》卷27：「蜀郡岷山崩，擁江，水竭（遏），逆流，三日乃通。」《漢書・五行志》作「壅」，《水經注・江水》作「壅」。亦借「擁（壅）」為「壅」。本書《八經》、《內儲說下》、《外儲說左下》、《二柄》之「擁」並為「壅」借字，皆不當改字。

（3）齊人有謂齊王曰：「河伯，大神也，王何不試與之遇乎？」

按：何不試，《御覽》卷882引誤作「不識」。

（4）議臣者過於三人

按：議，《後漢書・馬援傳》李賢注、《御覽》卷191引作「謗」。

（5）龐恭從邯鄲反，竟不得見

按：竟，《事類賦注》卷20引作「果」，《戰國策・魏策二》亦作「果」，《新序・雜事二》作「遂」，並猶終也、卒也。

（6）董閼于為趙上地守，行石邑山中

按：石邑，《文選・永明九年策秀才文》李善注、《書鈔》卷43引同，《資治通鑑外紀》卷8亦同，《類聚》卷9引作「右皐」，《類聚》卷54、《御覽》卷69、638、《冊府元龜》卷619引作「石皐」〔註4〕。作「石邑」是，戰國時趙有石邑縣，《史記・陳餘傳》：「（趙王）復使（李）良略太原至石邑。」陳直據《漢書・地理志》指出「石邑」屬常山郡。

（7）因問其旁鄉左右曰

按：旁鄉，《文選・永明九年策秀才文》李善注引無此二字，《御覽》卷69引作「御」，《類聚》卷9、《御覽》卷638引作「鄉」。「御」乃「鄉」形譌。

（8）使吾治之無赦

四篇》，本文無其語，故知之。
〔註4〕《類聚》據南宋紹興刻本，下同。

按：陳奇猷據《文選・永明九年策秀才文》李善注、《類聚》卷 9、54、《御
覽》卷 69、638 引，校「治」作「法」，是也，《書鈔》卷 43、《冊府
元龜》卷 619 引亦作「法」。敕，各書引同，惟《類聚》卷 9 引誤作
「改」。

（9）故子產死，游吉不肯嚴形

按：故，猶及也〔註5〕。盧文弨、松皋圓謂「故」字衍，陳啓天從盧說刪；
陳奇猷謂「故」上有脫文，張覺以「故」屬上句；徐仁甫曰：「故猶顧，
特也，轉折之詞。」皆失之。

（10）夫棄灰於街必掩人

舊注：灰塵播揚，善掩翳人也。

按：王先慎、松皋圓指出《初學記》卷 20、《史記・李斯傳》《正義》引「掩」
作「燔」。陳本《書鈔》卷 43、《御覽》卷 636 引亦作「燔」。掩，讀
為揜，《說文》：「揜，一曰覆也。」俗字亦作揜，《廣韻》：「揜，土覆
也。」「燔」當作「播」，揚也。《漢書・五行志》顏師古注引孟康曰：
「商鞅為政，以棄灰於道必坋人，坋人必鬭，故設黥刑以絕其原也。」
又引臣瓚曰：「棄灰或有火，火則燔廬舍，故刑之也。」顏師古曰：「孟
說是也，坋音蒲頓反。」「坋」謂灰塵蒙冒於人，與「揜」、「播」同
義，臣瓚云云，是所見本已誤作「燔」字矣。街，陳本《書鈔》卷 43、
《初學記》卷 20 引同，《御覽》卷 636 引作「術」，《史記・李斯傳》
《正義》引作「衢」。「街」是「術」形譌。《說文》：「術，邑中道也。」
衢亦大道也。《史記・李斯傳》：「商君之法，刑棄灰於道者。」《漢書・
五行志》：「棄灰於道者黥。」《鹽鐵論・刑德》：「商君刑棄灰於道而
秦民治。」《史記・商君列傳》《集解》引《新序》：「步過六尺者有罰，
棄灰於道者被刑。」《通典》卷 170：「棄灰於路者刑，步過六尺者罰。」
皆作「道」或「路」。禁棄灰的原因，除孟康說外，又有一說，錄以
備考。《爾雅翼》卷 4：「四月班馬政，遊牝別群，縶駒之月。馬之為
性畏新出之灰，駒遇者輒死，石礦之灰亦能令馬落駒。刈藍以染也，
燒灰也，暴布也，三者皆有出灰之氣，令而禁之者，蓋為馬歟？秦法

〔註5〕 參見蕭旭《古書虛詞旁釋》，廣陵書社 2007 年版，第 121～122 頁。

棄灰於道者棄市，棄灰或古法，但刑重耳。」明・張萱《疑耀》卷 3
取其說，而顏曰「先儒未有發明者」。

（11）闚必三族相殘也

　按：殘，《初學記》卷 20、《御覽》卷 636 引作「殺」。

（12）輕者不至，重者不來

　按：俞樾曰：「『不至』當作『不生』。《商子・說民篇》曰『輕者不生』，是
　　　其證。」陳奇猷曰：「俞說非也。《商子・靳令篇》、本書《飭令篇》皆
　　　作『至』可證。『不生』與『不至』實同一意義。」俞說是，「至」是
　　　「生」形譌。上文云「小過不生，大罪不至」，是其確證。《商子・去
　　　強》：「輕者不生，重者不來。」又《說民》：「輕者不生，則重者無從
　　　至矣。」謂輕罪不生，則重罪無從而至矣。作「輕者不至」不辭。

（13）故今有於此曰：「予汝天下而殺汝身，庸人不為也。」

　按：《墨子・貴義》：「又曰：『予子天下而殺子之身，子為之乎？』必不為。」
　　　此《韓子》所本。

（14）魯人燒積澤，天北風，火南倚

　　　　舊注：火勢南靡，故曰倚也。

　按：倚，《類聚》卷 80、《御覽》卷 72、869 引同，王叔岷指出《初學記》
　　　卷 20、《御覽》卷 638 引作「向」，《記纂淵海》卷 48、《古今事文類聚》
　　　續集卷 18、《古今合璧事類備要》外集卷 55 引亦作「向」。疑「倚」是
　　　「向」字形誤。積澤，各書引同，惟《合璧事類》引作「苑澤」。

（15）恐燒國，哀公懼，自將眾輒救火者，左右無人，盡逐獸而火不救

　按：俞樾謂「輒」當作「趣」，「者」字衍。王先慎舉《類聚》卷 80、《御
　　　覽》卷 869、《初學記》卷 20，陳奇猷補舉《御覽》卷 638，所引並作
　　　「趣」，無「者」字，以證之。《御覽》卷 638 引作「趍」，陳氏失檢。
　　　「趍」為「趨」俗字，同「趣」。《記纂淵海》卷 48、《古今事文類聚》
　　　續集卷 18、《古今合璧事類備要》外集卷 55 引皆作「趨」。此句《御
　　　覽》卷 72 引作「自持眾趨救之」，「持」為「將」形譌。《初學記》卷

20 引有「者」字，王叔岷已指出王氏失檢。《類聚》引作「自將眾趣救火，救火者左右無人」〔註6〕，則今本「者」字非衍字，其上脫「救火」二字耳。龍宇純曰：「輒當作耴，耴借爲敔，《說文》：『敔，使也。』此文『將』字當讀平聲，不得讀去聲。『耴』字當在『眾』字上。自將耴眾救火，言將欲使人救火也。」迂曲不可信。

（16）救火者盡賞之，則國不足以賞於人

按：王叔岷指出《類聚》卷 80、《御覽》卷 869 引作「則舉國不足以賞於民」。此當據補「舉」字。陶鴻慶謂「國不足以賞於人」當作「國不足於賞」，非是。

（17）請徒行賞

按：《四庫考證》：「刊本罰訛賞，今改。」〔註7〕顧廣圻曰：「『行賞』當依馮氏舒校改作『行罰』。」王先愼曰：「《類聚》、《御覽》引並作『請徒行罰』，今據改。」尋《類聚》卷 80 引作「請從行罰」，《御覽》卷 869 引作「請徒行罰」，王氏失檢。「從」當作「徒」，形之譌也。言行賞則舉國不足以賞之，故但行罰耳。

（18）令下未遍而火已救矣

按：救，《初學記》卷 20、《御覽》卷 638 引同，《類聚》卷 80、《御覽》卷 869 引作「滅」。救，止也。

（19）齊國好厚葬，布帛盡於衣裘，材木盡於棺槨

按：布帛，《書鈔》卷 92 引誤作「布泉」〔註8〕。裘，《御覽》卷 647 引誤作「衣裳」。材木，《御覽》卷 647、820 引誤作「林木」。棺槨，《書鈔》、《御覽》卷 647 引作「棺槨」。

（20）布帛盡則無以為蔽，材木盡則無以為守備

按：蔽，王先愼據《御覽》卷 555、647、820 三引〔註9〕，校作「幣」。陳

〔註6〕《類聚》據南宋紹興刻本，下同。
〔註7〕《四庫全書考證》卷 49，景印文淵閣《四庫全書》第 1499 冊，臺灣商務印書館 1986 年初版，第 50 頁。
〔註8〕此據孔氏舊鈔本，陳本、四庫本作「布帛」。
〔註9〕王先愼誤記「卷 647」作「卷 641」，徑正。

奇猷謂「蔽」是遮蔽，王改非。王說是也，山仲質曰：「蔽，讀爲幣。」陳直曰：「『蔽』、『幣』古通。」「幣」即「幣」增旁字。上古以布帛爲錢幣。《漢書·食貨志》：「凡貨，金錢布帛之用，夏殷以前其詳靡記云。太公爲周立九府圜法：黃金方寸而重一斤；錢圜函方，輕重以銖；布、帛廣二尺二寸爲幅，長四丈爲匹。」《鹽鐵論·錯幣》：「古者市朝而無刀幣，各以其所有易所無，抱布貿絲而已。」皆是其證。物双松曰：「蔽，帟幕之類，軍中以遮敵望者也。」松皋圓曰：「蔽，所以捍車馬也。」王煥鑣曰：「蔽，蒙在車上的簾帷。訓作遮蔽，亦通；言無布帛製衣裳，便無遮身之具。」張覺曰：「蔽，遮蔽，指軍隊中用來遮蔽車馬的帳幕。」皆失之。

（21）棺槨過度者戮其尸，罪夫當喪者

按：戮，《御覽》卷 555、820 引作「僇」。喪，《御覽》卷 555 引誤作「裘」，下文「罪當喪者無利」則不誤。

（22）吾賞厚而信，罰嚴而必

按：吾，《御覽》卷 638 引同，《類聚》卷 54 引作「君」。「君」字是。

（23）人之救火者死，比死敵之賞

按：王先愼、松皋圓乙「者死」作「死者」，是也，王叔岷舉《類聚》卷 54、80、《御覽》卷 638 引作「民之救火而死者」以證之。《古今事文類聚》續集卷 18、《古今合璧事類備要》外集卷 55 引亦作「而死者」，當據補「而」字，與下句「救火而不死者」對舉。陳啓天以「死」屬下讀，非是。

（24）救火而不死者，比勝敵之賞

按：上句，《類聚》卷 54、《御覽》卷 638 引作「勝火而死者」。

（25）俄又置一石赤菽〔於〕東門之外而令之曰

按：菽，王叔岷指出《初學記》卷 27、《御覽》卷 296、638、842 引作「黍」，《困學紀聞》卷 10 引亦作「黍」〔註10〕。《御覽》卷 775、《事類賦注》卷 16 引脫作「又置一石亦令曰」。王煥鑣改「赤菽」作「表於」，

〔註10〕《困學紀聞》一本引作「菽」。

無據。

（26）人爭趨之

按：《書鈔》卷 116、《御覽》卷 296、638、775、《事類賦注》卷 16 引作「民爭上」。

（27）人之有狐疑之訟者，令之射的

舊注：的，所射質。

按：訟，《御覽》卷 745 引誤作「說」。的，《類聚》卷 50、陳本《書鈔》卷 74 引作「狗」，《御覽》卷 259、745 引作「杓」〔註 11〕。陳奇猷曰：「『杓』即『的』之譌，『狗』亦誤字。」《御覽》卷 745 有注：「杓，音摽。」《莊子・庚桑楚》：「我其杓之人耶？」郭象注：「不欲為物標杓。」《釋文》：「杓，郭音的，又匹么反，又音弔。《廣雅》云：『樹末也。』王云：『斯由己為人準的也。』向云：「馬氏作杓，音的。」《亢倉子・全道》作「的」。「杓」有二音，一讀為「的」，一讀為「標」，皆通。「狗」則「杓」形譌。

（28）令下而人皆疾習射

按：王先慎曰：「疾，讀為亟。」龍宇純曰：「疾、亟二字意近，不得曰疾讀為亟。」《類聚》卷 50、《御覽》卷 259 引無「疾」字，《資治通鑑外紀》卷 10、《資治通鑑前編》卷 18 亦無。疾，盡力，勉力。《御覽》卷 259 引「下」上有「且」字。

（29）宋崇門之巷人服喪，而毀甚瘠，上以為慈愛於親，舉以為官師

陳奇猷曰：《莊子・外物》：「演門有親死者，以善毀，爵為官師。」成玄英疏云：「東門也，亦有作『寅』者，隨字讀之。」然則崇門即演門也。

按：蔣禮鴻曰：「『崇門』當作『東門』，形近而誤也。」〔註 12〕二字形不近，「形近」疑「聲近」筆誤。竊謂「崇」為「寅」形譌，「寅」乃「演」省文。

〔註 11〕陳奇猷誤記「卷 259」作「卷 257」，逕正。
〔註 12〕蔣禮鴻《讀韓非子小記》，《國師季刊》1940 年第 10 期，第 90 頁。

（30）出見怒鼃

按：怒，《御覽》卷 949 引作「鬪」。

（31）韓昭侯使人藏弊袴

按：弊袴，一本作「敝袴」，《記纂淵海》卷 53 引作「敝袴」，《御覽》卷 633 引作「蔽衿」。「蔽」爲借字，「衿」則誤字。

（32）袴之與顰笑相去遠矣

按：王先愼曰：「各本無『相去』二字，今據《御覽》卷 392、633 引補。」陳啓天、陳奇猷皆從之。王補非也，裴學海曰：「與，猶去也。」舉此及《莊子》爲證〔註 13〕。《御覽》未達其誼而妄增。宋・劉述《上神宗論百姓侈靡乞身先儉約》引同今本，是宋人所見，尚有不誤者。

（33）宣王死，湣王立

按：二句《書鈔》卷 110 引作「宣王聞之」〔註 14〕。湣王立，《文選・雜體詩》李善注、《御覽》卷 581、《記纂淵海》卷 78、《古今事文類聚》續集卷 23 引作「文王即位」。王叔岷指出「文」當作「閔」，同「湣」。

（34）處士逃

按：逃，王叔岷指出《書鈔》卷 110 引作「逸」，《御覽》卷 581 引作「走」。《記纂淵海》卷 78 引亦作「走」。

（35）田嚴對曰：「一一而聽之。」

按：此下，王叔岷指出《御覽》卷 581 引有「乃知其濫吹也」六字。《文選・雜體詩》李善注引有「乃知濫也」四字，《古今事文類聚》續集卷 23 引有「乃知其濫也」五字。

（36）吾特以三城送之

按：送，《戰國策・秦策四》作「從」，借字。特，讀爲徒。余舊說云：「特，猶乃也，口語曰『却』。」〔註 15〕亦通。

〔註 13〕 裴學海《古書虛字集釋》，中華書局 1954 年版，第 7～8 頁。

〔註 14〕 此據孔氏舊鈔本，陳本、四庫本引同今本。下同。

〔註 15〕 蕭旭《古書虛詞旁釋》，廣陵書社 2007 年版，第 210 頁。

（37）王曰：「為我悔也，寧亡三城而悔，無危乃悔，寡人斷講矣。」

按：《戰國策・秦策四》「為」作「鈞」，「斷」作「決」。裴學海曰：「為，猶均也。『鈞』同『均』。」舉此及《莊子》為證〔註16〕，是也。龍宇純曰：「『為』字無義，當作『均』，與『策』作『鈞』同。」龍氏改字無據。松皋圓曰：「為，猶若也。」楊樹達、陳奇猷並曰：「為，猶如也。」皆失之。

（38）弛上黨，在一而已，以臨東陽，則邯鄲口中虱也

　　舊注：廢上黨，棄一郡而已。

按：《通鑑地理通釋》卷8引「弛」作「弛」，無「在一而已」四字。《御覽》卷951引作「臨東陽，邯鄲猶口中虱也」。《漢書・王莽傳》：「以新室之威而吞胡虜，無異口中蚤蝨。」即用此典。松皋圓改「在一」作「兵」，刪「已」字，陳啓天、陳奇猷從之。松說無據。當「在一而已」四字為句。在，讀為載，猶則也。句謂廢棄上黨，則一郡而已；以兵臨東陽，則邯鄲危如口中之虱矣。

（39）求簪，三日不得之

按：得之，《書鈔》卷127引作「能得」。

（40）於是吏皆聳懼，以為君神明也

按：劉如瑛曰：「『聳』、『悚』同。」聳，一本作「悚」。《書鈔》卷127引亦作「悚」。下文「乃悚懼其所也」，《御覽》卷827引作「聳懼」；下文又云「吏乃皆悚懼其所，以君為神明」，亦作「悚」。

（41）市吏甚怪太宰知之疾也，乃悚懼其所也

按：王先慎曰：「悚懼其所，即悚懼其知也。下文『吏以昭侯為明察，皆悚懼其所』，即悚懼其明察也。『所』字即承上為義。」陳奇猷從之。王說未得「所」字之誼。所，裴學海讀為誚，云「做『智』字解」〔註17〕，甚是。《說文》：「誚，知也。」《廣雅》：「誚，暂也。」「知」、「暂」同「智」，《文選・辨亡論》李善注引《廣雅》作「智」。《玉篇》：「誚，

〔註16〕裴學海《古書虛字集釋》，中華書局1954年版，第114頁。

〔註17〕裴學海《古書虛字集釋》之《重刊的話》指出書中第791頁誤釋為「如此」，中華書局1954年版，第1頁。

才智之稱也。」字亦作憰，《說文》：「憰，知也。」《玉篇》：「憰，才智之稱也。」字亦省作胥，或借用「須」字爲之，《詩‧桑扈》《釋文》：「胥，鄭、徐思敍反，有才知（智）之稱。」《易‧歸妹》《釋文》引鄭云：「須，有才智之稱。」陳啓天曰：「關西方言以致力於一事爲『所』。悚懼其所，蓋謂兢兢業業以致力於其所事也。」徐仁甫曰：「所，猶意也。」太田方曰：「其所，猶言己分位也。」三說皆非是。梁啓雄曰：「所，處也，指工作崗位。」張覺從梁說。王煥鑣解爲「職位」。皆誤從太氏之說。

（42）韓昭侯握爪而佯亡一爪，求之甚急

按：握，《意林》卷 1 引同，《御覽》卷 370 引作「除」，《慧琳音義》卷 51、《御覽》卷 951、《爾雅翼》卷 26、《記纂淵海》卷 100、《古今事文類聚》後集卷 49、《古今合璧事類備要》別集卷 93 引作「搔」。爪，《慧琳音義》卷 51、《御覽》卷 951、《爾雅翼》、《記纂淵海》、《事文類聚》、《事類備要》引作「蚤」。「爪」、「蚤」古字通。類書遂改「握」作「搔」，以爲爬搔蚤虱也，太田方已辨之。佯，《慧琳音義》卷 51 引作「詳」，《御覽》卷 370 引作「陽」，《記纂淵海》、《事文類聚》、《事類備要》引作「痒」。「痒」字誤。

（43）左右因割其爪而效之

按：王先愼曰：「《意林》作『左右而取備之』，原注與此同，是馬氏所見本已有異者。」《御覽》卷 370 引作「左右因取爪而效之」，《御覽》卷 951、《爾雅翼》卷 26、《記纂淵海》卷 100、《古今合璧事類備要》別集卷 93 引作「左右因取其蚤虱而殺之」。據《集韻》，「殺」古字或作「攸」，爲「效」形譌，獻也，呈也。《意林》引「取」下脫「蚤」字。備，償也。言取己爪以充昭侯之爪也。

（44）昭侯以察左右之臣不誠

按：《意林》卷 1 引作「昭侯以此察左右之虛實」，《御覽》卷 370 引作「昭侯以此察左右之不誠」，《御覽》卷 951、《爾雅翼》卷 26、《記纂淵海》卷 100、《古今合璧事類備要》別集卷 93 引作「昭侯以此察左右不誠」。諸家於「以」下補「此」字，是也。「臣」字衍。

卷 十

《內儲說下》第三十一校補

（1）是以人主久語，而左右鬻懷刷

盧文弨曰：尉，《藏》本「刷」，凌同。案《北齊書・顏之推傳》《觀我生賦》云：「衹夜語之見疑，寧懷刷之足恃。」「夜語」當亦本此，今此作「久語」，未定孰是。「刷」本作「刷」，則「尉」字爲誤明矣〔註1〕。

顧廣圻曰：「以」下當有「故」字，「主」當作「富」。今本作「尉」誤。《說文》「刷」本作「刷」，云：「拭也。」蓋巾帨之屬，可用以拭者。

俞樾曰：按顏《賦》，疑古本《韓子》「久語」作「夕語」。

高亨曰：懷，賜也，實借爲餽。

按：「見疑」顏《賦》作「見忌」，盧氏失檢。陳奇猷從顧、俞說。俞、高說是，于省吾讀懷爲餽，與高氏說實同。《文苑英華》卷662溫庭筠《上令狐相公啓》：「抑又聞棄茵微物，尚軫晉君；壞（懷）刷小姿，每干齊相。」〔註2〕下句亦用此典〔註3〕。則「刷（刷）」字是。《釋名・釋首

〔註1〕 盧文弨《鍾山札記》卷3說同，中華書局2010年版，第73～74頁。
〔註2〕 《文苑英華》卷662，中華書局1966年版，第3401頁。
〔註3〕 上句典出本書《外儲說左上》：「文公反國，至河，令籩豆捐之，席蓐捐之，手足胼胝面目黧黑者後之，咎犯聞之而夜哭。」《說苑・復恩》：「晉文公入國，至於河，令棄籩豆茵席，顏色黧黑手足胼胝者在後，咎犯聞之，中夜而哭……文公曰：『禍福利害，不與咎氏同之者，有如白水。』祝之，乃沉璧而盟。」

飾》：「刷，帥也，帥髮長短皆令上從也；亦言瑟也，刷髮令上瑟然也。」〔註4〕《文選·養生論》：「勁刷理鬢。」〔註5〕李善注引《通俗文》：「所以理髮謂之刷也。」〔註6〕「刷（椒）」指梳理頭髮的工具。太田方解爲「尉安」，松皋圓解爲「尉撫」，陳啓天已駁之。

（2）敵之所務在淫察而就靡，人主不察則敵廢置矣

按：王先愼曰：「淫，亂也。靡，非也。」松皋圓曰：「靡，細也。言深察敵情以成就其微細之謀。山曰：『淫音深。《列子》「淫思七日」，又云「指河曲之淫隈」，是也。』物曰：『謂察淫靡而成就之。』」于鬯曰：「在訓察。『淫』下『察』字當涉下文衍，『淫察』無義。」孫楷第曰：「『就』當作『孰』，即『熟』字。靡，讀爲摩。淫，浸淫隨理也。」陳啓天曰：「就，成也。靡，猶言惡也。」陳奇猷曰：「就，成也。謂敵之所務者在亂人主之察而成其非也。」「靡」無「非（過錯）」、「惡」義，王說、陳說無據。山氏謂「淫音深」，孫說「就當作孰，靡讀爲摩」，皆是，餘說皆非。淫，讀爲深。淫察，猶言深察，與「熟摩」義近。《莊子·達生》：「彼將處乎不淫之度。」《列子·黃帝》「淫」作「深」。《列子·黃帝》：「朕之過淫矣。」張湛注：「淫當作深。」又「因復指河曲之淫隈曰。」殷敬順《釋文》：「淫音深。」皆其例。

（3）燕人李季好遠出

按：出，《御覽》卷395引作「遊」。

（4）乃浴以矢

按：《御覽》卷395引作「乃浴以狗屎」，當據補「狗」字。

（5）二衛人有夫妻禱者，而祝曰：「使我無故，得百束布。」

按：「使我無故得百束布」八字作一句，「無故」猶言徒也，今言「白白地」。陳奇猷曰：「故，謂事故。」未允。

〔註4〕帥，陳本《書鈔》卷136、《御覽》卷714引同，孔本《書鈔》引作「率」。帥（率），順服也，「令上從」即申述其義。丁山校「帥」作「飾」、「拭」，非是。丁山說轉引自任繼昉《釋名匯校》，齊魯書社2006年版，第246頁。

〔註5〕鬢，《書鈔》卷136引同，《御覽》卷714引作「髮」。

〔註6〕《御覽》卷714引同。

（6）其夫曰：「何少也？」對曰：「益是，子將以買妾。」

按：《類聚》卷85引「何」下有「必」字，下句作「益則子將取妾矣」，
　　《御覽》卷820引作「益則子將取妾」。「益是子將以買妾」七字作一
　　句讀，《爾雅》：「是，則也。」《金樓子・雜記》作「布若多，子當買
　　妾也」。當，猶將也。

（7）范蠡、大夫種曰：「不可！昔天以越與吳，吳不受；今天反夫差，
　　　亦天禍也。」

按：王先愼曰：「『今天』當作『今若』。」于省吾、陳啓天、陳奇猷駁之，
　　是也。蔣禮鴻曰：「『天』疑當作『而』。而，如也。」亦誤。《吳越春
　　秋・夫差內傳》作：「昔天以越賜吳，吳不受也；今天以吳賜越，其可
　　逆乎？」此「今天」不誤之確證。「天反夫差」者，言與昔天以越與吳
　　於闔閭者相反。物双松曰：「反，報也。」陳奇猷曰：「反，覆也。」
　　皆非是。張覺曰：「反，指報復。」此襲自物說，而不知其誤也。

（8）大成牛（午）從趙謂申不害於韓曰：「以韓重我於趙，請以趙重子
　　　於韓，是子有兩韓，我有兩趙。」

按：王先愼曰：「『以韓』上當有『子』字。」陳奇猷引《戰國策・韓策一》
　　有「子」字以證之。《策》「謂」上有「來」字，亦當據補。

（9）二軍相當，兩旗相望

按：顧廣圻曰：「今本『二君』作『二軍』，誤。」王先愼曰：「顧說謬。」
　　王說是也，《說苑・指武》：「兩壘相當，旌旗相望。」《家語・致思》：
　　「兩壘〔相當，旗鼓〕相望。」〔註7〕《唐開元占經》卷46引巫咸曰：
　　「旌旗相望，兩敵相當。」「兩壘」、「兩敵」亦指二軍。《淮南子・兵
　　略篇》：「兩軍相當，鼓鐸相望。」《論衡・詰術》、《靈樞經・玉版》並
　　有「兩軍相當，旗幟相望」語。尤爲確證。「兩軍相當」是秦漢人成語。

（10）子以韓輔我於魏，我〔請〕以魏待子於韓

按：松皐圓曰：「待，禮待，亦輔字意。」待，遇也，今言報答。尹桐陽
　　曰：「待，持也。」孫楷第改「待」作「持」，訓扶翼。陳啓天從孫說

───────────────

〔註7〕脫文據《書鈔》卷40、118、《類聚》卷26、《御覽》卷390、463引補。

改。梁啓雄則謂「待」借爲「持」，亦訓扶翼。梁說當即孫說之改進。
皆非是。

（11）足下無意賜之餘隸乎

按：《四部叢刊》校宋本、《道藏》本作「餘隸」。顧廣圻曰：「餘隸，今本
作『餘瀝』。」《廣博物志》卷 41 引作「餘瀝」。太田方曰：「《〔史記·〕
滑稽傳》：『侍酒於前，時賜餘瀝。』《廣雅》：『瀝，酒也。』《說苑〔·
正諫〕》：『侏儒有餘酒，而死士渴。』」陳奇猷曰：「今本是。作『隸』
者乃音近之誤也。」蔣禮鴻曰：「《玉篇》：『瀨，滴也。』隸即瀨省。」
〔註 8〕蔣說是也，作「隸」蓋《韓子》舊本。《玄應音義》卷 2 引《通
俗文》：「霝（零）滴謂之瀨渧。」〔註 9〕《廣韻》：「渧」、「瀨」條並
引《埤蒼》：「渧瀨，漉也。」《集韻》、《類篇》並曰：「瀨，渧瀨，泣
也；一曰漉也。」俗字亦作㲈，《慧琳音義》卷 50 引《通俗文》：「㲈
渧亦零滴也。」敦煌寫卷 P.3906《碎金》：「㲈渧：音緣（隸）帝。」
張涌泉曰：「『㲈』爲『瀨』的俗字。」〔註 10〕「瀨（㲈）」、「渧」同
義連文。《龍龕手鑑》：「㲈，渧㲈，漉也。」其本字即「瀝」，《說文》：
「瀝，一曰水下滴瀝。」《慧琳音義》卷 34 引《蒼頡篇》：「瀝，水下
滴瀝也。」「渧瀨（㲈）」同「滴瀝」，倒言則作「瀨（㲈）渧」。音轉
又作「瀨滯」，《方言》卷：「瀧涿謂之霑瀆。」郭璞注：「瀧涿，猶瀨
滯也，音籠。」段玉裁曰：「『瀨滯』當作『瀨渧』。」〔註 11〕字或作泣，
《廣雅》：「滲、溢、涸、泣，盡也。」王念孫曰：「《廣韻》：『泣，汔
也。』汔即涸也。瀨與泣同聲，皆涸竭之意也。」〔註 12〕言水下零滴
而盡也。字亦省作歷，《周禮·夏官·量人》：「凡宰祭與鬱人受斝歷而
皆飲之。」餘滴指餘酒，此文及《周禮》、《史記》、《廣雅》皆是也，

〔註 8〕 蔣禮鴻《讀韓非子小記》，《國師季刊》1940 年第 10 期，第 91 頁。
〔註 9〕 《玄應音義》卷 6 引《通俗文》「霝」作「零」，「瀨」誤作「凝」。《慧琳音義》
卷 26 引《通俗文》誤作「霝滴謂之凝渧」，又卷 27 引脫作「靈滴謂之瀨」。唐·
窺基《妙法蓮華經玄贊》卷 7 引誤作「靈滴謂之凝」。
〔註 10〕 張涌泉《敦煌經部文獻合集》第 7 冊《字寶》，中華書局 2008 年版，第 3774
頁。
〔註 11〕 段玉裁《說文解字注》，上海古籍出版社 1981 年版，第 558 頁。
〔註 12〕 王念孫《廣雅疏證》，收入徐復主編《廣雅詁林》，江蘇古籍出版社 1992 年版，
第 108 頁。

王念孫《疏證》:「《楚辭·大招》:『吳醴白蘖，和楚瀝只。』王逸注云：『瀝，清酒也。』」〔註 13〕王說猶未盡。專字則作「醽」〔註 14〕，《說文》:「醽，酮也。」又「酮，醽酒也。」段玉裁注「醽」字曰:「《廣韻》曰:『下酒也。』按謂滴瀝而下也。在《水部》作瀝，在《酒部》作醽。《周禮·量人》作歷。古文叚借。」又注「酮」字曰:「《玉篇》:『酮，以孔下酒也。』按謂涓涓而下也。」〔註 15〕字亦作醳，《集韻》:「醽、醳:《說文》:『酮也。』或從歷。」今吳語尚謂水滴漏、滲漉爲渧，胡文英《吳下方言考》卷 8:「渧，音蒂。《埤倉》:『渧潚，漉也。』案渧水已竭而尚餘滴瀝也。吳諺謂餘瀝爲渧。」〔註 16〕又卷 10:「涿，許氏《說文》:『涿，流下滴也。』案：涿，物漬水既出，而流滴不止也。吳中謂受水而流滴曰『涿涿然渧』也。」〔註 17〕范寅《越諺》卷上:「渧湯㯚鹵：三『搭』。行不謹飭。」又卷下:「沓沓渧:(音)答帝。」又「滷渧渧。」〔註 18〕今吳語猶有「沓沓渧」、「涿涿渧」之語。惠士奇曰:「賓醉而出，必取薦脯，重君賜也；以所執脯賜鍾人於門內霤，廣君惠也。」〔註 19〕是御飲於王者，出則執脯以賜守門者，故守門者求其餘酒也。

(12)**夷射曰:「叱，去！刑餘之人，何事乃敢乞飲長者？」**

按：王先慎、松皋圓乙作「叱曰去」，梁啓雄、陳啓天從王說。蔣禮鴻曰：

〔註 13〕王念孫《廣雅疏證》，收入徐復主編《廣雅詁林》，江蘇古籍出版社 1992 年版，第 625 頁。

〔註 14〕《說文》:「鬲，《漢令》鬲。瓹，鬲或從瓦。」「䥶」同「瓹」、「鬲」。《史記·滑稽傳》:「銅歷爲棺。」《類聚》卷 93 引作「鏖」。《索隱》:「歷即釜鬲也。」《漢書·郊祀志》顏師古注引蘇林曰:「鬲音歷。」《周禮·冬官·考工記》《釋文》、《列子·天瑞》殷敬順《釋文》并曰:「鬲音歷。」《廣韻》「鏖」同「鎘」，「鱱」同「鬲」。《集韻》「趯」同「㒿」，「轣」同「轕」。皆從鬲從歷聲通之證。

〔註 15〕段玉裁《說文解字注》，上海古籍出版社 1981 年版，並見第 747 頁。

〔註 16〕胡文英《吳下方言考》卷 8，乾隆四十八年留芝堂刻本，第 11 頁。

〔註 17〕胡文英《吳下方言考》卷 10，乾隆四十八年留芝堂刻本，第 8 頁。

〔註 18〕范寅《越諺》(侯友蘭等點注)，人民出版社 2006 年版，第 98、290、291 頁。「三『搭』」指「㯚」讀如搭音。

〔註 19〕惠士奇《禮說》卷 2，收入《叢書集成三編》第 24 冊，新文豐出版公司 1997 年版，第 269 頁。此說其子惠棟《左傳補註》卷 6 亦引之，收入《叢書集成新編》第 109 冊，新文豐出版公司 1985 年版，第 326 頁。

「作『曰叱』者是也，叱乃叱之之聲耳。」〔註20〕陳奇猷駁王說，曰：
「《說文》：『叱，訶也。』叱，蓋形容斥罵之聲。」考《莊子·大宗
師》：「俄而子來有病……犁往問之曰：『叱！避！無怛化！』」成玄英
疏：「叱，訶聲。」此文「叱去」即《莊子》之「叱避」。《齊民要術》
卷10引《東方朔傳》：「上以杖擊未央殿檻，呼朔曰：『叱！叱！先生
來，來！先生知此篋裏何物？』」〔註21〕此言「叱來」，文義相反，然
亦足證《韓子》今本不誤也。《戰國策·趙策三》「威王勃然怒曰：『叱
嗟！而母婢也。』」亦其證。然「叱」字亦可在「曰」字上，《戰國策·
秦策五》：「文信君叱去曰：『我自行之而不肯，汝安能行之也？』」姚
宏校：「曾作『曰去』，劉作『去曰』。」吳師道《補正》：「姚云：『曾
作曰去。』語勝。」曾本作「叱曰去」是。《史記·甘茂傳》作「文
信侯叱曰：『去！』」《御覽》卷384引《策》作「文侯叱」，有脫文。
《戰國策·燕策三》：「荊軻怒，叱太子曰：『今日往而不反者，豎子
也！』」《呂氏春秋·序意》：「（豫讓）叱青荓曰：『去！長者吾且有事。』」
又《權勳》：「子反叱曰：『訾！退！酒也。』」「退」亦「去」也。《史
記·酈生傳》：「酈生瞋目案（按）劍叱使者曰：『走！復入言沛公；
吾高陽酒徒也，非儒人也！』」皆其例。《賈子·春秋》：「公曰：『去！
非而所知也。』」〔註22〕亦此句法，可證「去」當在「曰」下，猶今
語曰「滾」，劉本作「叱去曰」，尤誤。

（13）鄭袖曰：「此固言惡王之臭。」

　按：固，猶嘗也，曾也〔註23〕。下文「頃嘗言惡聞王臭」，正作「嘗」字。

（14）王言美女前，近王，甚數掩口

　按：「王言」屬上句，斷作「美女前，近王甚」，陳啓天不誤。數，屢次，
　　　多次。松皋圓曰：「甚數，猶言最頻也。」陳奇猷曰：「『甚』當作『其』，
　　　而在『掩』字下。『數』通『速』。」皆失之。

（15）因令之為具於郜宛之家

〔註20〕蔣禮鴻《讀韓非子小記》，《國師季刊》1940年第10期，第91頁。
〔註21〕《御覽》卷965引「篋」作「筐」，「何」下有「等」字，餘同。
〔註22〕《新序·刺奢》「而」作「汝」，餘同。
〔註23〕參見蕭旭《古書虛詞旁釋》，廣陵書社2007年版，第127頁。

按：《吳越春秋・闔閭內傳》作「乃具酒於郊宛之舍」。「具」即置辦之誼。
楊樹達曰：「《說文》：『㪺，舉食者。』此『具』假爲『㪺』。」陳奇猷
從楊說。考《繫傳》：「㪺，如食床，兩頭有柄，二人對舉之，若今床。」
是「㪺」爲食床，非其誼也。

（16）令尹甚傲而好兵

按：傲，《吳越春秋・闔閭內傳》作「毅猛」。傲，讀爲勢，《說文》：「勢，
健也。」謂強健有力，與「猛毅」義近。

（17）犀首與張壽爲怨

按：爲怨，猶言結怨、構怨。王先慎曰：「爲，猶相也。」劉如瑛曰：「爲，
猶有。」皆未得。余舊從王說〔註24〕，亦失之。

（18）吏果竊黍種而糶之甚多

按：糶，《御覽》卷 842 引作「粜」，俗字。

（19）有燒倉庮㝗者

按：「㝗」字字書所無，顧廣圻、山仲質、太田方、津田鳳卿並以爲是「窌」
之誤字，陳奇猷從之，《漢語大字典》亦取此說〔註25〕。胡文英曰：
「㝗：音釧。案：㝗，簿書也，所以記倉庮米粟之出入者。胥吏爲奸
竊米，故燒其㝗，使無考也。吳諺謂米粟出入印紙爲㝗，或借用串字。
㝗字從穴從舛，弆之穴中，所以防舛錯也。」〔註26〕《音釋五侯鯖字
海》卷 18：「㝗，音背。」《字學呼名能書・官韻》：「㝗，昌踠切。」
〔註27〕竊謂「㝗」從舛得聲，或當讀爲笔，《說文》：「笔，篅也。」《繫
傳》：「笔，今俗言倉笔。」字亦作屯、囤、庉、簖，皆取屯聚爲義。
庮之言會，亦取會聚爲義。「倉庮㝗」三字同義，疑一本作「倉庮」，
一本作「倉㝗」，而校書者誤合之。

〔註24〕 蕭旭《古書虛詞旁釋》，廣陵書社 2007 年版，第 47 頁。
〔註25〕 《漢語大字典》（第二版），崇文書局、四川辭書出版社 2010 年版，第 2920
頁。
〔註26〕 胡文英《吳下方言考》卷 9，收入《續修四庫全書》第 195 冊，上海古籍出版
社 2002 年版，第 73 頁。
〔註27〕 《精刻海若湯先生校訂音釋五侯鯖字海》，明刻本。《字學呼名能書・官韻》，
同治陝西明誠堂刻本。

（20）宰人上食而羹中有生肝焉

按：中，《書鈔》卷 144 引作「內」。

（21）昭侯召宰人之次而誚之曰：「若何為置生肝寡人羹中？」宰人頓首服死罪曰：「竊欲去尚宰人也。」

按：《意林》卷 1 引作「乃問之宰人曰：『當是人置之，欲去宰自處也。』」有脫誤。《御覽》卷 861 引下句作「眾宰人曰：『竊以為有欲去上食宰也。』」

（22）文公召宰人而譙之

按：王先慎曰：「《類聚》卷 17 引『譙』作『誚』，下同。」陳奇猷曰：「『誚』為『譙』之古文。」《書鈔》卷 145、《古今事文類聚》續集卷 10 引亦作「誚」。

（23）援礪砥刀，利猶干將也，肉斷而髮不斷

按：下「斷」字，《類聚》卷 17、《古今事文類聚》續集卷 10 引作「絕」，《書鈔》卷 55 引《說苑》作「佩刀礪砥，利由（猶）干將，肉斷而髮不絕」。今《說苑》無此文，當即此文，而引者誤記出處。「援礪砥刀」當訂作「佩刀礪砥」。《御覽》卷 229 引謝承《後漢書》：「陝出佩刀，砥礪五石。」〔註28〕亦作「佩刀」。《意林》卷 1 引作「刀利如干將，切肉而髮不斷」，刪去「礪砥」之文，非其舊本。

（24）援木而貫臠而不見髮

按：王先慎據《意林》卷 1、《類聚》卷 17 所引，改「木而」作「錐」字。陳奇猷謂王改非是，引《禮記·雜記》鄭注，謂古者貫肉以木。《古今事文類聚》續集卷 10 引亦作「錐」。《書鈔》卷 55 引《說苑》，「援木而」作「愛誅」。「愛誅」即「援木」之誤。《書鈔》卷 145「維貫臠而不見髮」條引《韓子》此文。「維」為「錐」形譌。《說文》：「錐，銳也。」又「籤，一曰銳也，貫也。」唐時《韓子》蓋有作「木」、作「錐」二本。「錐」謂尖銳的鐵籤，「木」謂細木籤。貫，讀為毌。《說文》：「毌，穿物持之也。」「援錐貫臠」者，謂以鐵籤穿貫肉以

〔註28〕陝，《書鈔》卷 55 引作「拔」，《御覽》卷 863 引作「匣」，未詳孰是。

便烤炙，猶如今之烤羊肉。《禮記·禮運》：「以炙。」鄭玄注：「貫之
火上。」「貫」字義同〔註29〕。「毌」字亦作「弗」，指貫肉之鐵籤。《玄
應音義》卷9「鐵弗：《字苑》：『初眼反。今之炙肉弗字也。』《字略》
云：『以籤貫肉欑也。』論文作鑝。鑝，削也。」〔註30〕又卷12、18
並引《字苑》：『弗，謂以籤貫肉炙之者也。』」又卷15、16、19並引
《字苑》：「弗，今之炙肉弗也。」又卷22引《字苑》：「謂以籤貫肉
炙之曰弗。」

（25）奉熾爐，炭火盡赤紅，而炙熟而髮不燒

按：龍宇純亦以「炭」字屬下，誤矣。陳啓天以「炭」字屬上，「爐炭」
成詞，不誤。「火盡赤紅而炙熟」爲句。《意林》卷1引作「熾爐炮肉
盡赤而髮尙繞」，《類聚》卷17、《古今事文類聚》續集卷10引作「奉
炙罏炭，肉盡赤紅炙熟而髮不焦」，《書鈔》卷55引《說苑》作「罏
炭赤紅而髮不絕」。陳奇猷謂王先慎改「火」爲「肉」、改「燒」爲「焦」
非是，上「而」當作「肉」，「炙」字衍。王改固非，陳說亦未得。
「炙熟」謂肉烤熟。張家山漢簡《奏讞書》亦記載此案例，吏診斷云：
「臣有（又）診炙肉具，桑炭甚美，鐵盧（爐）甚磬。夫以桑炭之磬
鋏□而肉頗焦，髮長三寸獨不焦，有（又）不類炙者之罪。」《御覽》
卷229引謝承《後漢書》：「魯國陳政，字叔方。爲太官令黃門郎，與
政有隙，因進御食，以髮貫炙，光武見髮，勅斬政。政曰：『臣有當
死者三，黑山出炭，增治（冶）吐炎，燋膚爛肉而髮不消（銷），臣
罪一也。陜出佩刀，砥礪五石，虧肌截骨，曾不能斷髮，臣罪二也。
臣朗月書章奏，側光讀經書，且臨食，與丞及庖人六目齊視，〔不如〕
黃門一人，臣罪三也。』」〔註31〕事亦類之。

（26）桑炭炙之

按：桑炭，《御覽》卷863引誤作「桑灰」。太田方曰：「《詩》朱傳：『桑

〔註29〕參見孫詒讓《十三經注疏校記》，齊魯書社1983年版，第517頁。
〔註30〕高麗本未引《字略》云云，據《磧砂》本補。《慧琳音義》卷46引《字略》
作「以鐵貫肉齊（臍）也」。
〔註31〕「冶」、「銷」、「不如」皆據《書鈔》卷55引改補。《御覽》卷863引亦作「冶」、
「銷」，有「豈不如」三字。

薪，薪之善者。』是桑炭亦炭之善者也。」太氏猶未盡其誼。《本草綱目》卷 36 引蘇頌曰：「桑枝不冷不熱，可以常服。《抱朴子》言《仙經》云：『一切仙藥，不得桑煎不服。』」李時珍曰：「煎藥用桑者，取其能利關節，除風寒濕痺諸痛也。觀《靈樞經》『治寒痺內熱用桂酒法，以桑炭炙布（巾）〔註32〕，中熨痺處；治口僻用馬膏法，以桑鉤鉤其口，及坐桑灰上』皆取此意也。」桑炭，謂桑木之炭。桑薪，謂桑木之薪。以桑木中性，故為善者也。此我中華醫學的認識。

（27）（驪姬）欲以其子奚齊代太子申生，因患申生於君而殺之，遂立奚齊為太子

按：王先慎、太田方並曰：「『患』當作『惡』。」松皋圓亦改作「惡」。陳啓天曰：「《廣韻》：『患，惡也。』似可不必〔改〕。」又引龍宇純曰：「患、害一聲之轉。」龍宇純引《廣雅》「患，惡也」。陳說是也。張覺引《廣雅》，顏曰「覺按」，可謂善竊矣。考《史記·晉世家》：「驪姬詳（佯）譽太子，而陰令人譖惡太子，而欲立其子。」則作「惡」字。

（28）楚成王商臣為太子，既欲置公子職

按：王先慎、山仲質、太田方皆於「楚成王」下補「以」字，是也，上文亦有「以」字。《左傳·文公元年》：「初，楚子將以商臣為大子……既又欲立王子職而黜大子商臣。」亦其確證。既，猶言已而，口語曰「不久」。

（29）成王請食熊膰而死

按：太田方曰：「『膰』、『蹯』音通。」陳啓天說同。《左傳·文公元年》作「蹯」。膰，讀為番，《說文》：「番，獸足謂之番。」「蹯」則後出專字。

（30）狐突曰：「國君好內則太子危，好外則相室危。」

按：已詳《二柄篇》校補。

〔註32〕「巾」字據《靈樞經·壽夭剛柔》校正。下引見《靈樞經·經筋》：「治之以馬膏，膏其急者，以白酒和桂以塗其緩者，以桑鉤鉤之，即以生桑灰置之坎中，高下以坐等，以膏熨急頰。」

（31）文王資費仲而游於紂之旁，令之諫紂而亂其心

盧文弨曰：諫，凌本作「間」。案《顏氏家訓‧音辭篇》：「《穆天子傳》音諫為間。」蓋《穆天子傳》「道里悠遠，山川諫之」下郭璞注也。今本乃改「諫」作「間」，注作「間音諫」，殊誤。此書亦是以「諫」為「間」，凌本遽改作「間」，其誤亦同。

按：盧文弨《鍾山札記》卷 3 引《家訓》及《穆傳》，又引段玉裁說〔註33〕，視此尤詳，不具引徵。「諫」、「間」古同音通假，本書《十過篇：「以疏其諫。」《史記‧秦本紀》、《說苑‧反質》「諫」作「間」。《白虎通‧諫諍》：「諫者何？諫者間也，更也。是非相間，革更其行也。」《論衡‧譴告》：「故諫之為言間也。」

（32）敵國有賢者，國之憂也。

按：本書《十過篇》：「鄰國有聖人，敵國之憂也。」《晏子春秋‧外篇》、《史記‧秦本紀》、《韓詩外傳》卷 9、《說苑‧反質》並有此語。疑此文當同，今本「敵」字誤置於上，又脫「鄰」字。

（33）遺哀公女樂以驕榮其意

按：王渭曰：「『榮』當作『熒』，下文『以榮其意』同。」太田方說同。山仲質曰：「榮讀曰熒，惑也。《家語》：『其談說足以飾邪榮眾。』《荀子》作『營』，注：『營讀為熒。』」陳啓天曰：「榮，本為熒之同聲假借字。」陳奇猷從王說，且云：「『熒』通『營』，惑也。」王叔岷曰：「《記纂淵海》卷 78、《御覽》卷 508 引作『以熒其心』，《御覽》卷 305 引作『以縈其心』，卷 478 引『意』亦作『心』。榮、縈、熒，古通用。」《韓詩外傳》卷 9 說「由余」事，與此相類，此句作「君其遺之女樂，以嫙其志，亂其政」，嫙之言搖，謂搖盪其心也。蔣禮鴻曰：「榮、營、熒古通，皆督惑字之假借也。《說文》：『督，惑也。』（例略）」〔註34〕張覺說同。《說文》：「督，〔督〕惑也。」段玉裁曰：「督、惑雙聲字。各本誤刪督，今依《廣韻》補。《淮南鴻烈》、《漢書》皆假營為督。高誘注每云『營，惑也』，不誤。小顏多拘牽營字

〔註33〕盧文弨《鍾山札記》卷 3，中華書局 2010 年版，第 80～81 頁。
〔註34〕蔣禮鴻《讀韓非子小記》，《國師季刊》1940 年第 10 期，第 91 頁。

本義，訓爲回繞，非也。營行而營廢。」〔註35〕《後漢書・馮衍傳》李賢注引無「榮」字，蓋未得其誼而妄刪。《晏子春秋・內篇問上》：「不掩欲以榮君。」王引之曰：「榮，讀爲營。營，惑也。」〔註36〕王說亦未探本。《易・否》象傳：「不可榮以祿。」《集解》引虞翻本作「營」，虞曰：「營，或作榮。」《家語・始誅》：「其談說足以飾褒（衰）榮眾。」《治要》卷10引作「飾衰熒眾」，《荀子・宥坐》作「飾邪營眾」。朱駿聲指出《荀子》「營」假借爲「營」，又指出「熒」亦假借爲「營」〔註37〕。張覺或未見蔣禮鴻文，其說當即據段玉裁、朱駿聲說推衍而得。《鹽鐵論・貧富》：「富貴不能榮，謗毀不能傷也。」亦其例。

（34）哀公新樂之，必怠於政

按：松皋圓曰：「新，一作『必』。」《長短經・昏智》「新」誤作「親」。

（35）仲尼必諫，諫必輕絕於魯

按：下「諫」字下，盧文弨曰：「《後漢書》注引有『而不聽』三字。」當據補「而不聽」三字，《長短經・昏智》作「諫不聽，必輕絕魯」（王叔岷已及），亦足證今本有脫文。

（36）仲尼諫，不聽，去而之楚

按：王先慎曰：「《後漢》注作『遂去之』，《御覽》卷478引作『去而之齊』。」《意林》卷1引「聽」作「納」。《長短經・昏智》「去而之楚」作「遂適衛」。

（37）史舉，上蔡之監門也，大不事君，小不事家，以苛刻聞天下

按：上蔡，《戰國策・楚策一》同，《史記・甘茂傳》作「下蔡」。「大不事君，小不事家」，《策》作「大不如事君，小不如處室」，姚宏校曰：「如，一作知。」《史》作「大不爲事君，小不爲家室」。王叔岷曰：「史公說『如』爲『爲』，是也。」〔註38〕太田方引《晏子春秋〔・

〔註35〕段玉裁《說文解字注》，上海古籍出版社1981年版，第135頁。

〔註36〕王引之說轉引自王念孫《讀書雜志》卷8，中國書店1985年版，第120頁。

〔註37〕朱駿聲《說文通訓定聲》，武漢市古籍書店1983年版，第857頁。

〔註38〕王叔岷《史記斠證》，中華書局2007年版，第2281頁。下同。

內篇問下〕》「進不能事上，退不能爲家」。按《戰國策・齊策四》：「上不臣於王，下不治其家，中不索交諸侯。」意亦近之。苛刻，《策》作「苛廉」，《史》作「苟賤不廉」。王叔岷謂「苟」爲「苛」形誤。《史》有誤衍，「不廉」非其誼。

（38）惠王之明，張儀之辨也，茂事之，取十官而免於罪，是茂賢也

按：「惠王之明」下，《戰國策・楚策一》、《史記・甘茂傳》並有「武王之察」四字，當據補。辨，《史》作「辯」，《策》作「好譖」。辨，讀爲辯，慧也。「之明」、「之察」、「之辨」三「之」字，猶雖也〔註39〕。

（39）前時王使邵滑之越，五年而能亡越

按：王先愼曰：「《文選》注『亡越』作『盛之』。」陳奇猷曰：「作『盛之』誤。」《文選・過秦論》李善注引作「成之」〔註40〕，王氏失檢。「成之」謂其事成也，亦指亡越而言。

（40）鄙擇鄙之良田賂之

按：賂，《說苑・權謀》作「與」，《長短經・霸圖》作「貽」。「與」同「予」。貽，贈予，字本作詒，《說文》：「詒，一曰遺也。」字亦作飴，《詩・思文》：「貽我來牟。」《釋文》：「貽，字又作詒，同，遺也。」《漢書・劉向傳》引作「飴」。字亦省作台，《爾雅》：「台，予也。」「賂」乃「貽」形謁。周斌據此文改「貽」作「賂」〔註41〕，傎矣。

（41）因為設壇場郭門之外而理之

按：顧廣圻、王先愼改「理」作「埋」，陳奇猷舉《說苑・權謀》正作「埋」以證之。《御覽》卷450引《戰國策》、《長短經・霸圖》、《資治通鑑外紀》卷4亦作「埋」。《戰國策》無此文，當即此文，蓋引者誤記出處。

（42）縣令有發蓐而席弊甚

按：《御覽》卷709引「蓐」作「褥」，下同；無「有」、「甚」二字。「甚」當作「者」，與「有」字相應。《通鑑》卷4正作「縣令有發褥而席弊

〔註39〕 蕭旭《古書虛詞旁釋》，廣陵書社2007年版，第334頁。
〔註40〕 松皋圓引李注作「滅之」，未知所據何本，然亦通。
〔註41〕 周斌《長短經校證與研究》，巴蜀書社2003年版，第226頁。

者」。《御覽》引無「有」字,「者」字自亦省之。王先愼刪「有」字,陳啓天從之。陳奇猷曰:「有,猶或也。」皆非是。下文:「嗣公還令人遺(饋)之席曰:『吾聞汝今者發蓐而席弊甚,賜汝席!』《御覽》引「甚」作「其」,是也。「其」字屬下,「其賜汝席」爲句。「其」是命令副詞,「其賜」是秦漢時君主之習語。《史記・秦本紀》:「帝舜曰:『咨爾費,贊禹功,其賜爾皁游。』」又《李斯傳》:「爲書賜長子扶蘇曰:『扶蘇爲人子不孝,其賜劍以自裁!』」《漢書》詔書中此句式屢見之。

卷十一

《外儲說左上》第三十二校補

（1）取庸作者進美羹

按：松皋圓曰：「取庸作，謂欲得傭作之功也。《中山策》吳注：『此書「取」
字，多爲與之善而得其心之義也。此『取』字亦然。」陳啓天、陳奇
猷從之。于鬯讀「取」爲「趣」。梁啓雄、張覺解爲「爭取」。三說皆
非是，「取」當訓雇請。取庸，猶言雇請工人。太田方、陳直引《淮
南子・繆稱篇》「取庸而強飯之，莫之愛也」，陳直云：「義正相同。」
《商子・墾令》：「無得取庸。」《史記・周勃世家》：「取庸苦之，不
予錢。」亦作「取傭」，《漢書・周勃傳》：「取庸，苦之不與錢。」《御
覽》卷 357 引作「取傭」。《後漢書・光武帝紀》：「其以見錢穀取傭爲
尋求之。」下《說》云：「夫賣庸而播耕者，主人費家而美食，調布
而求易錢者，非愛庸客也。」松皋圓謂「賣」是「買」之誤，是也。
「買」亦雇請之義。本書《五蠹》：「澤居苦水者，買庸而決竇。」義
同。

（2）請許學者而行宛曼於先王，或者不宜今乎

按：太田方曰：「『宛』、『涴』同，又與『汙』通。『曼』、『謾』、『漫』通。
皆渺茫廣遠也。《淮南子・道應訓》云：『吾與汙漫期於九垓之外。』
注：『汙漫，不可知〔之〕也。』」陳啓天、陳奇猷、張覺皆從其說。

太說非是。松皋圓解爲「以騁蔓延無用之說」，亦非。（a）宛，讀爲婉，順從也。《說文》：「婉，順也。」《慧琳音義》卷 87「婉娩」條引《毛詩傳》：「婉，從也。」《管子・五行》：「然則天爲粵宛。」尹注：「粵，厚也。宛，順也。天爲厚順，不逆時氣也。」朱駿聲曰：「宛，叚借爲婉。」〔註1〕（b）《說文》：「曼，引也。」朱駿聲曰：「凡訓善訓細訓澤訓遠訓延訓美，實皆引長之誼，隨文變訓耳。」〔註2〕《楚辭・大招》：「曼澤怡面，血氣盛只。」字亦音轉作脕，《玉篇》：「脕，色肥澤也。」《集韻》：「脕，愉也，一曰色美澤。」又「脕，澤也，一曰愉色必有脕容。」字又音轉作娩，《荀子・禮論篇》：「說豫娩澤。」楊倞注：「娩，媚也。」此「娩」與「分娩」之「娩」是同形異字，音義全別。（c）「宛曼」本當作「婉曼」，《類聚》卷 16 晉・左九嬪《萬年公主誄》：「盼蒨（倩）其媚，婉曼其嬌。」字或音轉作「婉娩」，《禮記・內則》：「女子十年不出，姆教婉娩聽從。」鄭玄注：「婉謂言語也。娩之言媚也，媚謂容貌也。」「婉娩」謂言語、容貌柔順兒，故引申爲聽從、順從之義。雷浚曰：「《說文》有『娩』字，無『娩』字。」黃侃順雷說而云：「當作兔部之娩。娩，疾也。引申則爲便巧之義。」〔註3〕二氏拘於字形，未得其誼也。《禮記・昏義》鄭玄注：「婦容婉娩也。」《釋文》引《詩箋》：「婉娩，貞順貌。」《玉篇》：「娩，婉娩也，媚好也。」《慧琳音義》卷 99「婉娩」條引《考聲》：「婉娩，婦人柔順兒也。」字或作「宛俛」，《廣弘明集》卷 11 傅奕《上廢省佛僧表》：「孔子乃婉娩順時，逡巡避患，雖（難）保妻子。」〔註4〕宮本作「宛俛」。字或作「晼晚」，《廣韻》：「晼，晼晚。」《楚辭・九辯》：「白日晼晚，其將入兮。」以言日之宛順，故改其義符從「日」；「晼晚」與「早晚」的二個「晚」是同形異字，音義全別。字或作「娩娩」，《玉篇》：「娩，娩娩，美也。」〔註5〕《廣韻》：「娩，娩娩，美也。」

〔註1〕 朱駿聲《說文通訓定聲》，武漢市古籍書店 1983 年版，第 710 頁。
〔註2〕 朱駿聲《說文通訓定聲》，武漢市古籍書店 1983 年版，第 745 頁。
〔註3〕 黃侃《說文外編箋識》，收入《說文箋識》，中華書局 2006 年版，第 455～456 頁。
〔註4〕 宋、元、明本「雖」作「難」，《破邪論》卷 2 同。
〔註5〕 《大廣益會玉篇》據早稻田大學藏和刻本、元延祐二年圓沙書院刻本、元至正二十六年南山書院刊本，澤存堂本《大廣益會玉篇》、《宋本玉篇》皆誤作

〔註6〕

（3）有若見之曰：「子何臞也？」

按：臞，《御覽》卷 378 引作「瘁」。

（4）楚王謂田鳩曰：「墨子者，顯學也，其身體則可，其言多而不辯，
何也？」

按：則可，當據《御覽》卷 541 引乙作「可則」。言其事必身行，可法則也。
王先謙謂「身體」當作「體身」，非是，《御覽》引同今本。徐仁甫謂「體
猶行也」，以駁王說，是也。

（5）從衣文之媵七十人

按：王先愼據《御覽》卷 541 所引，乙「衣文」作「文衣」，于省吾、陳奇
猷並駁之。考《文心雕龍·議對》：「昔秦女嫁晉，從文衣之媵。」即
用此典，亦作「文衣」。「文衣」謂有文彩之衣，此用爲動詞，言穿文
衣也。《史記·孔子世家》：「於是選齊國中女子好者八十人，皆衣文衣
而舞《康樂》。」

（6）晉人愛其妾而賤公女

按：賤，《御覽》卷 541、《記纂淵海》卷 54、55 引作「不愛」，蓋妄改。《文
心雕龍·議對》：「晉人貴媵而賤女。」亦作「賤」字。

（7）謳癸倡，行者止觀，築者不倦

按：止觀，《御覽》卷 572 引作「心歡」，形聲之誤。下文「行者不止，築者
知倦」，則「止觀」是。

（8）行者不止，築者知倦

按：知，《御覽》卷 572 引作「甚」。

「婑媠」。

〔註6〕 此據《鉅宋廣韻》，古逸叢書覆宋重修本誤作「婑媠」，澤存堂本、四部叢刊巾
箱本誤作「婑媠」，覆元泰定本、符山堂藏板誤作「婉媠」。趙少咸、周祖謨、
余迺永於「婑媠」皆未作校正。趙少咸《廣韻疏證》，巴蜀書社 2010 年版，第
725 頁。周祖謨《廣韻校本》，中華書局 2004 年版，第 117 頁。余迺永《新校
互注宋本廣韻》，上海辭書出版社 2000 年版，第 115 頁。

（9）摘其堅，癸五寸，射稽二寸

按：《御覽》卷 572 引誤作「甚堅」。《迂評》本注：「摘其堅，入堅也。」
摘，松皋圓解為「動發之也」，王煥鑣解為「抉、挑撥」，梁啓雄解為
「挑發」，皆是也。《玄應音義》卷 9：「摘口：案摘亦剔也，謂挑剔也。」
又卷 15：「摘猶剔撥也。」字亦作摘，《淮南子・齊俗篇》：「柱不可以
摘齒。」《慧琳音義》卷 47 引《考聲》：「摘，撥也。」言剔撥所築土
的硬度，癸可入者五寸，射稽可入者二寸，自然是射稽勝出。太田方
曰：「摘，碰也。」陳奇猷曰：「摘其堅，謂碰土使堅也。」依太、陳
說，癸五寸為多，豈非癸勝出？《漢語大字典》引《集韻》「摘，碰也」，
解《韓子》此例為「捶」〔註 7〕，說同陳氏，亦非是。

（10）冶人謂王曰：「計無度量，言談之士多棘刺之說也。」

按：《文選・魏都賦》劉淵林注引作「上之無度量，言談之士多棘針刺之說
也」，此文「計」蓋「上」之誤；《御覽》卷 959 引作「士有虛名，多棘
刺之說也」，蓋臆改。下文云：「故無度而應之，則辯士繁說；設度而持
之，雖知者猶畏失也，不敢妄言。今人主聽說，不應之以度，而說其辯；
不度之以功，譽其行而不入關，此人臣所以長欺，而說者所以長養也。」
即申述此文，亦此當作「上無度量」之證。《管子・任法》：「上無度量
以禁之，是以私說日益而公法日損，國之不治從此產矣。」此《韓子》
所本也。王煥鑣曰：「『計無度量』四字疑應在『言談之士』下，謂言談
之士所設之計都經不起度量（推敲之意）。」妄改不足據信。

（11）王曰：「吾試觀客為棘刺之母猴。」

按：「試」當作「誠」，讀為請。《文選・魏都賦》劉淵林注引作「請」。

（12）燕王因養衛人，不能觀其母猴

按：因，《文選・魏都賦》劉淵林注引同今本，《類聚》卷 95 引作「曰」
〔註 8〕，《御覽》卷 530 引作「固」，又卷 910 引作「恩」，《太平廣記》
卷 225 引《類聚》亦作「恩」。「曰」、「固」、「恩」並為「因」之誤。

〔註 7〕 《漢語大字典》（第二版），崇文書局、四川辭書出版社 2010 年版，第 2094
頁。
〔註 8〕 《類聚》據南宋紹興本，嘉靖胡纘宗刊本、四庫本並作「燕王曰寡人不能觀
也」，尤誤。

（13）故籍之虛辭則能勝一國，考實按形不能謾於一人

按：《類聚》卷 93 引作「故藉空辭則能勝於一國，實按形不能謗於一人」
〔註9〕。「籍」讀爲「藉」，「之」字衍文，「勝」下當據補「於」字，「謗」
當作「謾」。「謾」俗作「謾」，俗書「曼」或從「曼」之字，其下多
從「方」或「力」或「万」形，因而致譌。「考實按形」當作「考實
事」，與「藉虛辭」相對，「按」爲「考」之注文或異文而捏入。下《說》
云「爲虛辭，其無用而勝；實事，其無易而窮也」，以「虛辭」與「實
事」相對。《楚辭·九章·思美人》：「弗省察而按實兮，聽讒人之虛
辭。」《黃氏日抄》卷 55 引作「蓋虛辭空辯可以勝一國，考實按形不
能漫一人」，蓋臆改。梁啓雄曰：「之，猶於也。」陳奇猷說同。張覺
謂「之」是指代詞。皆非是。

（14）設五寸之的，引十步之遠，非羿、逢蒙不能必全者，有常儀的也

按：王先愼曰：「《問辯篇》『全』作『中』。」全，讀爲還，復也，二字《集
韻》從緣切，同音「旋」。上文云：「夫新砥礪殺矢，彀弩而射，雖冥而
妄發，其端未嘗不中秋毫也，然而莫能復其處，不可謂善射，無常儀的
也。」言妄發矢者不能復其處，惟羿、逢蒙能必復其處。

（15）夫犬馬，人所知也，旦暮罄於前，不可類之，故難；鬼神（魅），
　　無形者，不罄於前，故易之也

按：罄，盧文弨讀爲倪，訓「見」，劉師培申證之，是也。《御覽》卷 750
引二「罄」字皆作「覒」。《類聚》卷 74、《記纂淵海》卷 59 引脫「於
前」前「覒」字，下「覒」字同。以「覒」解「罄」字，亦可以知其
義。《淮南子·氾論篇》：「今夫圖工好畫鬼魅而憎圖狗馬者何也？鬼魅
不世出，而狗馬可日見也。」《風俗通義》序：「犬馬旦暮在人之前，
不類，不可類之，故難；鬼魅無形，無形者不見，不見，故易。」正
以「見」解下「罄」字（松皋圓、劉文典已引《淮南子》）。字亦音轉
作睊，《玉篇》：「睊，直視也。」物双松曰：「罄，盡也。」非是。

（16）宋人屈穀見之曰

　　盧文弨曰：《文選·七命》注引「穀」作「轂」，下有「往」字，「見之」

〔註9〕　《類聚》據南宋紹興本。

下有「謂之」二字。

按：《後漢書‧孔融傳》李賢注引作「宋人屈穀往見之曰」，亦有「往」字。

（17）穀聞先王之義，不恃仰人而食

按：盧文弨曰：「『仰』字衍，《選》注引無。」陳奇猷曰：「恃、仰二字義
同，當衍其一。下文『今田仲不恃仰人而食』句，《文選‧七命》注
引無『仰』字，亦可證。王先慎依盧說刪『仰』字。」刪「仰」字非
也，《後漢書‧孔融傳》李賢注引同今本。「恃」當作「待」。不待，
猶言不須、不用。

（18）今穀有樹瓠之道

按：王先慎曰：「《選》注引作『穀有巨瓠』。樹、巨聲近而誤，當作『巨』。
『之道』二字衍。」陳奇猷曰：「此下脫『其實』二字，屬下讀。王說
非。」二氏說皆非是，《後漢書‧孔融傳》李賢注引作「今穀有樹瓠
之法」，「道」即「法」。樹瓠，猶言種瓠。

（19）堅如石，厚而無竅，獻之

按：陳奇猷曰：「『獻之』下當有『先生』二字。」陳說是也，《文選‧七命》
李善注引作「願效之先生」，《後漢書‧孔融傳》李賢注引作「願獻先
生」，皆可證。然陳奇猷於「堅」上補「其實」二字則非是。「堅如石」
的主詞是「瓠」，承上省。

（20）仲曰：「夫瓠所貴者，謂其可以盛也。」

按：諸家謂「謂」讀「爲」字去聲，是也。《後漢書‧孔融傳》李賢注引作
「夫子徒謂我也，凡貴於樹瓠者，爲可以盛也」。疑今本脫「夫子徒謂
我也」六字。徒，讀爲特。

（21）今厚而無竅，則不可剖以盛物

按：顧廣圻曰：「『剖』字當衍。」《後漢書‧孔融傳》李賢注引正無「剖」
字。下句，《文選‧七命》李善注引作「不可以受水漿」。

（22）而任重如堅石，則不可以剖而以斟

按：顧廣圻曰：「『任重』二字涉下節而衍。『如堅』當作『堅如』。下『以』

字當衍。」顧說是也，《文選・七命》李善注引作「堅如石，不可剖而
斷」，《後漢書・孔融傳》李賢注引作「而任堅如石，則不可以割而斷」。
「斷」是「斲」形誤，「割」是「剖」形誤，「任」亦衍。

（23）匠人詘，為之而屋壞

按：「爲之」二字句。而，猶果也。下文「匠人詘，作之成，有間，屋果壞」，
正作「果」字〔註10〕。

（24）伏檃三旬而蹈弦，一日犯機

按：「一日」下當補「而」字。下文「伏檃一日而蹈弦，三旬而犯機」，與此
相對。

（25）〔工匠〕不得施其技巧，故屋壞弓折；知治之人不得行其方術，故國亂而主危

按：「弓折」上當補「而」字，與「國亂而主危」相對。

（26）夫嬰兒相與戲也，以塵為飯，以塗為羹，以木為殽

按：羹，《書鈔》卷144《飯篇》、《黍篇》二引，皆作「黍」。孔廣陶校《飯
篇》曰：「今《韓子》及陳、俞本『黍』作『羹』，非也。本鈔《黍篇》
引『以塵』二句正作『黍』，足訂近本《韓子》之誤。」又校《黍篇》
云：「今《韓子》『黍』作『羹』，陳本因刪此條，非也。舊鈔既入《黍
篇》，則虞氏於隋時所見本必作『黍』明甚。又本鈔《飯篇》亦引作
『黍』，更非孤證矣。」〔註11〕《御覽》卷849引亦作「黍」。下三句，
《御覽》卷850引作「以塵爲飯，以水爲飲，以泥爲羹，以木爲殽」，
蓋臆改。

（27）然至日晚必歸饟者，塵飯塗羹可以戲而不可食也

按：《御覽》卷849引作「薄暮必資餉食者，塵不可食也」，蓋臆改。

（28）夫賣（買）庸而播耕者，主人費家而美食，調布而求易錢者，非

〔註10〕 參見蕭旭《古書虛詞旁釋》，廣陵書社2007年版，第253頁。
〔註11〕 《書鈔》（孔廣陶校注本）卷144，收入《續修四庫全書》第1213冊，上海古
籍出版社2002年版，第44、50頁。

愛庸客也

按：《淮南子・繆稱篇》：「取庸而強飯之，莫之愛也。」即本此文。陳奇猷曰：「求、易二字當衍其一。調，選也。易，換也。費家而美食，所以養庸客也。調布而易錢，所以給工資也。」王煥鑣說同。陳氏得其誼，但「調」亦當訓換。津田鳳卿曰：「謂錢曰布，見《食貨志》。」津說是，「求」字衍。松皋圓曰：「《廣雅》：『調，賣也。』又《日知錄》：『調有更易之意。』」後說是。「調布」亦即「易錢」，指準備工資。下文「錢布且易」，則合言之，是「調布易錢」即「易錢布」之誼也。物双松曰：「易錢者，好錢也。」高亨曰：「調，選也。易，善也。」張覺曰：「調，謂發取之。」皆非是。

（29）此其養功力，有父子之澤矣

按：「功」當作「巧」。上文「庸客致力而疾耕耘者，盡巧而正畦陌畦時者」，此文承「致力」、「盡巧」而言之，故云「養功力」。松皋圓從井氏說，改「盡巧」為「盡功」，陳啓天從之，非是。

（30）蔑侮長老，分財不中

按：《說苑・指武》作「蔑侮父兄，不敬長老；聽獄不中，分財不均」，疑此有脫文。山仲質曰：「中，適也，均也。」陳啓天從之，非是。

（31）煎靡財貨

按：煎靡，《御覽》卷 177 引誤作「剪」。

（32）趙主父令工施鉤梯而緣播吾

王先謙曰：播吾，即「番吾」，見《史記・趙世家》。《六國表》又作「鄱吾」〔註12〕。漢常山郡有「蒲吾縣」，蒲、番雙聲字變。

按：王說是，一本作「潘吾」，亦同；《玉海》卷 60 引作「番吾」。另參見顧炎武《唐韻正》卷 4〔註13〕。《四部叢刊》影校宋本作「瀋吾」，誤。字或音轉作「般吾」，《逸周書・王會》：「般吾白虎。」

〔註12〕陳啓天、陳奇猷皆誤點作：「播吾，即番吾，見《史記・趙世家》、《六國表》。又作鄱吾。」徑正。
〔註13〕顧炎武《唐韻正》卷 4，收入《四庫全書》第 241 冊，臺灣商務印書館 1986年初版，第 209 頁。

（33）以松柏之心為博

　按：松柏，《初學記》卷 5、《御覽》卷 39、《玉海》卷 60 引同，《水經注‧
　　　渭水》引作「節柏」。

（34）手足胼胝、面目黧黑，勞有功者也

　按：勞有功，《治要》卷 40 引同，《文選‧東武吟》李善注引倒作「有勞
　　　功」。

（35）諺曰：「築社者，攓撅而置之，端冕而祀之。」

　　　顧廣圻曰：《藏》本同。今本「攓」作「攐」。王渭曰：「《魏書‧古弼傳》
　　　引此作『蹇躄』。」今案此同字耳。字書無「攓」字。

　按：《四部叢刊》影校宋本作「攓撅」；松皋圓本作「攘撅」，云：「攘，一
　　　作攐，又作攓。」《魏書》云：「吾聞築社之役，蹇躄而築之，端冕而
　　　事之。」《北史‧古弼傳》、《通鑑》卷 124 同，《通志》卷 147 作「褰
　　　躄」。胡三省注引蜀注曰：「蹇躄，跛蹇而顛躄也。」唐‧羅隱《經秏
　　　陽杜工部墓》：「騄驥喪來空蹇躄，芝蘭衰後長蓬蒿。」「攓（攐）撅」
　　　是「蹇躄」借字，猶今言跌跌撞撞，狀築社之辛苦。《說文》：「蹇，
　　　跛也。」字亦作越，《說文》：越，蹇行越越也。」太田方曰：「『攓』、
　　　『褰』同。《曲禮》云：『暑無褰裳。』撅，揭衣也。皆言無禮也。」
　　　陳奇猷、張覺從太說。高亨曰：「攓，讀爲攘，《說文》：『攘，摳衣也。』
　　　撅，揭衣也。」梁啓雄說與高氏同，又云：「『端冕』上似脫『祀社者』
　　　三字。」王煥鑣曰：「疑『攓』即『蹇』，表示徒擊的動作。『撅』疑
　　　即『躄』，踐踏之意。」並失之。

（36）其妻問曰：「今袴何如？」夫曰：「象吾故袴。」

　按：象吾故袴，孔本《書鈔》卷 129「鄭妻寫故」條引此文作「似吾故袴」，
　　　《御覽》卷 695 引作「寫吾故袴」。本篇《經》云「卜子妻寫弊袴也」，
　　　亦作「寫」字。陳奇猷謂「寫」、「象」皆仿象義。「象」當是「寫」
　　　形近致譌。

（37）妻子因毀新，令如故袴

　按：孔本《書鈔》卷 129 引作「妻因置新袴令如故袴矣」，《御覽》卷 695 引

作「妻因鑿新袴爲孔效之」。王叔岷曰：「『毀』即『鑿』之誤。『鑿』俗作『鑒』，因誤爲『毀』耳。」王說是也，《顏氏家訓・書證》說俗字云：「鼓外設皮，鑿頭生毀。」「鑿頭生毀」即謂「鑿」俗作「鑒」，故易脫誤作「毀」〔註14〕。鑿，鑽也。王先慎刪「妻子」之「子」字，松皋圓引山仲質謂「妻子」即「妻」，陳啓天、陳奇猷從松說。顧炎武亦謂古稱「妻」爲「妻子」〔註15〕，舉《韓子》爲證。梁章鉅、翟灝說同，郝懿行、太田方皆取顧說〔註16〕。薛正興則謂「妻子」在六朝以前是並列式結構，兼指妻和子，《韓子》此例「子」字爲衍文〔註17〕。王、薛二氏說可信。

（38）衛人有佐弋者，鳥至，因先以其裑麾之，鳥驚而不射也

按：《御覽》卷832引「裑」作「捲」，「不射」作「不可得」。「捲」、「射」乃「裑」、「得」形譌。王先慎曰：「《方言》：『襆裑謂之幨。』郭注：『即帊襆也。』」王氏說本戴震〔註18〕。

（39）郢人有遺燕相國書者

王先慎曰：《類聚》卷80、《白帖》卷14、《御覽》卷595引「郢」作「鄭」。

按：《書鈔》卷34、103、《類聚》卷31、《御覽》卷870引亦作「鄭」。形近致誤。

（40）夜書，火不明

按：夜書，《書鈔》卷34引誤作一「灼」字。

〔註14〕《莊子・應帝王》：「以避熏鑿之患。」敦煌寫卷S.1380《應機抄》作「燻毀」。《淮南子・氾論篇》高注：「〔復〕穴，毀隄防崖岸之中，以爲窟室也。」《御覽》卷174引「毀」作「鑿」。又《說林篇》：「毀瀆而止水，乃愈益多。」《意林》卷2引「毀」作「鑿」。皆其例。

〔註15〕顧炎武《日知錄》（陳垣校注）卷24，安徽大學出版社2007年版，第1331頁。

〔註16〕梁章鉅《稱謂錄》卷5，翟灝《通俗編》卷5，郝懿行《證俗文》卷4，分別收入《續修四庫全書》第1253、194、192冊，上海古籍出版社2002年版，第292、311、465頁。

〔註17〕薛正興《古漢語詞義札記》「妻子」條，《語言研究集刊》第3輯，江蘇教育出版社1989年版，第121～124頁。

〔註18〕戴震《方言疏證》卷4，收入《戴震全集（5）》，清華大學出版社1997年版，第2355頁。

（41）云而過書舉燭

按：于省吾曰：「過，猶誤也。」而過書，《類聚》卷 31 引同，《書鈔》卷
103、《類聚》卷 80、《白氏六帖事類集》卷 4〔註 19〕、《御覽》卷 870、
《古今事文類聚》續集卷 18、《容齋續筆》卷 3、《古今合璧事類備要》
續集卷 34、又外集卷 54 引作「而誤書」，《御覽》卷 870 引作「而設
書」。「設」爲「誤」誤。松皋圓、徐仁甫以「云」屬上句，各書引無
「云」字，惟《容齋續筆》引誤作「已」。《御覽》卷 595 引作「而誤
於書中云舉燭」，亦是臆改。

（42）舉燭者，尚明也

按：尚，《書鈔》卷 34、103、《類聚》卷 31、80、《白氏六帖事類集》卷 4、
《御覽》卷 595、870、《古今事文類聚》續集卷 18、《古今合璧事類備
要》續集卷 34、又外集卷 54 引作「高」，下同。今本誤。

（43）叔向御坐平公請事，公腓痛足痺轉筋而不敢壞坐

王先愼曰：《御覽》卷 372 引《韓子》曰：「晉平公與唐彥坐而出，叔向入，
公曳一足，叔向問之，公曰：『吾侍唐子，腓痛足痺而不敢伸。』叔向不
悅。公曰：『子欲貴，吾爵子；子欲富，吾祿子。夫唐先生無欲也，非正
坐吾無以養之。』」當爲此條「一曰」佚文。

陳奇猷曰：「叔向御坐平公請事」八字爲一句，請事者爲叔向。或讀「叔
向御坐」句，「平公請事」，變請事者爲平公，謬矣。「請事」乃臣向君之
語氣，無君向臣「請事」之語。

按：《御覽》卷 509 引嵇康《高士傳》：「亥唐，晉人也，高恪寡素，晉國憚
之。雖蔬食菜羹，平公每爲之欣飽。公與亥唐坐，有間，亥唐出，叔向
入，平公伸（曳）一足，曰：『吾向時與亥子坐，腓痛足痺不敢伸。』
叔向悖然作色不悅。公曰：『子欲貴乎，吾爵子；子欲富乎，吾祿子。
夫亥先生乃無欲也，吾非正坐無以養之。子何不悅哉？』」然則《御覽》
卷 372 所引，乃出《高士傳》，而誤記出處也（太田方已指出「謂出《韓
子》者誤」，但引文「亥唐」誤倒作「唐亥」）。「唐彥」爲「亥唐」誤倒，
「唐子」亦當作「亥子」；「亥」是姓〔註 20〕。《孟子·萬章下》：「晉平

〔註 19〕 四庫本《白帖》在卷 14。
〔註 20〕 《廣韻》：「亥，亦姓，《戰國策》晉有亥唐。」今本《戰國策》無「亥唐」。

公於亥唐也，入云則入，坐云則坐，食云則食，雖疏食菜羹，未嘗不飽，蓋不敢不飽也。」《御覽》卷474引皇甫士安《高士傳》：「亥唐者，晉人也。晉平公時，朝多賢臣，祁奚、趙武、師曠、叔向皆爲卿大夫，名顯諸侯。唐獨守道不官，隱於窮巷，平公聞其賢，致禮，與相見而請事焉，平公待（侍）於門。唐曰：『入！』公乃入。唐曰：『坐！』公乃坐。唐曰：『食！』公乃食。唐之食公也，雖疏食菜羹，公不敢不飽。」《說文繫傳》「痹」字條引《高士傳》：「晉侯與亥唐坐痹，不敢壞坐也。」「平公請事」句，自是平公向叔向請事，陳說謬矣。松皋圓曰：「山氏分爲二句，云：『平公就叔向受教也。』」山氏說甚確。皇甫士安《高士傳》言「平公與〔亥唐〕相見而請事焉」，是其明證。惠士奇曰：「《孟子》之亥唐，《韓非子》言晉平公於唐亥云云，或《孟子》傳寫倒其名氏也。」〔註21〕惠氏亦誤信《御覽》卷372所引出自《韓子》，又以《孟子》誤倒，其說傎矣。《抱朴子外篇・逸民》：「晉平非不能吏亥唐也。」亦作「亥唐」。徐仁甫曰：「御，侍也。」本書《外儲說左下》：「孔子御坐於魯哀公。」孫楷第、王叔岷、陳啓天並訓御爲侍，是也。《類聚》卷85、86、《御覽》卷967引作「侍」，《家語・子路初見》、《論衡・自紀》亦作「侍」。

（44）其君見好巖穴之士，所傾蓋與車以見窮閭隘巷之士以十數

按：《御覽》卷291引作「其見巖穴窮閭隘巷之士以十數」。太田方、松皋圓引宇氏皆乙「見好」作「好見」，是也。《長短經・是非》作「其君好見巖穴之士、布衣之人」。好見，謂好拜見。顧廣圻改從下文作「好顯」，陳奇猷、王叔岷謂「見，顯也」，陳啓天謂「見好，猶言示以殷勤，而與之親近也」，均非是。「閭」、「閭」同義，指里門。

（45）齊桓公好服紫，一國盡服紫

按：下句，《文選・天監三年策秀才文》李善注、《史記・蘇秦傳》《正義》、《御覽》卷389、《爾雅翼》卷4引同，孔本《書鈔》卷129引作「舉國盡服之」，《御覽》卷689、《事類賦注》卷12引作「國人盡服之」，《御覽》卷814引作「國人皆好服之」，《記纂淵海》卷58引作「一國盡服」。

〔註21〕惠士奇說轉引自惠棟《春秋左傳補註》卷4，收入《四庫全書》第181冊，臺灣商務印書館1986年初版，第187頁。

（46）五素不〔得〕一紫

按：《道藏》本「不」下有「得」字，王先慎據《御覽》卷389、814引補「得」字，是也。

《爾雅翼》卷4引亦有「得」字。《御覽》卷389、《文選・天監三年策秀才文》李善注、《史記・蘇秦傳》《正義》引並作「十素不得一紫」，雖有「十素」之異，亦有「得」字。

（47）管仲曰：「君欲〔止之〕，何不試勿衣紫也？」

按：顧廣圻謂「欲」下有脫文，王先慎據《御覽》卷389所引，於「欲」下補「止之」二字，是也。《文選・天監三年策秀才文》李善注引作「君欲止之，何不自誡（試）勿衣也」，《史記・蘇秦傳》《正義》引作「君欲止之，何不試勿衣也」，亦有「止之」二字。陶鴻慶校作「君欲勿衣紫也」，以「何不試」屬下句，陳奇猷從其說，非是。

（48）朝羣臣有紫衣進者，曰：「益遠，寡人惡〔紫〕臭。」

按：益，猶稍也、略也、少也，已詳《十過篇》校補。松皋圓從宇氏改「益」作「盍」，解爲「何不」，陳啓天從之；陳奇猷謂「益遠者，謂去甚遠也」。皆失之。

（49）桃棗蔭於街者，莫有援也；錐刀遺道，三日可反

按：「錐刀遺道」當作「錐刀遺於道者」，與上文對舉。《呂氏春秋・下賢》：「桃李之垂於行者，莫之援也；錐刀之遺於道者，莫之舉也。」〔註22〕文廷式曰：「『錐刀』蓋即『錢刀』。」〔註23〕其說非是。錐，銳利也。「錐刀」是周秦二漢人習語，喻微小。

（50）宋襄公與楚人戰於涿谷上，宋人既成列矣，楚人未及濟

陳奇猷曰：《書鈔》卷118引「涿谷」作「泌谷」。

按：「涿谷」、「泌谷」皆無考。未及濟，《左傳・僖公二十二年》作「未既濟」。

〔註22〕《呂氏》之「行」，《書鈔》卷49引同，《初學記》卷24、《埤雅》卷13引作「術」，《御覽》卷968、《記纂淵海》卷60引作「街」字。
〔註23〕文廷式《純常子枝語》卷16，收入《續修四庫全書》第1165冊，上海古籍出版社2002年版，第225頁。

既，猶及也〔註24〕。杜預注：「未盡渡弘水。」亦通。

（51）楚人已成列撰陣矣，公乃鼓之

按：徐仁甫曰：「撰陣，謂齊陣也。撰亦作選。」徐說略同於王念孫〔註25〕，
而王氏未及此文。其說是也，字亦作譔，銀雀山漢簡《守法守令等十
三篇》：「譔勇士。」《選陣》、《管子・七法》作「齊勇士」。陳啓天曰：
「撰陣，謂結陣也，布陣也。」未達「撰」字之誼。

（52）夫必恃人主之自躬親而後民聽從，是則將令人主耕以為上、服戰
鴈行也民乃肯耕戰

按：「耕」上疑脫「躬」字。以為上，猶言以為先。王先慎曰：「『上』當
作『食』。」梁啓雄、張覺並從其說；山仲質改「上」作「下」。皆非
也。

（53）趨駕煩且之乘

按：王渭曰：「《晏子春秋》『煩且』作『繁騔』。」王念孫曰：「《說文》：
『騔，壯馬也。』《楚辭・九歎》：『同駕贏與乘騔兮。』王注曰：『乘
騔，駿馬也。』乘騔即乘且。《爾雅》：『奘，騔也。』樊光、孫炎本
『奘』作『將』，『騔』作『且』。駿馬謂之乘騔，亦謂之繁騔。《晏子
春秋・外篇》：『景公乘侈輿服繁騔。』《韓子・外儲說左篇》作『趨
駕煩且之乘』。繁騔之為煩且，猶乘騔之為乘且。是騔與且字異而義
同。」〔註26〕王引之曰：「繁者，白色也，讀若老人髮白曰皤……白
蒿謂之藘，白鼠謂之鼺，馬之白鬣謂之繁鬣，其義一也。《晏子春秋・
外篇》：『服繁騔。』《說文》：『騔，壯馬也。』繁騔蓋壯馬之白色者，
亦若八駿之有赤驥矣。」〔註27〕合二王之說，斯為善矣。《文選・魏
都賦》李善注引《說文》正作「騔，壯馬也」；又《赭白馬賦》李善

〔註24〕訓見吳昌瑩《經詞衍釋》，中華書局1956年版，第210頁。蕭旭《古書虛詞
旁釋》有補證，廣陵書社2007年版，第139頁。

〔註25〕王念孫說轉引自王引之《經義述聞》卷5，江蘇古籍出版社1985年版，第134
頁。

〔註26〕王念孫《讀書雜志》卷6，中國書店1985年版，第16頁。

〔註27〕王引之《經義述聞》卷28，江蘇古籍出版社1985年版，第682頁。《說文》：
「騔，牝馬也。」「牝」為「壯」形誤，王氏徑作訂正。

注引《說文》作「駔，壯也」。《玉篇》：「駔，駿馬也。」《集韻》：「駔，馬壯。」駔之言粗，言粗壯也。竊謂繁（煩）之言番，《爾雅》：「番番，勇也。」郭璞注：「壯勇之貌。」《詩‧崧高》毛傳：「番番，勇武貌。」字或作僠，《集韻》：「番、僠，番番，勇也，或從人。」《書鈔》卷 98 引《東觀漢記》：「京師號曰說經鏗鏗楊子行，論難僠僠祁聖元。」〔註 28〕俗字亦作勯，《集韻》：「勯，健也。」《說文》：「獌，犬鬭聲。」《古文苑》卷 6《王孫賦》：「性慓憤以獌疾，態峰出而橫施。」章樵註：「慓即僄字。憤，音墳。獌，音卞。言慓狡輕迅也。」《淮南子‧俶眞篇》高誘注：「潎，波也，暴溢也。」《文選‧江賦》李善注引許愼曰：「楚人謂水暴溢爲潎。」《集韻》：「橎，剛木，不華而實。」人之勇健爲番（僠、勯），犬之勇健爲獌，水之暴溢爲潎，木之剛健爲橎，其義一也。「繁」、「駔」皆取壯健爲義，同義連文，亦備一通。

（54）為人君者猶盂也，民猶水也。盂方水方，盂圓水圓

按：王先愼曰：「《治要》引《尸子‧處道篇》『圜』作『圓』。『圓』爲正字。」《治要》卷 36 引《尸子》：「君子者盂也，民者水也。盂方則水方，盂圓則水圓。」太田方引《後漢書‧宦者傳》引《尸子》「君如杅，民如水。杅方則水方，杅圓則水圓」，松皋圓引《荀子‧君道》「君者槃也，民者水也，槃圓而水圓；君者盂也，盂方而水方」。此皆《韓子》所本。盂，《書鈔》卷 29、《御覽》卷 620 引作「壺」。圓，《書鈔》卷 29、《御覽》卷 620、760 引作「圓」。《呂氏春秋‧適威》：「故民之於上也，若璽之於塗也。抑之以方則方，抑之以圜則圜。」〔註 29〕取譬亦同。

（55）三年不變，民無饑也

按：陳啓天曰：「《新釋》以變爲凶荒之變，近是。不變，謂無災變也。饑也，猶言饑者。」「變」言天時變異，即天災也。《漢書‧五行志》：「災異俞甚，天變成形。」《文選‧東方朔‧非有先生論》：「國無災害之變，民無饑寒之色。」皆是其證。王先愼疑「變」字誤，太田方引《管

〔註 28〕《御覽》卷 615 引同。
〔註 29〕抑，《書鈔》卷 27 引同，又卷 131 引誤作「仰」，《六書故》卷 29「印」字條引誤作「印」。

－167－

子》「置法而不變」，皆未得。陳奇猷改爲「三年不便，民無饑色」（改「也」爲「色」，實本松皋圓引井氏說），謂「不便」指天時不便，已得其義，而改字則大誤。

（56）鄒君好服長纓，左右皆服長纓，〔纓〕甚貴，鄒君患之

按：王先愼據《御覽》卷 389、686、《事類賦注》卷 12 所引，補一「纓」字，陳啓天、陳奇猷從之。「纓」字不必補，松皋圓讀作「左右皆服，長纓甚貴」，是也。《文選·天監三年策秀才文》李善注引作「鄒君好長纓，左右皆服，長纓甚貴，鄒君患之」。

（57）君姑待之

按：姑，《左傳·僖公二十五年》、《呂氏春秋·爲欲》作「請」，《新序·雜事四》作「不如」，皆表祈請語氣。

（58）故人曰：「諾，今返而御。」

按：今返而御，王先愼據《御覽》卷 849 所引，改作「期返而食」〔註30〕。陳奇猷駁之，謂「御，謂進食也」。《御覽》卷 849 引「故人曰諾」作「故人有他故」。《書鈔》卷 143 引「返」作「反」，餘同今本，是王改確誤。然陳氏謂「御，進食也」，所引例證均誤。所引《詩》「飲御諸友」，「御」是進獻義；所引《禮記》、《獨斷》，「御」皆指天子服習，不得用於臣下〔註31〕；又謂「食」、「御」同音，亦誤〔註32〕。徐仁甫曰：「今，猶即也。御，猶侍也。」皆是。《禮記·曲禮上》：「御同於長者。」鄭玄注：「謂侍食於長者。」句言返回即陪侍飲食也。太田方曰：「『御』、『迓』通。」並引《家語》王肅注「御，猶待也」。陳啓天、張覺皆從太說，張氏解爲「迎接等待」，大誤。「御」訓待，同「禦」，是「禁止、抵禦」義，而不是「等待」義。《國語·楚語下》章昭注：「待，禦也。」于鬯曰：「而，汝也。」則是誤解「御」爲「車御」。

〔註30〕景宋本《御覽》作「期反而食」。
〔註31〕張覺也已指出陳氏所舉例證「都是有關於天子帝王的」。
〔註32〕洪誠《訓詁雜議》，《中國語文》1979 年第 5 期，第 363 頁；又收入《洪誠文集·雜誦廬論文集》，江蘇古籍出版社 2000 年版，第 165 頁。張覺也指出陳說「顯然謬誤」，張君出身南京大學，洪先生的著作想必應當是讀過的，但卻沒有引用洪說，何耶？

（59）楚厲王有警，為鼓以與百姓為戍

按：王先慎據《御覽》卷582、《事類賦注》卷11所引，改作「楚厲王有警
鼓，與百姓為戒」，陳奇猷駁之，謂「戍，守也」。王說是也，《記纂淵
海》卷78、《樂書》卷138、《文獻通考》卷136引亦作「戒」字，唯《淵
海》「警」作「驚」稍異。

（60）居數月，有警，擊鼓而民不赴

按：赴，《御覽》卷582、《事類賦注》卷11、《記纂淵海》卷78、《樂書》
卷138、《文獻通考》卷136引作「起」。今本「赴」是「起」之誤。
本書《難二》：「（趙簡子）立於矢石之所不及，鼓之而士不起。」《漢
書・李陵傳》：「陵曰：『吾士氣少衰而鼓不起者，何也？』」

（61）居數月，秦人來襲之，至，幾奪其軍

按：奪，讀為墮，毀敗也。《史記・魏世家》：「秦將商君詐我將軍公子卬，
而襲奪其軍，破之。」亦同。《校注》：「奪，奪去，引申為消滅。」非
是。

（62）李悝與秦人戰，謂左和曰：「速上，右和已上矣。」又馳而至右
和曰：「左和已上矣。」

按：惠士奇曰：「和者，壁壘之名，因於其壘立旌門，是為左右和之門……
軍之四面皆有和門。」〔註33〕于省吾曰：「和、桓古字通。桓，楹也。」

〔註33〕惠士奇《禮說》卷10，收入《叢書集成三編》第24冊，新文豐出版公司1997
年版，第396～397頁。

卷十二

《外儲說左下》第三十三校補

（1）以罪受誅，人不怨上，朎危坐子皐

按：顧廣圻曰：「坐，《藏》本同。今本作『生』，按依《說》當作『逃』。」
王先謙謂「坐」是「生」形誤，陳啓天從之。物双松曰：「生，活也。」
陳奇猷曰：「『坐』字不誤，《廣雅》：『坐，止也。』」《校注》：「坐，通
『侳』，安，引申爲保全。」陳奇猷說是也，考《說文》：「𡊎，止也。
從畱省，從土。土，所止也。此與畱同意。坐，古文𡊎。」此文「坐」，
即「收留」義。

（2）臣以卑儉為行，則爵不足以觀賞

按：觀，《四部叢刊》影黃丕烈校宋本同；王先慎從張本改作「勸」，《道藏》
本同。松皐圓曰：「勸，一作『觀』，誤。」「勸賞」是，「觀賞」不辭。
本書《外儲說右上》：「賞之譽之不勸，罰之毀之不畏。」言臣以卑儉爲
行，則爵祿不能打動其心，故不足以賞勸勉之也。太田方謂「觀，猶顯
也」，陳啓天謂「賞字疑應在爵字下」，趙海金、陳奇猷謂「觀，示也」，
均非是。

（3）方公之獄治臣也，公傾側法令

按：陳奇猷謂「獄」字衍，引《說苑・至公》作「君之治臣也」以證，謂

－171－

王先慎改「獄」爲「欲」、陶鴻慶乙作「治臣獄」皆誤。《家語・致思》作「曩者君治臣以法令」，《金樓子・戒子》作「曩君治臣以法」，亦無「獄」字。張覺曰：「獄治，等於說『庭審』。『獄』是名詞作狀語用。」此是臆說，古書「獄治」是下獄治罪義。

（4）先後臣以言，欲臣之免也甚

按：太田方曰：「先後，猶左右也，助也，教訓也，相導也。」陳奇猷從其說，又謂「甚」字疑衍。太說非是。《說苑・至公》作「先後臣以法，欲臣之免於法也」，《家語・致思》作「先人後臣，欲臣之免也」。此文及《說苑》「先」下脫「人」字。言先治別人之獄，後治臣之獄也。「言」當作「法」，「甚」字不必衍。物双松曰：「先後，或先或後。」張覺曰：「『先後』即奔走先後加以引導的意思。以言，即『以之言』，指按照有關法令來說話。」皆非是。

（5）公慽然不悅，形於顏色

按：慽，《說苑・至公》、《家語・致思》、《金樓子・戒子篇》作「愀」，古通用。松皋圓曰：「《家語》『慽』作『愀』，勝。」松氏未達通假。

（6）夫天性仁心固然也

按：趙海金曰：「性之言生也，天性仁心謂天生人心也。《說苑・至公篇》作『天生仁人之心其固然也』，可相印證。」趙氏讀性爲生，是也；但以「仁」爲「人」，則非是。《家語・致思》作「天生君子，其道固然」，《治要》卷10、《御覽》卷231引《家語》「固」作「故」，借字。

（7）秦、韓攻魏，昭卯西說而秦、韓罷

按：昭卯，俞樾校作「明卯」，即「芒卯」、「孟卯」，是也。其罷秦、韓事，「韓」當作「趙」，見《戰國策・魏策三》「秦趙約而伐魏，魏王患之，芒卯曰」云云。馬驌《繹史》卷136亦云：「疑『昭卯』即『芒卯』，然不在魏襄王之世，蓋《韓子》誤引。」下文「齊、荊攻魏，卯東說而齊、荊罷」，待考。

（8）齊桓公將立管仲

按：《說苑・善說》亦有記載，文字略異。

（9）東郭牙中門而立

按：東郭牙，下文亦見，《管子‧小匡》、《管子‧桓公問》、《晏子春秋‧
內篇問上》、《呂氏春秋‧勿躬》、《呂氏春秋‧重言》、《韓詩外傳》卷
4、《新序‧雜事四》、《說苑‧君道》、《論衡‧知實》並有此人之記載，
《說苑‧權謀》有「東郭垂」，當即此人。俞樾、陶方琦、黃暉並謂
「牙」是「𠂹（古『垂』字）」之誤。我的意見正相反，「垂（𠂹）」
是「牙」之誤，不當諸書並誤。古人名「牙」者極多，猶今言「伢」、
「娃」也〔註1〕。

（10）晉文公出亡，箕鄭挈壺餐而從

王先慎曰：餐，《御覽》卷 850 引作「殘」，卷 426、266 引作「飧」。

按：餐，景宋本《御覽》卷 266 引作「殘」，又卷 426 引作「食」，《書鈔》
卷 144 引作「飧」。「殘」同「餐」，「飧」則脫誤。

（11）迷而失道，與公相失，飢而道泣，寢餓而不敢食

按：《御覽》卷 266 引無「泣」字，《御覽》卷 426、《困學紀聞》卷 6 引無
「飢而道泣寢」五字，《御覽》卷 850 引無「寢餓而」三字，《書鈔》
卷 144 引僅存「餓而不敢食」五字，蓋皆節文。「寢」當一字為句。
津田鳳卿曰：「山云：『寢當作忍。』增云：『與寖同，言稍至餓也。』
鳳卿按：餓而至寢也，諸說皆非。」《校注》：「寢，通『寖』，逐漸。」
張覺曰：「『寢餓』即『寢於餓』。」皆非是。

（12）夫輕忍飢餒之患而必全壺餐

按：輕忍，《御覽》卷 266、《困學紀聞》卷 6 引同，《御覽》卷 850 引脫誤
作「經」。餒，《御覽》卷 266、850 引作「餧」。餧、餒，正、俗字。

（13）以不動壺餐之故，怙其不以原叛也，不亦無術乎

按：《御覽》卷 850 引脫「怙」字，「叛」作「畔」。

（14）陽虎議曰：「主賢明則悉心以事之，不肖則飾奸而試之。」

〔註1〕 參見蕭旭《「嬰兒」語源考》，收入《群書校補（續）》，花木蘭文化出版社 2014
年版，第 2082～2083 頁。

按：本書《難三》：「且君上者，臣下之所爲飾也，好惡在所見，臣下之飾
姦物以愚其君必也。」試，讀爲匿、慝。《荀子・天論》楊倞注：「匿，
謂隱匿其情也。」《爾雅》《釋文》：「慝，言隱匿其情以飾非。」對君
主隱匿其情，即是愚其君也。《校注》：「試，試探。」《漢語大字典》：
「試，探看、試探。」〔註2〕龍宇純、王海根讀試爲弑〔註3〕。蔡升
奕曰：「『試』當有專擅、自擅意。《漢書・五行志下》云：『受命之臣
專征云試。』顏師古注：『試，用也，自擅意也。』是其證。《韓非子》
『事』與『試』對，其意正相反，『事』謂事奉，『試』當謂自擅、專
擅。『試』不當釋爲弑殺或刺探等意。」〔註4〕諸說皆非是，《漢書》
「試」當訓用，「試」的自擅意是臨時的語境義。

（15）晉文公與楚人戰，至黃鳳之陵，履係解

按：履係解，《初學記》卷26引作「係履墮」，《古今合璧事類備要》外集卷
40引作「絲履墮」。「絲」爲「係」形誤。「係履」當作「履係」。墮，
讀爲挩，俗作脫。

（16）仲尼先飯黍而後啗桃

按：啗，《類聚》卷85、86、《古今事文類聚》後集卷22引作「噉」，《白氏
六帖事類集》卷30引作「啖」，《御覽》卷967、《事類賦注》卷26引
作「食」，《論衡・自紀》作「啖」，《家語・子路初見》作「食」，《路史》
卷39引《韓詩外傳》作「噉」。《外傳》無此文，當出本書，羅氏誤記
出處。「啗」正字，「噉」、「啖」俗字，食也。

（17）夫冠雖賤，頭必戴之；履雖貴，足必履之

王先愼曰：《類聚》卷69引「賤」作「惡」，「貴」作「美」。

按：《類聚》卷69引作「夫冠雖惡，必戴之；履雖善，必履之」，《御覽》
卷709引作「夫冠雖惡，頭必戴之；履雖善，足必履之」。王叔岷已
指出《類聚》引作「善」，不作「美」，王氏誤記。《御覽》卷684引

〔註2〕《漢語大字典》（第二版），崇文書局、四川辭書出版社2010年版，第4220
頁。

〔註3〕王海根《古代漢語通假字大字典》，福建人民出版社2006年版，第800頁。

〔註4〕蔡升奕《〈逸周書〉若干校注疏證》，《語文研究》2000年第4期，第15頁。

《六韜》：「冠雖弊，禮加之於首；履雖新，法踐之於地。」《意林》卷1引《六韜》：「冠雖弊，加於首；履雖新，履於地。」此《韓子》所本。

（18）吾將何屬以履之

舊注：屨，所履，席太美，則更無美屨以履之也。

按：王先慎曰：「依注，『屬』當作『屨』。」松皋圓亦改作「屨」。屬，《四部叢刊》影黃丕烈校宋本、四庫本作「屬」，《類聚》卷69、《御覽》卷709引脫此字。

（19）夫美下而耗上，妨義之本也

王先慎曰：《類聚》卷69引「本」作「道」。

按：《類聚》卷69、《書鈔》卷133、《御覽》卷709引脫「下」字，「本」作「道」。妨，《書鈔》條目「趙簡子美而妨義」不誤，引文誤作「好」，《御覽》引省作「方」。

（20）冠雖穿弊，必戴〔之〕於頭；履雖五采，必踐之於地

按：上句，《困學紀聞》卷10引同，《意林》卷1引作「冠雖穿決，必戴於上」。

（21）齊宣王問匡倩曰：「儒者博乎？」

按：匡倩，《御覽》卷754、832引同，《書鈔》卷109引形誤作「王清」，《御覽》卷576、《記纂淵海》卷78、《學齋佔畢》卷2引形誤作「匡倩」。

（22）匡倩對曰：「博貴梟，勝者必殺梟。」

按：盧文弨曰：「張本『博』下有『者』字。」陳奇猷曰：「『博』下《藏》本亦有『者』字。」《御覽》卷754引「博」下有「也者」二字。

（23）是大小易序，貴賤易位

按：王先慎曰：「《意林》『序』、『位』二字互易。」《意林》卷1誤倒，二字《書鈔》卷109、《御覽》卷576、《記纂淵海》卷78、《學齋佔畢》卷2引並同今本。

（24）詎者，齊之居士。屌者，魏之居士

    按：詎，《道藏》本、張本作「鉅」，上《經》文作「鉅」，《困學紀聞》卷
        10引作「距」，《公是弟子記》卷4作「鉅」。松皋圓曰：「鉅者屌者，
        猶言大者小者，假設以爲人名。」王先愼曰：「距、詎，並鉅字之誤。
        鉅，姓。」陳啓天曰：「鉅、詎、距、巨，四字古通用。鉅者，謂大
        者，猶言碩人。以鉅爲姓，失之。」陳奇猷曰：「『鉅』是。大剛曰鉅，
        引申其義，人之剛強者，當亦可謂之鉅者。屌者蓋謂怯弱者，正與此
        相對爲文。」陳說「屌者」是怯弱者，是也；竊謂「詎者」不是對文，
        而是同名異字。詎、鉅、距，並讀爲恇，當即「懼」的異體字。《後
        漢書·梁鴻傳》：「嗟恇恇兮誰留。」李賢注：「恇恇，恐也。」《通鑑》
        卷147：「吏民恇擾。」〔註5〕史炤《釋文》：「恇，音巨，恐擾也。」
        中村不折藏敦煌本句道興《搜神記》：「其婦驚恇。」敦煌寫卷P.2178：
        「然後四生離苦，六趣休恇。」P.2721：「懹恇學寡又無才。」「懹恇」
        即「悸懼」。字亦作懅，《廣韻》：「懅，怯也。」

（25）齊有狗盜之子與刖危子戲而相誇

    按：《御覽》卷694引「狗盜」倒作「盜狗」，「刖」誤作「胡」，無「戲而」
        二字。王叔岷指出「胡」是「刖」形譌，是也。

（26）以肉去蟻，蟻愈多

    按：肉，王先愼指出《御覽》卷947、《意林》卷1、《類聚》卷97引作「骨」，
        陳奇猷指出《金樓子·立言下》亦作「骨」。《記纂淵海》卷100引亦
        作「骨」。是唐宋以前人所見，並作「骨」字。

（27）因能而受祿，錄功而與官

    按：王先愼曰：「《意林》『受』作『授』。」《御覽》卷624引亦作「授」。

（28）君何患焉

    按：患，《御覽》卷624引作「憂」。《說文》：「患，憂也。」

（29）墾草仞邑

      舊注：仞，入也。

〔註5〕 胡三省本「恇」作「恆」，茲所不從。

按：仞，睡虎地秦簡《爲吏之道》作「人」，銀雀山漢簡《王法》作「仁」，
《管子・小匡》作「入」，《戰國策・秦策三》作「刱」，《呂氏春秋・
勿躬》作「大」，《新序・雜事四》作「創」，《史記・蔡澤傳》「刱」
作「入」。楊樹達謂「仞」讀爲牣，滿也。裘錫圭謂「刱（創）」乃「仞」
之誤，「入」、「大」爲「人」之誤，「仞」、「人」、「仁」並讀爲牣〔註6〕。
楊、裘說皆是也。舊說不復徵引〔註7〕。

（30）是出主之爵祿以附下也

按：出，猶言拿出、使用。物双松曰：「出，謂出其分也。」《漢書・霍光
傳》：「國無裂土出爵之費。」亦此義。陶鴻慶謂「出」是「詘」之誤，
陳奇猷謂「出」訓去，梁啓雄謂「出」訓捐棄，均非是。

（31）門有御馬，不食禾

按：「禾」下疑脫「菽」字，《御覽》卷543引已脫。《賈子・春秋》：「御馬
不食禾菽。」御馬，御車之馬。顧廣圻謂「御」下當有「車」字，陳
啓天從之，讀爲「門有御車，馬不食禾」；尹桐陽解「御」爲「卸」，
張覺謂「御，通『圉』，養也」，皆非是。

（32）桓公使立於高、國之上

按：本書《難一》：「公曰：『使子立高、國之上。』」立，讀爲位。《列子・
力命》：「桓公禮之，而位於高國之上。」

（33）孫叔敖相楚，棧車牝馬

舊注：棧車，柴車也。

陳奇猷曰：《周禮・考工記》：「棧車欲弇。」鄭注：「士乘棧車。」《說文》：
「棧，棚也，竹木之車曰棧。」

按：《考工記》：「棧車欲弇，飾車欲侈。」鄭玄注：「棧車，爲其無革鞔，
不堅，易圻壞也，士乘棧車。飾車，謂革鞔輿也，大夫以上革鞔輿。」

〔註6〕 裘錫圭《考古發現的秦漢文字資料對於校讀古籍的重要性》，收入《裘錫圭學
術文集》卷4，復旦大學出版社2012年版，第370～371頁。

〔註7〕 詳見蕭旭《〈睡虎地秦墓竹簡〉校補》，收入《群書校補（續）》，花木蘭文化
出版社2014年版，第46頁。

「士乘棧車」出《周禮・春官・巾車》，鄭玄注：「棧車，不革輓而漆之。」「棧車」與「飾車」相對，即不飾之車，謂編柴木爲之，不革輓不加漆的簡易之車〔註8〕，故又稱爲「柴車」〔註9〕。也稱「棧輿」，見《詛楚文》。《鹽鐵論・散不足》：「古者椎車無柔，棧輿無植。」字亦作輚，《儀禮・既夕》：「賓奠幣於棧。」鄭玄注：「棧，謂樞車也。凡士車制，無漆飾。今文棧作輚。」《後漢書・班彪傳》：「於是後宮乘輚路，登龍舟。」李賢注引《埤蒼》：「輚，臥車也。」字亦作輬，《左傳・成公二年》：「丑父寢於輬中。」〔註10〕《釋文》引《字林》：「輬，臥車也。」孔疏：「輬與棧字異，音義同耳。」《玉篇》：「輚，載樞車。輬，同上。」《集韻》：「輚，臥車也，一曰兵車，或作輬，通作棧。」臧琳曰：「輚、輬即棧字……蓋俗儒以『棧』是車名，應從車，遂改『棧』爲『輚』。《左傳》作『輬』者，即『輚』之別體。」〔註11〕車不革輓無漆飾謂之棧、輚、輬，人、馬不著甲謂之棧，馬不施鞍轡謂之剗、驏、剷、摌、鏟、蹔、產，足不穿襪謂之剗〔註12〕，其義一也。《釋名》：「棧車：棧，靖也，麻靖物之車也，皆庶人所乘也。」「棧，靖也」以雙聲爲訓，韻亦可轉。「靖」是「彭」借字〔註13〕，《說文》：「彭，清飾也。」「麻」之言「靡」，《爾雅》：「靡，無也。」言棧車是無清飾之車也。「清飾」謂修飾而清潔之。段玉裁曰：「清飾者，

〔註8〕 覆蓋爲輓，字亦作縵。

〔註9〕 《韓詩外傳》卷10：「駑馬柴車。」《御覽》卷428引《新序》作「棧車」，《列子・力命》誤作「稜車」。

〔註10〕 《御覽》卷806引「中」作「車」。

〔註11〕 臧琳《經義雜記》卷8，收入《續修四庫全書》第172冊，上海古籍出版社2002年版，第102～103頁。

〔註12〕 蔣禮鴻《義府續貂》，收入《蔣禮鴻集》卷2，浙江教育出版社2001年版，第49～50頁。又參見蕭旭《鹽鐵論校補》，收入《群書校補（續）》，花木蘭文化出版社2014年版，第944～945頁。

〔註13〕 《慧琳音義》卷74：「彭然：又作靖、淨、妍、靜四形，同。《說文》：『彭，清飾也。』彭，潔之也。」又卷99：「因彭：賈逵注《國語》云：『靜，潔也。』《說文》：『清飾也。』或從立作靖。」《四部叢刊》影明金李刊本《國語・周語中》：「靜其巾羃。」韋昭注：「靜，潔也。」（日本國立國會圖書館藏朝鮮活字本、黃刊明道本及其覆刻本「靜」作「淨」，許宗魯本、四庫本作「瀞」，此據郭萬青博士《〈國語〉明本四種校勘記》未刊稿，謹致謝忱。）韋氏從賈說。徐時儀《一切經音義三種校本合刊》以「靜潔也」連文，失之；上海古籍出版社2008年版，第2176頁。

謂清素之飾也。疑此當云『彰，青飾也。』蓋謂以青色飾畫之文也。」
桂馥曰：「『清』當爲『青』。」〔註 14〕二氏說皆非是。其雖有臥車、
兵車、載柩車不同之用途，而皆取義於不飾之車，則一也。《詩·何
草不黃》：「有棧之車，行彼周道。」毛傳：「棧車，役車也。」「有棧」
即「棧棧」，用爲狀詞，「棧棧之車」指不飾之車，故爲役車。林義光
曰：「車不革鞔謂之棧，猶馬不著甲謂之倓也。倓者，淺也，露也。」
〔註 15〕林氏前說是，但以爲語源是「淺」，則亦未得。馬瑞辰謂「有
棧」是形容之詞，是也；而但知「棧」爲名詞，不知「棧」訓不飾，
因讀「棧」爲棧，訓爲車高之貌〔註 16〕，非是。

（34）糲餅菜羹

按：糲餅，王念孫校作「糲餱（飯）」，指出《初學記》卷 26 引作「糲飯」；
王先愼指出《御覽》卷 849、850、《書鈔》卷 144 引作「糲飯」以證
王說。孔廣陶亦校「餅」作「飯」〔註 17〕。《書鈔》卷 143、《古今事
文類聚》續集卷 16 引亦作「糲飯」，《御覽》卷 773 引誤作「糖飲」。
張覺謂王念孫所說不當，而又未提出證據，不考群書，而竟妄議前賢。
《御覽》卷 80 引《尸子》：「（堯）糲飯菜粥。」《六韜·文韜·盈虛》：
「（堯）糲粱之飯，藜藿之羹。」本書《五蠹》：「（堯）糲粢之食，藜
藿之羹。」《初學記》卷 9、《御覽》卷 849、《路史》卷 20 羅苹注引《韓
子》誤同今本，《書鈔》卷 143、《爾雅翼》卷 6 引「粢」作「粱」，當
據訂正；《御覽》卷 80、998 引作「糲粱」，「粱」即「粱」借字；《文
選·七啓》李善注引《韓子》：「糲糧之飯」，《文選·魏都賦》劉淵林
注引《韓詩（子）》作「糲糧之飲（飯）」，「糧」即「粱」之同音借字；
皆足相證。「糲飯」即指糲粱之飯，猶言脫粟之糲飯。《淮南子·精神
篇》：「糲粢之飯，藜藿之羹。」《書鈔》卷 144 引同，又《人間篇》誤
同，《類聚》卷 11、《御覽》卷 842 引作「糲粱」，《御覽》卷 80 引作

〔註 14〕段玉裁《說文解字注》，上海古籍出版社 1981 年版，第 424～425 頁。桂馥《說
文解字義證》，齊魯書社 1987 年版，第 765 頁。

〔註 15〕林義光《詩經通解》，臺灣中華書局 1986 年印行，第 188 頁。

〔註 16〕馬瑞辰《毛詩傳箋通釋》，中華書局 1989 年版，第 791 頁。

〔註 17〕《書鈔》（孔廣陶校注本）卷 144，收入《續修四庫全書》第 1213 冊，上海古
籍出版社 2002 年版，第 43 頁。

「糲粱」。高誘注:「糲,粗也。粱,稷也。」王紹蘭據高注粱訓稷,謂「粱當爲粢」〔註18〕,失之。《史記・李斯傳》引《韓子》:「粢糲之食,藜藿之羹。」《治要》卷12、《初學記》卷26引誤同,《史記・太史公自序》、《漢書・司馬遷傳》作「糲粱」不誤。《索隱》:「粢音資。糲音郎葛反。粢者,稷也。糲者,麤粟飯也。」依誤字作音義。《列子・力命》:「衣則裋褐,食則粢糲。」亦當作「粱糲」。殷敬順《釋文》:「粢,稻餅也。」則誤以「粢」同「餈」,《說文》:「餈,稻餅也。粢,餈或從米。」

(35)趙武曰:「中牟,三國之股肱,邯鄲之肩髀。」

舊注:三國,趙、齊、燕也。

按:津田鳳卿引長弘曰:「『三』當作『吾』。」藤澤南嶽曰:「『三』恐『晉』誤。」陳啓天據改作「晉」。陳奇猷曰:「津田說是,《御覽》卷266引正作『吾』。舊注非。」《事文類聚》外集卷14、《職官分紀》卷42、《翰苑新書》前集卷58引仍作「三國」,《類聚》卷50引《說苑》,亦作「三國」。《說苑》無此文,《類聚》蓋誤記出處。孔本《書鈔》卷78引《新序》作「王國」,今《新序・雜事一》記載晉君祁奚事,事雖相類,而文句大異。「王」當是「三」形譌,陳本《書鈔》正作「三」。然則舊注未必誤也。

(36)寡人欲得其良令也,誰使而可

按:《御覽》卷266、《職官分紀》卷42、《翰苑新書》前集卷58引並無「得」字,《類聚》卷50引《說苑》同,今本衍。「誰使而可」上,《類聚》引有「其令空」三字,《御覽》引倒作「令其空」,《職官分紀》引有「令空」二字,今本脫。下文「中府之令誰使而可」,《類聚》、《御覽》、《職官分紀》引「令」下亦有「空」字,今本脫。

(37)刑伯子可

按:王先愼據《御覽》卷266改「刑」作「邢」。檢景宋本《御覽》引仍作

〔註18〕王紹蘭《讀書雜記・淮南子》,收入《叢書集成續編》第18冊,新文豐出版公司1988年印行,第120頁。

「刑」。《職官分紀》卷 42、《翰苑新書》前集卷 58 引作「邢伯可」，《類聚》卷 50 引《說苑》作「邢子可」。

（38）故曰：「外舉不避讎，內舉不避子。」

　按：王叔岷指出《御覽》卷 266 引「讎」上有「仇」字，「子」下有「弟」字。《類聚》卷 50 引《說苑》無「曰」字，脫。

（39）狐乃引弓送而射之

　按：王先慎據《類聚》卷 22、《御覽》卷 429 所引，改「送」作「迎」。王叔岷曰：「送當作逆。《說文》：『逆，迎也。』」龍宇純、陳啓天說同。陳奇猷曰：「謂解狐之讎拜訖，解狐送之，引弓射之也。王氏改『送』爲『迎』，非是。」陳奇猷說非也。解狐於其來，即迎而射之，拒絕見面矣。《書鈔》卷 37 引亦作「迎」字。

（40）不以私怨汝之故擁汝於吾君

　按：盧文弨曰：「『擁』當作『壅』。」松皋圓曰：「『擁』、『壅』同。」陳奇猷曰：「擁，謂擁進。壅，謂壅塞，非此文之義。盧說非。」陳說非是。「擁」讀爲「壅（甕）」，壅塞。言吾不以私怨汝之故而不舉薦汝於君也。《書鈔》卷 37 引作「推」，「推」即「壅」形譌。孔廣陶曰：「《韓子》『推』誤『擁』。」〔註19〕其說愼矣。

（41）解狐舉邢伯柳為上黨守，柳往謝之曰：「子釋罪，敢不再拜。」曰：「舉子公也，怨了私也。子往矣，怨子如初也。」

　按：《治要》卷 40 引作：「解狐與邢伯柳爲怨，趙簡主問於解狐曰：『孰可爲上黨守？』對曰：『邢伯柳可。』簡主曰：『非子之讎乎？』對曰：『臣聞忠臣之舉賢也不避仇讎，其廢不肖也不阿親近。』簡主曰：『善！』遂以爲守。邢伯柳聞之，乃見解狐謝。解狐曰：『舉子公也，怨子私也。往矣，怨子如異日。』」《御覽》卷 429 引脫「不肖」二字，又省去「邢伯柳聞之」以下文字。《類聚》卷 22 引「不避仇讎」以上文字。然則今本「柳往謝之」上有脫文。《白帖》卷 44 引作「趙簡王問解狐：『孰可

〔註19〕《書鈔》（孔廣陶校注本）卷 37，收入《續修四庫全書》第 1212 冊，上海古籍出版社 2002 年版，第 176 頁。

－181－

爲上黨守?』曰:『荊伯柳。』王曰:『非子之讎乎?』曰:『舉賢不避仇讎也。』」蓋節引。以上王叔岷已及,唯未及《類聚》耳。

（42）鄭縣人賣豚,人問其價,曰:「道日暮,安暇語汝?」

按:王先慎據今本於「道」下補「遠」字,是也。《廣博物志》卷47引有「遠」字。「道遠日暮」是古人成語,也作「日暮道遠」、「日暮路遠」、「日暮途遠」,《吳子·料敵》:「道遠日暮,士眾勞懼,倦而未食,解甲而息。」又《治兵》:「日暮道遠,必數上下,寧勞於人,慎無勞馬。」銀雀山漢簡《孫臏兵法·將失》:「日暮路遠,眾有至(坐—挫)氣,可敗也。」〔註20〕《尉繚子·兵教下》:「日暮路遠,還有挫氣。」《史記·伍子胥傳》:「吾日暮途遠,吾故倒行而逆施之。」〔註21〕又《主父偃傳》:「吾日暮途遠,故倒行暴施之。」《史記》二例以「日暮途遠」喻年老。陳奇猷謂「問非所答,疑『曰』下有脫文」,非也。賣豚者蓋欲回家,故答以道遠日暮,無暇答汝。張覺沒有讀懂《史記》,竟謂「道遠日暮」暗含倒行逆施之意,非也。

（43）梁車新為鄴令,其姊往看之

按:陳啓天曰:「新,猶言初也。」陳奇猷曰:「王據《白帖》卷19引刪『新』字,非。新,猶初也。」《御覽》卷492、《古今合璧事類備要》前集卷26引亦無「新」字。孔本《書鈔》卷78引《新序》亦無「新」字,「姊」上有「婦」字。今《新序》無此文,《書鈔》蓋誤記出處。《御覽》卷517引《新(韓)子》有「新」字,下文「入車遂刖其足」引作「梁車新因刖其足」,則以「梁車新」爲人名。《山堂肆考》卷98亦以爲人名,二處並作「薪」字。

（44）趙成侯以為不慈,奪之璽而免之令

按:王先慎曰:「《白帖》卷19引『免之令』作『逐之』。」《古今合璧事類備要》前集卷26引亦作「逐之」。成侯,各書引同,獨孔本《書鈔》卷78引《新序》作「武侯」。下句,《書鈔》引作「免車官,奪其璽」,

---

〔註20〕「至」當作「坐」,讀爲挫,參見蕭旭《〈銀雀山漢墓竹簡(二)〉校補》,收入《群書校補(續)》,花木蘭文化出版社2014年版,第123頁。

〔註21〕《吳越春秋·闔閭內傳》作「日暮路遠」。

《御覽》卷 517 引《新（韓）子》作「遂奪璽免官」。

（45）道而饑渴

按：《御覽》卷 849 引作「路飢而泣」，當是「路而飢渴」之誤。

卷十三

《外儲說右上》第三十四校補

（1）知貴不能以教歌之法先揆之

按：陳奇猷曰：「此當衍『不』字。知，讀如智。智者貴能以教歌之法而行法。」陳氏得其誼，而未得其文。貴，讀爲媿、愧。《荀子・儒效》：「邪說畏之，眾人愧之。」楊倞註：「愧，或爲貴也。」言智者當慚愧不能以教歌之法而行法也。「知貴」二字，舊說紛紜，山仲質依《傳》改作「如是」，陳啓天從山說改；王先愼改作「欲知」，陶鴻慶改作「知實」，劉師培改作「知遺」，皆無據。張覺以「知貴不能」爲句，讀「知貴」爲「智匱」，亦非。

（2）於是反國發廩粟以賦眾貧，散府餘財以賜孤寡

按：俞樾謂「餘」字涉下文衍，是也，《樂書》卷 92 引正無「餘」字。

（3）景公與晏子遊於少海，登柏寢之臺而還望其國

按：《史記・孝武本紀》《正義》引《括地志》、《史記・封禪書》《索隱》、《初學記》卷 24、《御覽》卷 160、177、《記纂淵海》卷 8、《太平寰宇記》卷 18 引並無「還」字。是唐宋人所見皆無「還」字，今本蓋後人所增。

（4）今田成氏之德，而民之歌舞，民德歸之矣

按：王先愼曰：「『之歌舞』當作『歌舞之』。」王說是也，《左傳・昭公二十

六年》：「陳氏之施，民歌舞之矣。」《晏子春秋・外篇》：「田氏之施，民歌舞之也。」皆其證。二「德」字不同義，上「德」字，《玉篇》：「德，惠也。」《家語・入官》：「故德者，政之始也。」《大戴禮記・子張問入官》「德」作「惠」。《鹽鐵論・貧富》：「恩流八荒，德溢四海。」《弘明集》卷1引後漢・牟融《理惑論》「德」作「惠」。「惠」即「施」義，賜予也，謂以財物分人。《書・無逸》：「能保惠於庶民。」《史記・魯周公世家》作「保施」。下「德」字，猶言感激。趙海金改作「民往」，陳啟天從趙說改；蔣禮鴻謂「涉上文衍」，皆無據。

（5）治其煩亂，緩其刑罰

按：緩，《史記・孝武本紀》《正義》引《括地志》引作「輕」，《御覽》卷177引作「綏」。「綏」為「緩」形誤。「緩其刑罰」、「緩刑罰」是秦漢人習語。本篇下文亦有「緩刑罰」之語，又《難二》：「今緩刑罰，行寬惠。」

（6）振貧窮而恤孤寡，行恩惠而給不足

按：《史記・孝武本紀》《正義》引《括地志》引作「振窮乏，恤孤寡，行恩惠，崇節儉」，《御覽》卷160、《太平寰宇記》卷18引作「振窮邺孤」，《御覽》卷177引作「振貧窮，恤孤寡，行惠而好儉」。

（7）夫獵者，託車輿之安，用六馬之足，使王良佐轡，則身不勞而易及輕獸矣

按：六馬，《文選・七發》李善注引作「六駕」。佐，《選》注引同，《御覽》卷624引作「左」。左、佐，古今字。龍宇純據下文，改「安」作「利」。

（8）今釋車輿之利，捐六馬之足與王良之御，而下走逐獸，則雖樓季之足無時及獸矣

按：《文選・七發》李善注引作「今捨車輿，則雖樓季之走無時及獸矣」。捨、釋一聲之轉。「之走」為「之足」形誤。無時，猶言無由。松皋圓曰：「時，一作能。」《迂評》本作「能」。此蓋臆改，然義近之。物双松曰：「謂無及獸之時也。」陳啟天從其說，則望文生義矣。

（9）夫不處勢以禁誅擅愛之臣

按：王先愼據下文文例，謂「誅」字衍。陳奇猷謂不必泥於句例，舉《姦劫弑臣》「禁誅於己」，釋爲「禁之責之」。陳說「誅」字不衍是也，考本書《八經篇》：「禁誅於私家。」《管子・心術上》、《戰國策・楚策四》、《韓詩外傳》卷 4、《淮南子・主術篇》、《淮南子・齊俗篇》皆有「禁誅」一詞，此固先秦二漢成語，或下文脫「誅」字。竊謂誅讀爲抹，《玉篇》：「抹，止也。」字亦作株，馬王堆漢墓帛書《五行》：「祭親執株，間也。」執抹，猶言拘執、執止〔註1〕。

（10）而必德厚以與天下齊行以爭民

按：顧廣圻謂「天」字衍，諸家從之。德厚，指賜予厚。本書《難三篇》：「是舍吾勢之所能禁而使與不行惠以爭民，非能持勢者也。」德亦惠也。

（11）季孫相魯，子路為郈令

按：郈令，《水經注・濟水》引作「蒲宰」，與《家語・致思》合；《說苑・臣術》作「蒲令」；《水經注》謂即「故衛之蒲邑」。蒲爲衛邑，郈爲魯邑，當以《韓子》爲正。《書鈔》卷 78 引作「鄭令」，《御覽》卷 849 引作「都令」，《長短經・反經》作「邵宰」〔註2〕，皆形誤，然可證其字本從「邑（阝）」旁。

（12）魯以五月起眾為長溝

按：起眾爲長溝，《書鈔》卷 78、144、《御覽》卷 195、849、《困學紀聞》卷 7 引同，《水經注・濟水》引作「起長溝」，《長短經・反經》亦作「起長溝」，《御覽》卷 22 引作「掘長溝」。「眾爲」二字衍文。起，猶言修建。後人不得「起」字之誼，因補「眾爲」二字以求通。

（13）當此之為

按：《書鈔》卷 78、《御覽》卷 849 引作「當此時」，《長短經・反經》作「此

〔註1〕 參見蕭旭《馬王堆漢墓帛書〈五行〉校補》，收入《群書校補》，廣陵書社 2011 年版，第 41 頁。
〔註2〕 《長短經》據南宋初年杭州淨戒院刊本，下同。四庫本作「郡宰」，亦誤。

當（當此）之時」〔註3〕。王先愼改「爲」作「時」，是也。于省吾謂「爲」即上文「魯以五月起眾爲長溝」之「爲」，承上爲說。于氏不知上文非其舊文。

（14）要作溝者於五父之衢而飡之

按：五父，《書鈔》卷78、《御覽》卷195引作「五甫」。飡，《書鈔》引作「食」。

（15）夫子疾由之為仁義乎

按：陳啓天曰：「疾，與『嫉』同，忌也。」《長短經‧反經》正作「嫉」。

（16）孔子聞之，使子貢往覆其飯，擊毀其器曰：「魯君有民，子奚為乃飡之？」

按：《御覽》卷22引作：「孔子覆其飲曰：『魯有民焉，汝輒擾之，何也？』」《記纂淵海》卷96引作「孔子覆其飯曰：『魯有民焉，輒愛□□之，何也？』」〔註4〕蓋皆臆改。末句，《御覽》卷849引同，《書鈔》卷78引作「子奚爲食也」，與今本相近。

（17）齊東海上有居士曰狂矞、華士，昆弟二人者立議曰

按：顧廣圻曰：「《論衡‧非韓篇》『矞』作『譎』，《荀子‧宥坐篇》楊倞注引此『士』作『仕』。」王先愼曰「《御覽》卷645引『矞』作『獝』。」陳奇猷曰：「《淮南子‧人間訓》：『狂譎不受祿而誅。』《南村輟耕錄》卷6引作「任矞、華仕」，「任」爲「狂」形譌，《通鑑》卷51胡三省註引作「華矞」，亦非。《論衡‧非韓》：「齊有高節之士曰狂譎、華士，二人昆弟也。」皆以爲二人。《抱朴子外篇‧逸民》：「昔狂狷、華士，義不事上，隱於海隅，而太公誅之。」又「且夫呂尚之殺狷、華者，在於恐其沮眾也。」抱朴以「狂矞」易作「狂狷」，義同，「狂狷」不是「華士」的修飾語。考《尹文子‧大道下》、《家語‧始誅》並云：「太公誅華士。」《荀子‧宥坐篇》：「太公誅華仕。」所誅止偏舉「華

〔註3〕《叢書書集成初編》本、四庫本作「當此之時」。
〔註4〕《記纂淵海》據《北京圖書館古籍珍本叢刊》第71冊，四庫本在卷53，作「輒愛之」，注：「愛，一作『受』。」

士（仕）」一人。其兄弟二人，行爲乖世，故《韓子》以「狂矞」、「華士」稱之，此非其本名，斷可知也。華，讀爲誇〔註5〕，亦狂傲之義。故又省稱作「狷、華」，《抱朴子外篇‧嘉遁》：「不覺狷、華之患害也。」亦同。楊明照曰：「『狷』乃省稱，然《淮南子‧人間》、《論衡‧非韓》並作『狂譎』，與《韓非子》之『狂矞』同（『矞』爲『譎』之省），則此『狷』字可疑。」〔註6〕楊氏前說是，而以「狷」字可疑，則未達一間。古人名字，有以同義字代替之者。《戰國策‧秦策三》：「箕子、接輿，漆身而爲厲，被髮而爲狂。」《史記‧范睢傳》：「箕子、接輿，漆身爲厲，被髮爲狂。」又《鄒陽傳》：「是以箕子佯狂，接輿辟世……無使臣爲箕子、接輿所笑。」《莊子‧大宗師》《釋文》引《尸子》：「箕子、胥餘漆身爲厲，被髮佯狂。」《方言》卷6：「胥，輔也，吳、越曰胥。」《賈子‧禮》：「胥，相也。」《廣雅》：「胥，助也。」即輔助義。接，扶持也。「餘」爲「輿」音借，《莊子‧逍遙遊》《釋文》：「接輿，本又作與，同，音餘。」《論語‧憲問》、《微子》二篇《釋文》並云：「接輿，輿音餘。」是「胥餘」即「接輿」，亦以同義字代替之也。《水經注‧潕水》引《尸子》：「楚狂接輿，耕於方城。」〔註7〕尤其明證。《續列女傳》：「名曰運期，字俟光。」《後漢書‧逸民傳》作「侯光」。「侯」當作「候」，《玉篇》：「俟，候也。」此亦以同義字易之之例也〔註8〕。

（18）吾不臣天子，不友諸侯

按：《御覽》卷645引作「上不臣天了，下不事諸侯」，此習於《禮記‧儒行》、《家語‧儒行解》之文而改之也。

（19）今四者不足以使之，則望當誰爲君乎

按：王引之曰：「當，猶將也。」陳奇猷從其說，楊樹達批語云：「此『當』

〔註5〕參見蕭旭《〈大戴禮記〉拾詁》，收入《群書校補（續）》，花木蘭文化出版社2014年版，第1947～1948頁。
〔註6〕楊明照《抱朴子外篇校箋》，中華書局1997年版，第57頁。
〔註7〕《御覽》卷43引《郡國志》引《尸子》同。
〔註8〕參見蕭旭《列女傳校補》，《東亞文獻研究》總第12輯，2013年12月出版，第101頁。

下省『以』字。」〔註9〕裴學海謂「當」讀爲「尚」,訓「猶」,謂王說非是〔註10〕。王說爲長,裴說亦通。《呂氏春秋・制樂》:「公曰:『民死,寡人將誰爲君乎?』」《荀子・宥坐篇》楊倞注、《通鑑》卷51胡三省註引刪「當」字。

（20）今有馬於此,如驥之狀者,天下之至良也,然而驅之不前,却之不止,左之不左,右之不右,則臧獲雖賤,不託其足

按:王先愼曰:「《御覽》引『却』作『引』,『止』作『至』。」陳奇猷曰:「《藏》本『止』作『正』,非。《御覽》作『至』,非。」龍宇純謂作「至」非,又謂「前」字誤,當爲「前」之反義字。考本書《外儲說右下》:「驅而前之,輪中繩;引而却之,馬掩迹。」反面之筆也。《淮南子・主術篇》:「騏驥騄駬,天下之疾馬也,驅之不前,引之不止,雖愚者不加體焉。」又《說林篇》:「騏驥驅之不進,引之不止,人君不以取道里。」皆本此文,亦作「止」字。又考《新語・愼微》:「夫播布革,亂毛髮,登高山,食木實,視之無優游之容,聽之無仁義之辭,忽忽若狂癡,推之不往,引之不來,當世不蒙其功,後代不見其才。」《淮南子・脩務篇》:「無爲者,寂然無聲,漠然不動,引之不來,推之不往,如此者乃得道之像。」《鹽鐵論・訟賢》:「今之學者,無太公之能,騏驥之才,有以蜂蠆介毒而自害也,東海成顒、河東胡建是也,二子者,以術蒙舉,起卒伍,爲縣令,獨非自是,無與合同,引之不來,推之不往,狂狷不遜,忮害不恭。」本篇下文作「驅之不往,引之不前」,《御覽》卷645引作「引之不至」亦通,蓋即據下文改作,即「引之不來」之誼也。

（21）已自謂以為世之賢士,而不為主用,行極賢而不用於君,此非明主之所臣也

按:陳奇猷曰:「已,同『以』,猶而也。」《校注》:「已,如此。」張覺曰:「已,此也。『以爲』兩字當衍,它可能原是『謂』字的注文而後人將它誤入了正文。」張氏「已,此也」說襲自陳啓天。「謂以爲」是複用,

---

〔註9〕 王引之《經傳釋詞》楊樹達批語,嶽麓書社1984年版,第132頁。
〔註10〕 裴學海《古書虛字集釋》,中華書局1954年版,第838頁。

不是衍文。古書有「曰以爲」、「言以爲」的說法，「曰」、「言」亦與「以爲」同義連文。

（22）海上有賢者狂矞

按：《書鈔》卷45引脫誤作「海上賢者名任商」。

（23）太公望聞之，往請焉，三却馬於門而狂矞不報見也

按：《書鈔》卷45引「狂矞」誤作「任商」，下同；又脫「見也」二字。報，讀爲赴，趨也。《校注》：「報，答復。」非是。

（24）狂矞也議不臣天子，不友諸侯

按：議，即上文之「立議」，《書鈔》卷45引作「義」，省借字。劉如瑛讀議爲義，訓「道」，非也。

（25）夫馬似鹿者而題之千金

按：《論衡·非韓篇》、《初學記》卷29引作「馬之似鹿者千金」，《淮南子·說山篇》同；《類聚》卷93、95引作「夫馬似鹿者千金」，《長短經·是非》引作「夫馬似鹿，此馬值千金」，《御覽》卷896引作「夫馬似鹿者而千金」，《御覽》卷906、《事類賦注》卷23引作「夫馬似鹿者而題千金」。《白氏六帖事類集》卷29引誤作「馬似鹿千里也」。題，讀爲抵〔註11〕，當也，值也。《長短經》引作「值」，以同義字易之也。于鬯曰：「題蓋讀爲提。提有擲義。此謂馬之似鹿者，人且擲之以千金耳。」非是。梁啓雄引《小爾雅》「題，定也」，亦非是。《小爾雅》之「定」是「顁」之省，指額頭，非此文之誼。《爾雅》：「顁，題也。」山仲質曰：「題，品題也。」陳啓天、王煥鑣說同。《校注》：「題，標價。」《漢語大詞典》取梁氏說，而釋爲「定價、評價」〔註12〕。皆失考矣。

（26）然而有百金之馬而無一金之鹿者

按：百金、一金，陶鴻慶據《論衡·非韓篇》引並校作「千金」，陳奇猷、

〔註11〕古從是從氏通，參見張儒、劉毓慶《漢字通用聲素研究》，山西古籍出版社2002年版，第765頁。

〔註12〕《漢語大詞典》（縮印本），漢語大詞典出版社1997年版，第7254頁。

王叔岷引《淮南子‧說山篇》「馬之似鹿者千金，天下無千金之鹿」、《劉子‧言苑》「國有千金之馬而無千金之鹿」以證之，是也，高亨亦校「百」為「千」（高所據本「一」作「千」）。《類聚》卷 93、《御覽》卷 906、《事類賦注》卷 23 引亦分別誤作「百金」、「一金」〔註 13〕；《長短經‧是非》、《初學記》卷 29、《御覽》卷 896 引分別作「千金」、「一金」，「千金」不誤，「一金」亦誤。徐仁甫校「而」作「天下」，「一金」作「百金」，皆未得。

（27）左右有欒子者曰陽胡、潘其

按：《御覽》卷 754 引作「蕃者」，王先慎引誤作「潘者」。物双松、松皋圓以「其」屬下「其於王甚重」為句，陳啓天曰：『其』字宜屬下讀，陽胡潘，蓋陽胡、陽潘之省文也。」陳說「陽胡、陽潘」可從，然「其」為「者」形譌，「有……者」相應。

（28）薛公患之，於是乃召與之博，予之人百金，令之昆弟博，俄又益之人二百金

按：王先慎曰：「令之，當作『令其』。」于省吾曰：「王說非是。之，猶其也。」王叔岷說同于氏。《御覽》卷 754 引作「薛公患之，於是乃與之博，與之百金，令與昆弟博戲，俄又益之二百金」。《御覽》脫二「人」字，此文「令之」當作「令與」，下「博」字下脫「戲」字。陳啓天曰：「人，每人也。」人百金，言每人百金也。言薛公予各人百金，令與陽胡、潘其昆弟二人相博戲，俄又益各人二百金也。博非昆弟二人相博，故王、于二氏說皆非。

（29）夫馴烏〔者〕斷其下頜（翎）焉

按：陳奇猷據《御覽》卷 920、《事類賦注》卷 19 所引，補「者」字，改「頜」作「翎」。《記纂淵海》卷 97 引同《御覽》。

（30）斷其下頜（翎）則必恃人而食，焉得不馴乎

按：恃，猶仰也，《御覽》卷 920 引誤作「搏」，《事類賦注》卷 19、《記纂淵海》卷 97 引誤作「待」。

〔註 13〕《類聚》據南宋紹興本。

（31）申子曰：「慎而言也，人且知女；慎而行也，人且隨女。」

按：松皋圓曰：「『和』作『知』，寫者誤。」俞樾曰：「『知』當作『和』，字之誤也。『和』與下『隨』字相爲韻。」太田方曰：「隨，古音隋，與『和』字叶。《列子》：『慎爾言，將有和之；慎爾行，將有隨之。』《管子》：『人不倡不和，天下始不隨。』皆可爲證。」《列子》見《說符篇》，《管子》見《白心篇》。《列子》所引，乃關尹子謂列子語。《御覽》卷 430 引《尸子》：「是故慎而言，將有和之；慎而行，將有隨之。」「尸子」疑「尹子」之誤，汪繼培、孫星衍並輯爲「《尸子》」〔註 14〕，蓋誤。古書「隨」、「和」爲韻，其例極多，參見顧氏《唐韻正》卷 2〔註 15〕。

（32）鄭長者聞之〔曰〕：「田子方知欲爲廩，而未得所以爲廩。」

王先慎曰：乾道本無「曰」字，顧廣圻云「今本有『曰』字」，今據補。

按：《御覽》卷 832 引有「曰」字，無「田」字。得亦知也。

（33）王曰：「然則爲天下何以爲此廩？今人主以二目視一國，一國以萬目視人主，將何以自爲廩乎？」

按：顧廣圻曰：「爲此廩，今本『爲』作『異』。」陳奇猷曰：「爲此廩，猶言製此廩，故下文云『何以自爲廩乎』。『異』誤。」陳說「爲」字是，得之；而解爲「製」，又謂下文與此應，則非。《御覽》卷 832 引作「爲此廩」，下「廩」上有「謹」字，當據補。「爲此廩」以喻「爲天下」（爲猶言治也），不當與下文聯繫。上文唐易子對王曰「在於謹廩」，故王反問「將何以自爲謹廩乎」。

（34）王以賦十孺子

按：賦，《御覽》卷 626 引《舜（韓）子》同，陳本《書鈔》卷 135、《御覽》卷 718 引作「付」〔註 16〕，《七國攷》卷 6 引作「賜」。孔本《書

〔註 14〕汪繼培《尸子校正》，收入《叢書集成新編》第 20 冊，新文豐出版公司 1985 年版，第 482 頁。孫星衍《尸子集本》卷下，平津館刊藏本，第 13 頁。

〔註 15〕顧炎武《唐韻正》卷 2，收入《四庫全書》第 241 冊，臺灣商務印書館 1986 年初版，第 191 頁。

〔註 16〕孔本《書鈔》未引此句。

鈔》卷 31 引「以賦」作「分附」〔註17〕。賦，讀爲付，授予也，給
與，《說文》：「付，與也。」「附」亦借字。作「賜」者則以意改之。

（35）樗里疾曰：「犀首也羈旅，新抵罪，其心孤，是言自嫁於眾。」

按：梁啓雄曰：「嫁，賣也。」陳奇猷曰：「推禍於人曰嫁禍，然則推尊於
己亦可言嫁歟？」二氏皆未得。嫁，讀爲加，《爾雅》：「加，重也。」
或讀爲駕，《小爾雅》：「駕，凌也。」《玉篇》：「駕，上也，陵也。」
或讀爲假，大也，炫耀也。今吳語尙謂誇耀、狂傲曰「假」。梁啓雄引
《西周策》注「嫁，賣也」，而解爲「賣弄」。考《策》鮑彪注：「嫁，
猶賣也，言欺齊。」則是「買賣」義，引申爲「欺凌」，而非「賣弄」
義。物双松解爲「求媚於眾」，無據。太田方曰：「嫁、賈音通，爲是
宣言，自賈於人。」亦未得。

（36）堂谿公見昭侯曰

按：王先愼曰：「《類聚》卷 73、《御覽》卷 393、761 引『公』作『空』。」
《御覽》卷 805、《記纂淵海》卷 65、《演繁露》卷 2 引亦作「空」。《文
選・三都賦序》李善注引作「公」。

（37）今有千金之玉卮，通而無當

按：盧文弨曰：「『通』字衍。」王先愼刪「通」字，云：「《御覽》卷 805 引
無『通』字。」陳奇猷曰：「盧說非。通，讀如貫通之通。當，底也。」
陳說是，《御覽》卷 805 未引此文，所引乃下文「今有白玉之卮而無當」。
《文選・三都賦序》：「且夫玉卮無當，雖寶非用。」劉淵林注：「當，
底也。」李善注引此文爲證。《白氏六帖事類集》卷 4、5 並云：「玉卮
無當。」注：「當，底也。」〔註18〕《說文繫傳》：「蔕，瓜當也。臣鍇
按：當，底也，故《韓子》云『玉卮無當』也。」《演繁露》卷 2：「當
者，底也。當，平聲。」

（38）今有白玉之卮而無當，有瓦卮而有當

按：瓦卮，《文選・三都賦序》李善注、《御覽》卷 761、805、《記纂淵海》

〔註17〕陳本《書鈔》引同今本。
〔註18〕《白帖》在卷 13、16。

卷 65 引同，《類聚》卷 73、《御覽》卷 393、《演繁露》卷 2 引作「瓦
器」。作「瓦器」者涉上文而改。

（39）堂谿公每見而出，昭侯必獨臥，惟恐夢言泄於妻妾

按：夢，《類聚》卷 73、《御覽》卷 393、761 引同，《御覽》卷 805 引誤作
「蔑」。

（40）升概甚平

按：升，《文選・與滿公琰書》李善注、《御覽》卷 828 引同，《白氏六帖
事類集》卷 5 〔註19〕、《後漢書・孔融傳》李賢注、《意林》卷 1、《類
聚》卷 94、《御覽》卷 905、《容齋續筆》卷 16、《猗覺寮襍記》卷下、
《古今合璧事類備要》外集卷 44 引作「斗」。「升」爲「斗」形譌。「概」
亦作「杚」，指刮平斗斛之器，以竹木爲之。《集韻》：「杚，《說文》：
『平也。』謂斗概。」亦稱作「沫」，《周易義海撮要》卷 6 引陸希聲
《易傳》：「沫者，斗槩，謂斗之輔星。」陳啓天曰：「古以升斗計酒。」
《校注》：「升，量具，這裏指量酒器具。」張覺曰：「升，量酒器，
今俗稱『提子』。」皆非是。

（41）爲酒甚美

按：爲，王叔岷指出《意林》卷 1 引作「醖」。「醖」蓋臆改，各書引皆作
「爲」字。

（42）縣幟甚高

按：幟，各書引同，《御覽》卷 828 引作「旗」，蓋臆改。

（43）著然不售，酒酸

按：著然，盧文弨引孫云：「《文選・與滿公琰書》注引作『然而』。」王先
愼據《類聚》卷 94、《御覽》卷 828 引改作「然而」。于省吾曰：「著，
謂滯留。」陳奇猷申于說，是也。《後漢書・孔融傳》李賢注引作「而
酒不售」，《意林》卷 1、《御覽》卷 905、《容齋續筆》卷 16 引作「而酒
不售，遂致於酸」，亦爲臆改。《韓詩外傳》卷 7 作「然至酒酸而不售」，

《晏子春秋‧問上》、《說苑‧政理》作「而酒酸不售」。《校注》以「著」屬上，訓「明顯」，以「縣幟甚高著」爲句，不合此文四字句型。

（44）怪其故，問其所知問（閭）長者楊倩

按：凌本「長者」上無「問」字，盧文弨據《文選‧與滿公琰書》注、《意林》卷1引補「閭」字；顧廣圻據《韓詩外傳》、《說苑》、《晏子春秋‧問上》作「問里人」，校下「問」字作「閭」；王先愼從盧、顧說，引《類聚》卷94、《御覽》卷828引作「閭」以證之。諸說並是也，《後漢書‧孔融傳》李賢注引亦作「閭」。閭、里一聲之轉。知，猶言交接，交往。陳奇猷以「知」字絕句，謂下「問」不誤，解「知」爲「知其故者」，非是。

（45）汝狗猛耶

按：猛，《白氏六帖事類集》卷5、《意林》卷1、《御覽》卷905引作「惡」，蓋臆改。

（46）或令孺子懷錢挈壺甕而往酤，而狗迓而齕之

按：挈壺甕，《文選‧與滿公琰書》李善注引作「攜壺甕」，《御覽》卷836引作「挈壺瓮」，《後漢書‧孔融傳》李賢注、《意林》卷1、《類聚》卷94、《御覽》卷905引作「挈壺」，《御覽》卷828引作「挈有壺」，《晏子春秋‧問上》、《說苑‧政理》作「挈器」，《韓詩外傳》卷7作「持器」。迓，李善注、《類聚》卷94、《御覽》卷828引作「迎」，李賢注引作「逆」，《意林》卷1、《御覽》卷836、905引脫，《晏子》、《外傳》、《說苑》亦作「迎」。迓，迎也。逆亦迎也。齕，各書引同，《意林》卷1、《御覽》卷905引作「齧」，《外傳》亦作「齧」，《晏子》、《說苑》作「噬」。《說文》：「齕，齧也。」又「齧，噬也。」

（47）有道之士懷其術而欲以明萬乘之主，大臣為猛狗迎而齕之

按：盧文弨據《文選‧與滿公琰書》李善注所引，改「明」作「輔」。顧廣圻曰：「『明』字是。《韓詩外傳》卷7云：『欲白萬乘之主。』白，明也。」王先愼引《類聚》卷94、《御覽》卷828引作「明」以證顧說。顧、王說是，《說苑‧政理》亦作「明」。

（48）燻之則恐焚木，灌之則恐塗阤

按：阤，壞落、敗落也。「塗阤」當乙作「阤塗」，與「焚木」對舉成義。《晏子春秋・問上》：「熏之則恐燒其木，灌之則恐敗其塗。」（龍宇純已及）《說苑・政理》「熏」作「燻」，餘同。《韓詩外傳》卷 7：「灌之恐壞牆，燻之恐燒木。」「阤塗」即「敗其塗」、「壞牆」也。或倒上句「焚木」作「木焚」，亦可。下文「燻之則木焚，灌之則塗阤」，是其例。

（49）此社鼠之所以不得也

按：「得」下脫「殺」字。「得」是助詞，而不是動詞。《晏子春秋・問上》：「此鼠所以不可得殺者，以社故也。」《說苑・政理》同，並有「殺」字。《校注》：「不得，逮不到。」非是。

（50）今人君之左右，出則為勢重而收利於民，入則比周而蔽惡於君

按：陳奇猷曰：「『蔽惡於君』不辭，下文作『蔽惡以欺於君』，此脫『以欺』二字。」考《晏子春秋・問上》：「內則蔽善惡於君上，外則賣權重於百姓。」〔註20〕《說苑・政理》同。《韓詩外傳》卷 7：「出則賣君以要利，入則託君不罪乎亂法。」（此有脫文）此文「蔽惡於君」與「收利於民」對舉，無脫文。重，權也。「權重」是複語，「勢重」猶言權勢。

（51）內間主之情以告外，外內為重，諸臣百吏以為富

按：下「吏」字當屬上，「富吏」連文，言諸臣百吏因之成為富吏也。本書《外儲說右下》：「百姓餓而姦吏富。」太田方解為「賂以為富」，近之。王先慎謂「富」當作「輔」，松皋圓改「富」作「害」，陳奇猷解為「富於勢」，皆未得。

（52）吏不誅則亂法，誅之則君不安，據而有之

按：「吏」字當屬上句。《晏子春秋・問上》：「不誅之則為亂，誅之則為人主所案據腹而有之。」《說苑・政理》「案」作「察」，餘同。「察」為「案」形誤，《治要》卷 43 引《說苑》正作「案」。《韓詩外傳》卷 7：「又并覆而育之。」顧廣圻、黃以周並謂此文「不」當作「所」，是

〔註20〕《類聚》卷 95、《御覽》卷 911 引作「出賣寒熱，入則比周」。

也。王念孫曰：「當以『案據』連讀。據，定也，安也。案據，謂安定之也。腹，厚也。有，相親有也。腹而有之，謂恩厚而親有之，即『案據』之意也。《韓非子》作『安據』，猶『案據』也。」〔註21〕各誤說不復徵引。

（53）堯不聽，舉兵而誅殺鯀於羽山之郊……堯不聽，又舉兵而誅共工於幽州之都

按：《御覽》卷 645 引作「舉兵誅之於郊……流於幽都」。顧廣圻謂「殺」字衍，王先慎據《御覽》所引改下「誅」作「流」，陳奇猷謂「誅」字絕句，下「誅」字下脫「流」字。竊謂上「誅」字衍，《資治通鑑外紀》卷 1 引正無上「誅」字。《韓子》上言「殺」，下言「誅」。

（54）荊莊王有茅門之法

按：茅門，《書鈔》卷 43 引同，《御覽》卷 638 引作「弟門」。下文「車不得至茆門」，又「太子遂驅車至於茆門」，《書鈔》卷 36 引並作「茅門」，《御覽》卷 353 引並作「弟門」；《御覽》卷 636 引一作「弟門」，一作「第門」；陳本《書鈔》卷 124 引並作「第門」〔註22〕；《諸宮舊事》卷 2 亦作「茅門」。孫詒讓曰：「茅門，下作『茆門』，《說苑‧至公篇》亦作『茅』。案：茅門，即雉門也。《說文》：『雉，古文作𨿳。』或省為『弟』，與『茅』形近而誤。《史記‧魯世家》『築茅闕門』，即《春秋定二年經》之雉門兩觀也。」〔註23〕王先慎舉《御覽》卷 638 引作「弟門」以證其說。考《史記‧魯周公世家》：「煬公築茅闕門。」《集解》引徐廣曰：「茅，一作第，又作夷。」洪頤煊曰：「雉字古文作𨿳。茅闕門即雉闕門之譌。」〔註24〕洪頤煊又曰：「茅當作第，因字形相近而譌。『第門』即《春秋》所謂『雉門』。《說文》：『雉，古文作𨿳。』《爾雅‧釋詁》樊光注：『雉，夷也。』古文雉、弟、夷三字通用。《韓非子》：『荊莊王有茅門之法。』《御覽》卷 353 引作『第門』，足與此

〔註21〕黃以周、王念孫說並轉引自吳則虞《晏子春秋集釋》，中華書局 1962 年版，第 198～199 頁。
〔註22〕孔本《書鈔》未引。
〔註23〕孫詒讓《札迻》卷 7，中華書局 1989 年版，第 211 頁。
〔註24〕洪頤煊《禮經宮室答問》卷下，收入《續修四庫全書》第 110 冊，上海古籍出版社 2002 年版，第 167 頁。

互相證。」〔註 25〕洪氏引《御覽》作「茅門」，失檢，此即孫氏所本
也；趙萬里說亦同，而不著所出〔註 26〕，斯亦通人之蔽也。校《韓》
諸家皆採孫說，向宗魯亦取孫說〔註 27〕，是也。王叔岷曰：「『茅門』
並當作『弟門』或『第門』。」〔註 28〕《莊子・應帝王》：「因以爲弟靡。」
《列子・黃帝》作「茅靡」。《韓詩外傳》卷 10：「吾聞上古醫曰弟父。」
高亨曰：「弟當作茅，《說苑・辨物》茅作苗。」〔註 29〕此亦「茅」、「弟」
形譌之例。李笠曰：「茅作第是也，第同弟，與夷形近易誤。」〔註 30〕
李氏未知「第」、「夷」音轉。梁玉繩曰：「徐廣謂『茅一作第，又作夷』，
恐非也。」〔註 31〕宋翔鳳說同〔註 32〕。翟灝曰：「《索隱》以茅爲第字
之譌，竊謂作如字讀亦無害。」〔註 33〕三氏以「茅」字爲是，皆失之。

（55）馬蹄踐霤者，廷理斬其輈，戮其御

按：踐，《說苑・至公》作「蹂」。《玉篇》：「蹂，蹂踐，躡也。」

（56）夫犯法廢令不尊敬社稷者，是臣乘君而下尚校也

按：盧文弨曰：「『尚』、『上』同。『校』疑當作『陵』。《說苑・至公篇》
作『下陵上』。」王先慎曰：「當作『下校尚』，謂下亢上也。《說苑》
『乘』作『棄』，『校』作『陵』，皆劉向所易，未可據。」松皋圓曰：
「乘，陵也。『尚』、『上』同。《管子》：『不敬宗廟則民乃上校。』朱
長春云：『謂爭而犯上也。』」《管子》見《牧民篇》。陳奇猷曰：「尚，
讀『崇尚』之尚。校，報也。下尚校，猶言在下之人崇尚於報仇雪恨。
朱謂『爭而犯上』，其義未聞。」考《渚宮舊事》卷 2：「夫棄法廢令，
是臣乘君而下尚狡。」即本《韓子》此文。《說苑》作「夫犯法廢令

〔註 25〕洪頤煊《讀書叢錄》卷 18，收入《續修四庫全書》第 1157 冊，上海古籍出版
　　　　社 2002 年版，第 714～715 頁。

〔註 26〕趙萬里《說苑斠補》，《國學論叢》第 1 卷第 4 期，1928 年版，第 171 頁。

〔註 27〕向宗魯《說苑校證》，中華書局 1987 年版，第 360 頁。

〔註 28〕王叔岷《史記斠證》，中華書局 2007 年版，第 1341 頁。

〔註 29〕高亨《古字通假會典》，齊魯書社 1989 年版，第 770 頁。

〔註 30〕李笠《廣史記訂補》，復旦大學出版社 2001 年版，第 90 頁。

〔註 31〕梁玉繩《史記志疑》卷 18，中華書局 1981 年版，第 880 頁。

〔註 32〕宋翔鳳《過庭錄》卷 11，中華書局 1986 年版，第 192 頁。

〔註 33〕翟灝《四書典故辨正》卷 10，收入《續修四庫全書》第 167 冊，上海古籍出
　　　　版社 2002 年版，第 498 頁。「《索隱》」當是「《集解》」之誤記。

不尊敬社稷，是臣棄君下陵上也」，盧文弨據本書校「棄」作「乘」
〔註34〕，是也。「臣乘君」即「下陵上」之誼。陳啓天謂松皋圓「訓
乘爲陵，未可從」，傎矣。本書「下尙校」即「下上校」，言臣下上犯
於君也，不必乙作「下校尙（上）」（蔣禮鴻已指出「無須乙耳」，但
從王先愼解爲「下亢上」，則非）。校、狡，並讀爲絞，急切也，引申
爲很戾、忮很之義。字亦作交、佼，《文子・上禮》：「末世之禮，恭
敬而交。」《晏子春秋・問下》：「莊敬而不狡。」《中說・禮樂篇》：「狡
乎逆上。」「交」、「狡」二字並與此文「校」義同。《大戴禮記・子張
問入官》：「故臨之無抗民之志，勝之無犯民之言，量之無狡民之辭。」
《家語・入官》「狡」作「佼」。「狡（佼）」亦「抗」、「犯」之誼。字
亦作姣、効、挍、傲〔註35〕。《校注》：「校，較量。」張覺曰：「『尙』
作狀語。」皆非是。

（57）天雨，廷中有潦

按：廷，《書鈔》卷36、《御覽》卷353、636引並作「庭」，《渚宮舊事》卷
2亦作「庭」。潦，《書鈔》卷36、《錦繡萬花谷》前集卷9引同，《渚宮
舊事》卷2亦同，陳本《書鈔》卷124、《御覽》卷353引作「水」，《御
覽》卷636引作「淖」，蓋皆臆改。

（58）廷理曰：「車不得至茆門，非法也。」

按：王先愼曰：「『至茆門』三字當重。」「至茆門」三字可承上省。非，違
也，已詳《功名篇》校補。言車不得至第門，如果車至第門，違法也。

（59）廷理舉殳而擊其馬，敗其駕

按：殳，陳本《書鈔》卷124、《御覽》卷353、636、《錦繡萬花谷》前集卷
9引同，《書鈔》卷36引作「策」，誤。以殳擊其馬，故能敗其駕也。
敗，《書鈔》卷36引誤作「販」。《爾雅》：「敗，覆也。」敗其駕，言其
駕不循軌轍也。《漢書・武帝紀》：「夫泛駕之馬。」顏師古曰：「泛，覆
也，字本作覂，後通用耳。覆駕者，言馬有逸氣而不循軌轍也。」「敗

〔註34〕盧文弨《說苑校正》，收入《群書拾補》，《續修四庫全書》第1149冊，上海
古籍出版社2002年版，第423頁。
〔註35〕參見蕭旭《淮南子校補》，花木蘭文化出版社2014年版，第278～280頁。

駕」即「罢（泛）駕」，亦即「覆駕」也。本書《外儲說右下》：「駕敗。」
又「駕必敗而道不至也。」則爲倒言。《校注》：「敗，摧毀。駕，車。」
張覺曰：「『敗駕』是指使套了馬的車與馬離散。」皆臆說無據。

（60）前有老主而不踰，後有儲主而不屬，矜矣

按：《資治通鑑外紀》卷 6、《皇王大紀》卷 47 同，《書鈔》卷 36 引上句作
「前有老先主而不偷」，陳本「老先主」作「先主」，王先愼引誤作「先
王」。衍「先」字，「踰」又誤作「偷」。《說苑・至公篇》作「老君在前
而不踰，少君在後而不豫」。矜，劉如瑛訓嚴正，謂「不必旁假」，是也；
亦可訓謹愼。王先愼謂「矜」假爲賢，陳啓天、陳奇猷、《校注》、張覺
皆從其說，陳奇猷又云：「矜之本義蓋爲自賢，引申之則他人之賢亦曰
矜矣。」陳奇猷說非是，矜之本義是矛柄，明載於《說文》；且矜訓自
賢，是自誇、自負、自大義，不得引申爲賢人之詞。

（61）吳起示其妻以組曰：「子爲我織組，令之如是。」組已就而效之，其組異善

按：當「令之如是組」爲句。《御覽》卷 430 引作「合如是組」，《書鈔》
卷 36、《御覽》卷 819、826 引作「令如是組」，《冊府元龜》卷 864
亦作「令如是組」。「合」爲「令」形誤。《白氏六帖事類集》卷 2 引
作「如所示」〔註36〕，蓋臆改。末二句，《御覽》卷 430、《冊府元龜》
卷 864 引作「妻織組異善」，《御覽》卷 819 引作「妻織組果善」。「果」
爲「異」形誤。

（62）起曰：「使子爲組，令之如是，而今也異善，何也？」

按：何也，《書鈔》卷 36 引作「何取」。「取」爲「耶」形誤。

（63）吳起曰：「非語也。」使之衣歸

按：語，《書鈔》卷 36 引同，王叔岷指出《御覽》卷 430、826 引作「詔」，
又卷 819 引作「戒」。《白氏六帖事類集》卷 2 引作「詔」，《冊府元龜》
卷 864 亦作「詔」。「語」當是「詔」形誤。詔，告也，教也。戒，讀
爲誡，亦教也，命也。物双松曰：「謂非我所命也。」物氏已得其義，

〔註36〕《白帖》在卷 8，下同。

而未得其字。太田方謂「語」當作「吾言」二字，陳啓天、梁啓雄、張覺從其說；陳奇猷謂「語」下脫「爾」字；皆未得。使之衣歸，《書鈔》卷 36 引作「使衣之而歸之」，《白氏六帖事類集》卷 2 引作「歸之」，《御覽》卷 430、《冊府元龜》卷 864 引作「使衣之而歸」，又卷 819 引作「使之衣而歸」，又卷 826 引作「使衣而歸」。王先愼據《御覽》三引，於「歸」上補「而」字，是也。顧廣圻曰：「『衣』當作『夜』。」于省吾謂「衣歸」即「依歸」，謰語。陳奇猷曰：「于說至確。余前校以『衣』爲穿衣，大謬。」陳氏舊說不誤，顧氏改字無據。于說尤誤，「依歸」是「歸往」義，而非「遣歸」、「遣返」義。尹桐陽曰：「非，違也。」徐仁甫曰：「『衣』爲『扅』之聲借。《說文》：『扅，歸也，從反身。』」亦皆誤。「扅」同「依」，亦「歸往」義。

（64）壺酒不清，生肉不布

按：蔣禮鴻曰：「作『清』義未詳。」清，壺酒，也稱「壺漿」。清，過濾。《越絕書·荊平王內傳》：「即發〔其〕簞飯，清其壺漿而食之。」〔註37〕太田方曰：「布，宜作『晞』。晞，晞也。晞，乾也。《文子》：『肉凝而不食，酒澂而不飲。』《方言》：『澂，清也。』澂亦作澄。《列子》：『酒未清，肴未晞。』」太說是也，《文子》見《上禮篇》，《淮南子·精神篇》「澂」作「澄」，字同。《列子》見《周穆王篇》。《方言》見卷 12，《文選·詠史詩》李善注引作「澄，清也」。「肴」謂熟肉。晞，乾也。《禮記·聘義》：「酒清，人渴而不敢飲也；肉乾，人饑而不敢食也。」《儀禮·鄉射禮》、《鄉飲酒禮》鄭玄注作「酒清肴乾」。《抱朴子外篇·酒誡》：「終日百拜，殽乾酒澄。」《法言·修身》：「日昃不食肉，肉必乾；日昃不飲酒，酒必酸。」此文反其義而用之，「生」疑當作「牲」，言壺酒不及清，牲肉不及乾，皆已賜下而食之矣。王先愼曰：「布，陳也。」陳奇猷從其說，非是。

（65）遂斬顛頡之脊，以徇百姓

按：斬，斷也，《商子·賞刑》正作「斷」。山仲質曰：「『脊』宜作『首』。」其說非是。《商子》亦作「脊」，《御覽》卷 636 引《商子》同，又卷 646 引誤作「首」。

〔註37〕「其」字據《御覽》卷 826 引補。

卷十四

《外儲說右下》第三十五校補

（1）王子於期為馴駕，彎筴不用而擇欲於馬，〔擇欲於馬者〕，擅芻水之利也

按：擇，當作「釋」，讀為適。上文「造父御四馬，馳驟周旋而恣欲於馬，恣欲於馬者，擅彎筴之制也」，「適欲」亦「恣欲」之誼。王煥鑣解「擇」為「選」，非是。

（2）田連、成竅，天下善鼓琴者也，然而田連鼓上，成竅攦下，而不能成曲

按：攦，盧文弨引孫貽穀說，據《文選・琴賦》李善注引校作「擫」，顧廣圻曰：「攦，當依《選》注作『擪』。」〔註1〕陳啓天據改作「擫」，太田方、松皋圓亦改作「擪」。王先慎引《說文》「擫，一指按也」以解之；劉文典引《淮南子・說林篇》「使但吹竽，使氏厭竅」以證顧說，謂「厭、擫同字」。諸家改字未得，且《說文》作「擪」，《選》注引作「擪」，字雖同「擫」，要當忠於原書為得。「攦」當即「揖」增旁俗字，為「擪（擫、擪、厭）」音轉，又音變作「按」字。方以智曰：「厭案，擪服也。厭音益涉反，與揖、按通用。」〔註2〕尹桐陽曰：「攦、擫聲

〔註1〕陳啓天、陳奇猷引顧說，並誤「擪」作「擫」。
〔註2〕方以智《通雅》卷5，收入《方以智全書》第1冊，上海古籍出版社1988年

轉通用。」皆是也。《儀禮‧鄉飲酒禮》鄭玄注：「推手曰揖，引手曰
厭，今文皆作揖。」又「今文厭皆爲揖。」又《鄉射禮》：「厭眾賓。」
鄭玄注：「引手曰厭，今文皆曰揖眾賓。」《禮記‧玉藻》：「進則揖之，
退則揚之。」《大戴禮記‧保傳》一本「揖」作「厭」。皆其證。又音
變作「掩」，《淮南子‧兵略篇》：「是故扶義而動，推理而行，掩節而
斷割，因資而成功。」于省吾曰：「掩、按古字通。」〔註3〕王煥鑣曰：
「撤，同『接』，持。」陳奇猷曰：「戡，止也。則以手止物爲撤，蓋
古義之僅存者。」皆非是。

（3）已駕，察手吻文

按：王先愼曰：「手，當爲『毛』之誤。謂察馬之毛與吻文也。」太田方
曰：「手吻者，善御者執轡如組，四馬之口齊合如一。」章太炎曰：「察
手吻文，謂轡之上連己手下在馬吻者，其相成之文理能比順否也。」
松皋圓曰：「《列子》：『齊輯乎轡銜之際，而急緩乎脣吻之和。』因考
『察手吻文』四字，與『際乎吻之』四字全相類，豈傳寫相承，缺脫
訛舛，存此四字歟？《主術訓》又有此語。或說『察手吻』句，『文』
字屬下句。宜作『手察吻』，謂手循馬吻，察其氣息也。」梁啓雄曰：
「未詳，似是駕車者舉手以口吻手紋的動作。」陳奇猷曰：「察即擦，
文即紋。察手吻文者，蓋謂御者使其兩手執轡繩牢固，先以口吻手。
手有紋，故曰吻文。」松皋圓引《列子》見《湯問篇》，又說「察手
吻」句，「文」屬下句，是也，餘說皆誤。「文且發矣」當作「又且發
矣」。《呂氏春秋‧先己》：「《詩》曰：『執轡如組。』」高誘注：「夫組
織之匠，成文於手，猶良御執轡於手，而調馬口以致萬里也。」又《本
味》：「若射御之微。」高誘注：「御者執轡於手，調馬口之和，而致
萬里。」皆足證此文。「吻」指馬之脣吻。「察手吻」者，察御者之手
與馬之口，調和之也。

（4）驅而前之，輪中繩；引而却之，馬掩迹

按：掩迹，謂同其迹，襲合其迹。《荀子‧富國》：「皆使衣食百用出入相

版，第 216 頁。
〔註3〕于省吾《淮南子新證》卷3，收入《雙劍誃諸子新證》，上海書店 1999 年版，
　　　第 427 頁。

揜。」王念孫曰：「《爾雅》曰：『弇，同也。』《方言》曰：『掩，同也。』《詩・執競》傳：『奄，同也。』弇、奄、掩、揜並通。」〔註4〕《荀子・儒效》：「張法而度之，則晻然若合符節。」王引之曰：「晻然，同貌。《韓詩外傳》作『奄然』。弇、奄、晻並通。」〔註5〕《六韜・犬韜・練士》：「欲掩迹揚名者。」「掩迹」義同本書。亦作「揜迹」，《荀子・儒效》：「揜迹於文武。」楊倞注：「揜，襲也。」《淮南子・詮言篇》：「故聖人揜迹於爲善而息名於爲仁也。」又作「弇迹」，《荀子・賦》：「法禹舜而能弇迹者邪？」楊倞注：「弇，襲。」

（5）馬退而却，策不能進前也；馬騺而走，轡不能正也

按：正，秦本、《迂評》本作「止」。松皋圓曰：「『止』一作『正』，非也。」陳奇猷曰：「『進前』二字當衍其一。馬騺而走則旁逸，雖執轡而不能使旁逸之馬入於正途，故曰不能正也。王先慎改爲『止』，不必。」松說是也，《喻林》卷70、《繹史》卷147引亦作「止」。本書《外儲說右上》：「驅之不前，卻之不止。」「轡不能止」即「卻之不止」，「驅之不前」即「策不能進」，此作「止」字之確證。《淮南子・主術篇》：「騏驥騄駬，天下之疾馬也，驅之不前，引之不止，雖愚者不加體焉。」又《說林篇》：「騏驥驅之不進，引之不止，人君不以取道里。」皆本此文，亦作「止」字。

（6）令田連、成竅共琴，人撫一絃而揮，則音必敗、曲不遂矣

按：揮，讀爲徽，本指琴弦，用爲動詞，則爲彈奏義。《淮南子・主術篇》：「夫榮啓期一彈而孔子三日樂，感於和；鄒忌一徽，而威王終夕悲，感於憂。」高誘注：「徽，騖彈也。」《文選・文賦》：「猶絃麼而徽急，故雖和而不悲。」李善註引《淮南子》文，又引許慎注：「鼓琴循絃謂之徽。」《莊子・天運》：「吾奏之以人，徵之以天。」〔註6〕「徽」

〔註4〕王念孫《荀子雜志》，收入《讀書雜志》卷11，中國書店1985年版，第13頁。《方言》見卷3：「掩，同也，江淮南楚之間曰掩。」
〔註5〕王引之說轉引自王念孫《荀子雜志》，收入《讀書雜志》卷10，中國書店1985年版，第104頁。《外傳》見卷5。
〔註6〕別本「徽」誤作「徵」，參見陳敏、蕭旭《中村不折藏敦煌寫卷〈莊子〉校補》，《中國語學研究・開篇》第34卷，2015年10月日本好文出版。

－205－

義同。字或作緯〔註7〕。

（7）秦昭王有病，百姓里買牛而家為王禱

按：《書鈔》卷90引「病」作「疾」，「里」作「日」，無「家」字。《御覽》
卷738引「病」作「疾」，無「里」字。「日」為「里」脫誤。《七國攷》
卷12引「里買牛」作「里出八牛」，不知其所據。

（8）夫非令而擅禱，是愛寡人也

按：非，違也。已詳《功名篇》校補。

（9）夫愛寡人，寡人亦且改法而心與之相循者，是法不立

按：于鬯謂「者」字衍文，是也。松皋圓謂「者」當作「則」，屬下句，
亦通。「改法而心與之相循」即下文「吾釋勢與民相收」之誼。「循」
當作「脩」，讀為收。《列女傳》卷1：「母曰：『子為相三年矣，祿未
嘗多若此也，豈脩士大夫之費哉？安所得此？』」陳漢章曰：「脩，通
作收，聚也，取也。」〔註8〕《說文》：「𥄂，脩或從丩。敕鳩切。」
此「攸」、「丩」同部聲近之證。太田方曰：「循，委曲隨行意。」非
是。

（10）請發之

按：《御覽》卷486、964、965、《事類賦注》卷26、《玉海》卷171引同；
《類聚》卷87二引，一引同今本，一引「發」下有「與」字。《白氏
六帖事類集》卷30〔註9〕、《初學記》卷28、《古今事文類聚》後集卷
26引亦有「與」字。《白帖》引「請」下有「王」字。

（11）夫生而亂，不如死而治

按：夫，提示之辭，《類聚》卷87、《御覽》卷486、964引誤作「人」。

（12）公儀休相魯而嗜魚，一國盡爭買魚而獻之

按：一國，《淮南子·道應篇》同，《白氏六帖事類集》卷29〔註10〕、《古

〔註7〕 參見蕭旭《淮南子校補》，花木蘭文化出版社2014年版，第190頁。
〔註8〕 陳漢章《列女傳斠注》卷上，象山陳氏鉛印本，1935年出版，第10頁。
〔註9〕 《白帖》在卷99。
〔註10〕 《白帖》在卷98，下同。

今合璧事類備要》別集卷 86 引作「邦人」，《御覽》卷 389、935、《事類賦注》卷 29 引作「一邦」，《韓詩外傳》卷 3 作「一國人」。盡，王叔岷指出《御覽》卷 389、935 引作「皆」，《事類賦注》卷 29 引亦作「皆」。《書鈔》卷 38 引作「公儀休嗜魚，爲魯相，國人爭饋魚」，異於今本。

（13）夫唯嗜魚，故不受也

按：故，《御覽》卷 935、《記纂淵海》卷 99 引作「固」，《冊府元龜》卷 928 同。唯，猶以也〔註11〕。《史記‧循吏列傳》作「以嗜魚，故不受也」，《新序‧節士》作「吾以嗜魚，故不受魚」，皆其證，《韓詩外傳》卷 3「夫唯」誤作「夫欲」。

（14）夫即受魚，必有下人之色。有下人之色，將枉於法。枉於法，則免於相。雖嗜魚，此不必能自給致我魚，我又不能自給魚。即無受魚而不免於相，雖嗜魚，我能長自給魚

按：《書鈔》卷 38 引作「夫受人之惠，必有下人之色。色下於人，將枉於法。法枉，則免相無日矣」，《白氏六帖事類集》卷 29、《古今合璧事類備要》別集卷 86 引作「吾以爲相，自可致魚；以受魚退，人誰遺我魚」，皆異於今本。

（15）子之相燕，貴而主斷

按：而，《戰國策‧燕策一》、《史記‧燕召公世家》作「重」。「貴而主斷」是本書習語。

（16）蘇代為秦使燕，見無益子之，則必不得事而還，貢賜又不出

按：松皋圓曰：「『賞』元作『貢』，字之誤也。物曰：『貢，貢秦。賜，賜代。』遂屬強解。」陳奇猷說同物氏。松斥物氏強解是，而改字尤爲失之。諸家皆未得「賜」字之義。《爾雅》：「貢、錫、畀、予、貺、賜也。」《釋文》：「貢，字或作贛，同。」「錫」同「賜」，與「貢」皆「付予」義。此文「貢賜」同義連文，謂燕向齊之進貢。「贛」爲本字，《說

〔註11〕參見裴學海《古書虛字集釋》，中華書局 1954 年版，第 188 頁。蕭旭《古書虛詞旁釋》有補證，廣陵書社 2007 年版，第 77 頁。

文》：「贛，賜也。」《吳越春秋·闔閭內傳》：「吳王以越不從伐楚，南伐越，越王元常曰：『吳不信前日之盟，棄貢賜之國而滅其交親。』」「貢賜」亦此義。字或倒作「錫貢」，《書·禹貢》：「厥包橘柚錫貢。」孔傳：「小曰橘，大曰柚。其所包裹而致者，錫命乃貢，言不常。」孔疏引王肅曰：「橘與柚，錫其命而後貢之，不常入。」又引鄭玄曰：「有錫則貢之，此州有錫而貢之。或時乏，則不貢。錫，所以柔金也。」孔、王解爲「錫命」，鄭氏解爲「柔金」，皆分「錫貢」爲二義，非也。《書·禹貢》：「九江納錫大龜。」《史記·夏本紀》「納錫」作「入賜」。錫亦貢也，孔傳亦誤釋爲「錫命」。又「錫貢磬錯。」「錫」皆下予上之辭，而舊訓失其義。《書·堯典》：「師錫帝曰。」孔傳：「師，眾。錫，與也。」此「錫」亦貢義，所貢者言也。言眾人貢言於帝也。

（17）曰：「其任所愛不均。」

按：均，讀爲恂。《說文》：「恂，信心也。」《方言》卷1：「恂，信也，宋、衛、汝、潁之間曰恂。」字亦作詢，《爾雅》：「詢，信也。」郭璞注引《注方》：「宋、衛曰詢。」字或作徇，本書《說疑》：「有務朋黨徇智尊士以擅逞者。」松皋圓曰：「不均，謂不專任。」吳汝綸、吳闓生讀「均」爲「專」，亦備一通。太田方曰：「均，均禮也。言其任所愛大臣，不宜與己均等也。」尹桐陽、陳奇猷讀「均」爲「鈞」，訓「重」。梁啓雄曰：「均借爲純，專也，全也。」《校注》：「均，協調，適當。」張覺訓「均」爲「平徧」。皆非是。

（18）今王以國讓子之，子之必不受也

按：《戰國策·燕策一》、《史記·燕召公世家》「不」下有「敢」字，《中論·愼所從》同。

（19）潘壽，隱者

按：隱，讀爲癮，《說文》：「癮，癮者，忘而息也。」〔註12〕「隱者」即「癮者」。段玉裁曰：「《方言》、《廣雅》皆曰：『癮，忘也。』忘而息，宋

〔註12〕《說文繫傳》作「忘而怠」，考《集韻》二引並作「忘而息」，《廣韻》、《五音集韻》、《六書統》亦同，則「怠」爲「息」形誤。

人所謂黑甜也，故從黑。今人所用『憨』字即此字之變也。」〔註13〕《方言》見卷 13，「瞲」原誤作「聲」，戴震校正。「黑甜」是宋代人俗語，「甜」同「酣」，謂酣睡、晝寢〔註14〕。《玉篇》：「瞲，瞲然忘也。」《廣韻》：「瞲，音黯去聲，叫呼仿佛，瞲然自得。」敦煌寫卷 S.388《正名要錄》：「瞲：忘。」「瞲」謂暗昧，如酣睡而忘其事理，即愚蠢義。章太炎曰：「《說文》：『瞲，忘而息也。』於檻切。字變作憨，平陽謂癡爲憨，音胡檻切。」〔註15〕黃侃亦曰：「瞲，後出作憨。」〔註16〕皆從段說。憨，愚也。顧廣圻曰：「今本『闚』作『隱』。」作「隱」者蓋未達其誼而妄改。陳奇猷曰：「闚，虓豁之貌。蓋怪異人也。」梁啓雄曰：「『闚』是望視也，無意義，應作『隱者』。」皆未是。

（20）夫人主之所以鏡照者，諸侯之士徒也，今諸侯之士徒皆私門之黨也。人主之所以自淺婒者，巖穴之士徒也，今巖穴之士徒皆私門之舍人也

按：顧廣圻曰：「淺婒，《藏》本同，今本作『羽翼』。按此未詳。」淺之言劃，《廣雅》：「劃，削也。」字亦作鏟，俗作劂。《玄應音義》卷 4、16 並引《蒼頡篇》：「鏟，削平也。」《御覽》卷 764 引《釋名》：「鏟，平削也。」婒之言削。「淺婒」即「劃削」，言侵削、侵欺。今吳語、江淮方言尚謂侵欺、折辱別人曰「劃（鏟）」〔註17〕。《說文》：「婒，小小侵也。」敦煌寫卷 P.2011 王仁昫《刊謬補缺切韻》同。《廣雅》：「婒、犯，侵也。」《玉篇》：「婒，小婒，侵也。」P.3906《碎金》：「人

〔註13〕 段玉裁《說文解字注》，上海古籍出版社 1981 年版，第 489 頁。

〔註14〕 蘇東坡《發廣州》：「三杯軟飽後，一枕黑甜餘。」自注：「浙人謂飲酒爲軟飽，俗謂睡爲黑甜。」宋釋惠洪《冷齋夜話》卷 1：「詩人多用方言，南人……又謂睡美爲黑甜。」宋祝穆《古今事文類聚》後集卷 21 引《青箱雜記》：「北人以晝寢爲黑甜。」

〔註15〕 章太炎《新方言》卷 2，收入《章太炎全集（7）》，上海人民出版社 1999 年版，第 45 頁。

〔註16〕 黃侃《字通》，收入《說文箋識》，中華書局 2006 年版，第 145 頁。

〔註17〕 許寶華、宮田一郎《漢語方言大詞典》記載吳語謂用刻薄的言詞罵人曰「鏟」，又記載江淮方言謂以粗魯語言否定別人意見曰「劃」，中華書局 1999 年版，第 5499、2371 頁。

娋掠：捎音。」《集韻》：「娋，《博雅》：『侵也。』謂爲人所侵侮。」
段玉裁曰：「侵者，漸進也。凡用稍稍字，謂出物有漸。凡用娋娋字，
謂以漸侵物也。」〔註18〕「侵」爲漸進義，故侵犯、侵侮亦謂之侵。
張覺謂《說文》釋語「『侵』是『逐漸』的意思，而不是『侵犯』之意」，
是不知「侵犯」之取義，而又失考《集韻》也。「淺娋」亦即「小娋」，
侵侮也。此用爲被動詞，言人主好於虛名，則爲巖穴之士所欺侮。本
書《外儲說左上》：「夫好顯巖穴之士而朝之，則戰士怠於行陣。」是
《韓子》固輕其巖穴之士也。《廣韻》：「娋，小娋，偷也。」《五音集
韻》同。《龍龕手鑑》：「娋，小娋，倫也。」「偷」、「倫」皆「侵」形
誤。王先愼、朱起鳳從或本，改「淺娋」作「羽翼」〔註19〕，松皋圓
改作「羽翊」，蓋未達其誼而妄改，斯未得也。章太炎讀爲「嶘隖」，
解爲「高陵」；陳奇猷讀爲「宣昭」、「顯昭」，解爲「光顯」；《校注》：
「淺，通『羧』，猛鳥攫物的情態，引申爲勇猛。娋，被侮，被侵犯。
淺娋，防禦侵犯，奮起自衛。」張覺解「淺娋」爲「小」。亦皆失之。

（21）今王欲傳之子之，而吏無非太子之人者也，是名傳之，而實令太子自取之也

按：「是名傳之」當作「是名傳子之」，今本脫「子」字。《戰國策·燕策一》、
《史記·燕召公世家》作「是名屬子之」，正有「子」字。諸家皆未知
脫「子」字。

（22）方吾子曰

按：吾、牙（伢）一聲之轉，古人多以「牙」、「吾」、「嬰」取名，其義一也
〔註20〕。

（23）〔一一攝萬目而後得〕，則是勞而難，引其綱而魚已囊矣

按：王叔岷指出《御覽》卷834引「難」下有「獲」字。《御覽》引「囊」
作「慕」，誤。

〔註18〕段玉裁《說文解字注》，上海古籍出版社1981年版，第623頁。
〔註19〕朱起鳳《辭通》，上海古籍出版社1982年版，第2676頁。
〔註20〕參見蕭旭《「嬰兒」考》，收入《群書校補（續）》，花木蘭文化出版社2014年
版，第2082～2083頁。

（24）救火者，令吏挈壺甕而走火則一人之用也，操鞭箠指麾而趣使
　　　人則制萬夫

按：《兩漢刊誤補遺》卷6引無「甕」字，「麾」作「揮」。

（25）無術以御之，身雖勞猶不免亂；有術以御之，身處佚樂之地，又
　　　致帝王之功也

按：「雖」下，盧文弨據張本補「使」字；陳奇猷謂盧說非，又謂《道藏》
　　本、《迂評》本有「處」字亦誤。《喻林》卷100引作「身雖處勞」。考
　　《外儲說左上》：「故有術而御之，身坐於廟堂之上，有處女子之色，無
　　害於治；無術而御之，身雖瘁臞，猶未有益。」或此文「勞」下脫「瘁」，
　　當作「身雖勞瘁」，四字為句。

（26）茲鄭踞轅而歌

按：踞，疑當作「据」，同「據」。據，倚也。

（27）簡主曰：「勿輕勿重，重則利入於上，若輕則利歸於民，吏無私
　　　利而正矣。」

按：劉如瑛曰：「而，猶則。正，猶中。」是也。謂吏無私利則正矣。王先
　　慎謂有脫文，太田方謂「正」當作「足」，松皋圓、陶鴻慶、陳啓天、
　　陳奇猷謂「正」當作「止」，皆非是。《御覽》卷627引亦作「正」字。
　　「若」字衍文，《意林》卷1、《御覽》卷627引無。陶鴻慶謂「上」字
　　衍，「若」當作「君」屬上句，「吏」當作「使」，皆非是。

（28）宮中有怨女則民無妻

按：妻，《御覽》卷541引作「妃」。妃，配也。

（29）乃論宮中有婦人而嫁之

按：論，王先慎據《御覽》卷541引改作「論」。王叔岷指出景宋本《御
　　覽》引仍作「論」，則王氏所據為誤本。論，趙海金讀為掄，擇也；
　　並謂「有」作衍文，《御覽》引無，皆是也。《書鈔》卷84引作「出
　　宮中婦女嫁之」。松皋圓於「有」上補「所」字。陳啓天曰：「論，如
　　論功論罪之論。」陳奇猷曰：「論，察也。」張覺解「論」為「考查」。
　　皆非是。

（30）丈夫二十而室，婦人十五而嫁

按：二十，《說苑・貴德》同，《御覽》卷 541 引作「三十」。陳奇猷引《墨子・節用上》：「昔者聖王爲法曰：『丈夫年二十，毋敢不處家。女子年十五，毋敢不事人。』」說與本書相合。《國語・越語上》：「女子十七不嫁，其父母有罪；丈夫二十不娶，其父母有罪。」此則女子稍有變法。《周禮・地官・媒氏》：「令男三十而娶，女二十而嫁。」賈公彥疏引王肅曰：「《周官》云：『令男三十而娶，女二十嫁。』謂男女之限，嫁娶不得過此也。三十之男，二十之女，不待禮而行之，所奔者不禁。娶何三十之限？前賢有言：『丈夫二十不敢不有室，女子十五不敢不有其家。』」然則男二十而娶女十五而嫁是其下限，男三十而娶女二十而嫁是其上限。《穀梁傳・文公十二年》：「男子二十而冠，冠而列丈夫，三十而娶。女子十五而許嫁，二十而嫁。」《大戴禮記・本命》：「中古男三十而娶，女二十而嫁，合於五也，中節也。」《白虎通義・嫁娶》：「男三十而娶，女二十而嫁……男三十，筋骨堅強，任爲人父；女二十，肌膚充盛，任爲人母。合爲五十，應大衍之數，生萬物也。」《淮南子・氾論篇》：「禮：三十而娶。」《書鈔》卷 84 引《淮南》作「二十」。

（31）延陵卓子乘蒼龍挑文之乘

舊注：言雕飾之。

按：（a）延陵，《御覽》卷 746、896、《事類賦注》卷 21 引作「鉛陵」，《漢書・古今人表》亦作「鉛陵」。《廣韻》「陵」字條、《通志》卷 27 並云：「《呂氏春秋》有鉛陵卓子。」〔註21〕《宋書・樂志四》《君馬篇》：「鉛陵策良駟，造父爲之悲。」〔註22〕即用此典。鉛、延古同音相借。沈欽韓曰：「『鉛』、『延』同。」〔註23〕（b）挑文，《御覽》卷 746、《喻林》卷 99 引作「桃文」，《御覽》卷 896、《事類賦注》卷 21 引作「排父」。王先慎謂《御覽》卷 896 引作「桃文」，失檢。「排父」是形譌。太田方曰：「桃文，桃花馬也。《秦紀》『溫驪』，徐本『盜驪』，鄒本『騴

〔註21〕今本《呂氏春秋》無。
〔註22〕《樂府詩集》卷 19 同。
〔註23〕沈欽韓《漢書疏證》卷 10，收入《續修四庫全書》第 266 冊，上海古籍出版社 2002 年版，第 304 頁。

驪』。《玉篇》『桃騠』，皆以音近，轉訛不同，而實則桃文也。說者以盜爲竊，遂爲淺青馬者，誤。」松皋圓曰：「桃文，馬青質有赤文，色如桃花也。」考《史記・秦本紀》：「得驥、溫驪、驊騮、騄耳之駟。」《集解》引徐廣曰：「溫，一作盜。」《索隱》：「溫音盜。徐廣亦作盜。鄒誕生本作駣，音陶。劉氏《音義》云：『盜驪，騧驪也。騧，淺黃色。』八駿既因色爲名，騧驪爲得之也。」「溫」爲「盜」之譌，故爲異文。《索隱》「溫音盜」者，以注音表正字，非「溫」有「盜」音也。字又誤作「騙」，《玉篇》、《廣韻》並云：「騙，騙驪，駿馬。」胡吉宣曰：「盜形誤爲溫，而復變爲馬旁。」〔註 24〕《廣雅》作「駣騠」，王念孫曰：「《史記》『盜驪』即此『駣騠』也。《玉篇》作『桃騠』，《御覽》引《廣雅》亦作『桃』。《集韻》云：『駣騋，獸名，似馬。』」〔註 25〕《御覽》卷 893 引《廣雅》作「桃騋」，有注：「騋，音黎。」諸家謂「盜」、「桃」、「駣」通，是也〔註 26〕，然太氏、松氏以爲「桃花」是本義，則望文生訓矣。劉氏《音義》解爲「淺黃色」，是爲正解，指黃白相雜之毛色，即斑駁色。《爾雅》：「黃白雜毛，駓。」郭璞注：「今之桃華馬。」《玉篇》：「驪，盜驪，千里馬也。」又「駓，黃白色，今之桃華。駍，同上。」又「騠，桃騠馬。」據此，「桃華馬」即黃白色相雜之馬，近於淺綠色，非色如桃花也。「華（花）」是「騧」音變，「騧」之言咼，正字作竵，《說文》：「竵，不正也。」《集韻》：「苽，不正也，或作華、佤、竵。」「騧」指馬毛色不正，有雜色毛，是改易義符的淺黃色馬的專字，字亦作騸。《說文》：「騧，黃馬黑喙。騸，籀文騧。」《爾雅》：「白馬黑唇，駩。黑喙，騧。」郭璞注：「今之淺黃色者爲騧馬。」《釋文》：「毛《傳》、《說文》、《字林》皆云：『黃馬黑喙曰騧。』」俗字亦作駈，《集韻》：「《說文》：『黃馬黑喙，籀從㒳。』或作駈。」

〔註 24〕胡吉宣《玉篇校釋》，上海古籍出版社 1989 年版，第 4474 頁。「騙」、「溫」亦有可能是「騧」形誤。

〔註 25〕王念孫《廣雅疏證》，收入徐復主編《廣雅詁林》，江蘇古籍出版社 1992 年版，第 1017～1018 頁。

〔註 26〕睡虎地秦簡《日書》乙種：「朝兆不得，晝夕得。」九店楚簡《日書》作「朝逃得，晝不得，夕不得」，楚簡整理者讀逃爲盜，是也，兆亦借字。九店楚簡例以逃爲盜，如「利於寇逃」，「必無堣（遇）寇逃」，皆是。《九店楚簡》，中華書局 2000 年版，第 88、93、120 頁。

段玉裁曰：「宋明帝以騧字似禍，改從瓜，遂於古音不合。」〔註 27〕段說非是，從瓜是改易聲符的俗字，「踻」或作「跙」，「睎」或作「眂」，皆其比也。《舊唐書・北狄列傳》載太宗十驥，「八曰流金駒」。《御覽》卷 895、《事類賦注》卷 21 引「駒」作「騧」〔註 28〕，《記纂淵海》卷 98 引作「駉」。「駉」乃「騧」形譌。敦煌寫卷 P.2567+P.2552《唐詩叢鈔》李白《惜罇空》：「〔五〕花馬，千金裘，呼兒將出換美酒，與爾同銷萬古愁。」〔註 29〕P.2544、S.2049「花」作「駒」〔註 30〕，「駒」是「騧」形譌，斷無可疑。「花」是「華」俗字。「華」又作「驊」，是增加義符的分別字。《穆天子傳》卷 1：「天子之駿……華騮。」郭璞注：「色如華而赤，今名馬縹赤者爲棗騮，棗騮，赤也。」《廣雅》作「驊騮」。「驊（華）騮」是指毛駁雜之馬，與「棗騮」指赤色之馬非一物，郭注非是。桃、駣，並讀爲盜，「挑」亦借字。胡吉宣曰：「駣、桃並爲盜之聲誤。」〔註 31〕盜色即竊色，言顏色相雜，即淺色者也。太田方謂「以盜爲竊，爲淺青馬者，誤」，傎矣。《列子・周穆王》：「左驂盜驪。」殷敬順《釋文》：「『盜驪』即《荀子》之『纖離』者也。」《荀子》見《性惡篇》，楊倞注亦曰：「『纖離』即《列子》『盜驪』者也。」方以智曰：「凡言竊言盜，皆借色、淺色、閒色也。鳥九扈，有竊脂、竊藍等色……八駿有盜驪，盜亦竊意，謂淺驪也。」又曰：「盜驪，竊驪也，一作『溫驪』，《荀子》作『纖離』。竊，淺青色。驪，純黑色。《爾雅疏》謂竊即古淺字。竊脂、竊玄、竊黃之類，皆指色也。纖亦借淺音。」〔註 32〕《爾雅疏》謂「竊即古淺字」，非是。方氏謂「纖亦借淺音」，亦非。「纖離」當與「襳褵」、「纖纚」、「襳襹」等同源，指毛羽被垂〔註 33〕。《爾雅》：「小領，盜驪。」沈廷芳曰：「『盜驪』當爲

〔註 27〕 段玉裁《說文解字注》，上海古籍出版社 1981 年版，第 462 頁。宋明帝事見《宋書・明帝本紀》：「改騧邊爲瓜，亦以騧字似禍字故也。」又《南史・宋本紀》：「改騧馬字爲馬邊瓜，以騧字似禍故也。」

〔註 28〕 《事類賦注》據《北京圖書館古籍珍本叢刊》第 75 冊影印本，四庫本引誤作「駒」。

〔註 29〕 今傳世各本皆作「五花馬」，據補「五」字。

〔註 30〕 此例承趙家棟博士檢示，謹致謝忱。

〔註 31〕 胡吉宣《玉篇校釋》，上海古籍出版社 1989 年版，第 4474 頁。

〔註 32〕 方以智《通雅》卷 37、46，收入《方以智全書》第 1 冊，上海古籍出版社 1988 年版，第 1144、1375 頁。

〔註 33〕 參見蕭旭《「流利」考》，收入《群書校補（續）》，花木蘭文化出版社 2014 年

『騜騟』。《穆天子傳》作『騞騟』，註云：『疑騜騟字。』」〔註34〕浦鏜說同〔註35〕。二氏說非是，《穆天子傳》卷4「盜驪」、「騜騟」判然二馬名，又卷1「盜驪」、「華騟」亦判然二馬名，「華」即「騜」。字亦作繹，《玉篇殘卷》：「繹，《蒼頡篇》：『不青不黃也。』《聲類》：『綠色也。』」敦煌寫卷P.2011王仁昫《刊謬補缺切韻》、《廣韻》並云：「繹，不青不黃。」《廣韻》：「繹，繹綠色。」《集韻》：「繹，色在青黃間曰繹。」又「繹，色青黃謂之繹。」又「繹，綠色。」不青不黃即淺綠色。本書下文作「翟文」，「翟」即「繹」省文。胡吉宣曰：「盜即繹之假借字。」〔註36〕是也。俞樾據下文讀「桃文」爲「翟文」，陳啓天從俞說，云：「翟文，謂馬毛之文如雉羽也。」陳奇猷亦從俞說，云：「山雉之尾長者爲翟。翟文之乘，謂馬有如雉尾之紋者。」亦望文生義也。段玉裁曰：「桃蟲之桃亦取兆聲，謂其小。《列子》『盜驪之馬。』《廣雅》作『駣驒』，《荀卿》、《戰國策》作『纖離』，郭注《穆天子傳》云：『爲馬細頸。』此桃訓小之證也。」〔註37〕錢繹說同〔註38〕。二氏引徵諸書，以證「兆」有小義，非也。朱駿聲曰：「盜者次之誤字。」〔註39〕亦非是。張覺曰：「兩處文字不同，不必同解。此文之『挑』可看作『桃』的通假字，下節之『翟』可依其本義解之。」此句兩處文字明明僅「挑」、「翟」相異，張氏未達通借，偏要斷爲二橛，亦陋甚矣。

（32）馬欲進則鉤飾禁之，欲退則錯錣貫之

按：飾，《御覽》卷746引作「錦」，誤；又卷896引作「餝」，俗字。《御覽》卷896、《事類賦注》卷21引無「欲」字。錣，《御覽》卷746引同，有注：「丁括切。」《御覽》卷896、《事類賦注》卷21引作「綴」，借字。陳奇猷謂「綴」誤，非是。

　　版，第2439～2440頁。
〔註34〕沈廷芳《十三經注疏正字》卷81，收入景印文淵閣《四庫全書》第192冊，臺灣商務印書館1986年初版，第1082頁。
〔註35〕浦鏜說轉引自阮元《爾雅注疏校勘記》卷10，中華書局1980年版，第2657頁。
〔註36〕胡吉宣《玉篇校釋》，上海古籍出版社1989年版，第5442頁。
〔註37〕段玉裁《說文解字注》「驒」字條，上海古籍出版社1981年版，第151頁。《戰國策》未見「纖離」之文，又見於《史記·李斯傳》「乘纖離之馬」，疑段氏誤記。
〔註38〕錢繹《方言箋疏》卷8、12，上海古籍出版社1984年版，第487、706頁。
〔註39〕朱駿聲《說文通訓定聲》「纖」字條，武漢市古籍書店1983年版，第124頁。

（33）延陵卓子乘蒼龍與翟文之乘

　　　舊注：馬有翟之文。

按：舊注非是。翟文，《御覽》卷 896、《事類賦注》卷 21 引作「瞿父」，誤。

　　徐鼏曰：「翟文，即桃文也。」〔註40〕太田方曰：「翟文，亦桃文也。」

　　其說雖是，而於「桃文」卻不了也。

〔註40〕徐鼏《讀書雜釋》卷 4，中華書局 1997 年版，第 51 頁。

卷十五

《難一》第三十六校補

（1）晉文公將與楚人戰，召舅犯問之……辭舅犯，因召雍季而問之

按：因，猶又也〔註1〕。《御覽》卷327引作「又問雍季」，又卷633引《呂氏》同。

（2）以詐遇民，偷取一時，後必無復

按：《御覽》卷327引作「以詐遇民，後必無民」，《呂氏春秋·義賞》作「詐僞之道，雖今偷（一作愈）可，後將無復」，《淮南子·人間篇》作「以詐僞遇人，雖愈利，後亦無復」，《說苑·權謀》作「詐猶可以偷利，而後無報」。復，報也。遇，讀爲愚。愈，讀爲偷。《御覽》卷313引《淮南》，二字正作「愚」、「偷」，《治要》卷39引《呂氏》亦作「偷」字。《管子·牧民》：「不處不可久者，不偷取一世也。」此尤爲讀「偷」之確證。又「無復」後《淮南》有「君其正之而已矣」一句，疑本書脫。此句與上文「君其詐之而已矣」相對舉。《御覽》卷633引《呂氏》作「以詐導民，亦一時之利也」，「導」當作「遇（愚）」。

（3）以舅犯之謀與楚人戰以敗之

按：以敗之，當據《御覽》卷327引校作「大敗之」，三字爲句。《淮南子·

〔註1〕 參見蕭旭《古書虛詞旁釋》，廣陵書社2007年版，第30頁。

人間篇》作「用咎犯之謀與楚人戰，大破之」，《說苑‧權謀》作「遂與荊軍戰，大敗之」。謀，《呂氏春秋‧義賞》作「言」，高誘注：「言，謀也。」另詳《十過篇》校補。

（4）文公曰：「此非君所知也。」

按：顧廣圻曰：「『君』當作『若』。」松皋圓說同。《御覽》卷 327 引正作「若」字。

（5）拔拂今日之死不及，安暇待萬世之利

按：顧廣圻曰：「拔、拂同字，或當衍其一也。」王先愼曰：「『拔今日之死不及』與《孟子》『救死猶恐不暇』語意正同。拂即拔之複字。或一本作『拔』，一本作『拂』，校者失刪。」物双松、松皋圓改「拔」作「祓」。陳奇猷曰：「『拔拂』爲連綿詞，《廣雅》：『拂，拔也。拔，除也。』拔爲祓之假字，除惡祭也。祓拂亦即祓除。」王煥鑣曰：「疑『拔』是『捄』字之誤，『捄』即『救』字。」顧氏謂「拔、拂同字」是，然刪字則非。陳氏不刪字是，然讀拔爲祓亦誤。王煥鑣改字殊爲無據。龍宇純曰：「拔、拂古音近，義同，此蓋二字平列爲複合動詞，非必當衍其一也。」斯爲得之。《方言》卷 3：「拂，拔也，自關而西或曰拔。」《廣雅》：「捊、拂，拔也。」「拔」、「拂」、「捊」三字音轉相訓，字本作「勃」，俗作「挍」。《說文》：「勃，排也。」朱駿聲曰：「今蘇俗以力旋轉物曰勃。」〔註2〕「勃」謂旋轉而拔之。王念孫曰：「《淮南子‧俶眞訓》：『疾風挍木而不能拔毛髮。』高誘注云：『挍亦拔也。』《覽冥訓》云：『捊拔其根。』捊與挍通。拂猶捊也，方俗語有輕重耳。《大雅‧生民篇》『茀厥豐草。』《韓詩》作拂，是拂爲拔也。《韓子‧難篇》云：『拔拂今日之死不及。』」〔註3〕故連言則曰「拔拂」，猶言拔出、解救。音轉亦曰「捊拔」，《淮南子‧覽冥篇》：「捊拔其根，蕪棄其本。」《文子‧上禮》作「悖拔」，亦借字。「勃」音轉爲「拂」、「拔」，故可連言，亦可對言。今語「做作」、「等待」，「做」、

〔註2〕朱駿聲《說文通訓定聲》，武漢市古籍書店 1983 年版，第 682 頁。

〔註3〕王念孫《廣雅疏證》，收入徐復主編《廣雅詁林》，江蘇古籍出版社 1992 年版，第 261 頁。

「等」亦分別是「作」、「待」之音轉，是其比也〔註4〕。

（6）歷山之農者侵畔，舜往耕焉，朞年，甽畝正

王先愼曰：甽畝正，《類聚》卷11引作「而耕者讓畔」。

按：《類聚》卷65、《御覽》卷822引作「讓畔」，《御覽》卷81引作「而耕者讓」，又卷424引作「農者讓畔」。《史記·五帝本紀》：「舜耕歷山，歷山之人皆讓畔。」《正義》引《韓子》作「耕者讓畔」。《新序·雜事一》：「故耕於歷山，歷山之耕者讓畔。」農者侵畔，《正義》引誤作「農相侵略」。

（7）東夷之陶者器苦窳，舜往陶焉，朞年而器牢

王先愼曰：《類聚》卷11引「器」下有「以」字。

按：《御覽》卷81引「器」下亦有「以」字。《路史》卷21作「器以利」。

（8）耕漁與陶，非舜官也

按：陳奇猷曰：「官，猶職也。」梁啓雄曰：「官猶事也。」《說苑·反質》：「耕漁與陶，非舜之事。」《路史》卷21：「耕漁陶販，非舜事也。」

（9）乃躬藉處苦而民從之

顧廣圻曰：《藏》本、今本「藉」作「耕」。按「藉」、「借」同字。

王先愼曰：顧說是。上文耕、漁、陶三項，此不當僅言耕也。

按：《路史》卷21：「編蒲結罟躬耕處苦而民從之。」是宋人所見，固作「耕」字。「藉」是「耕」形譌。疑今本脫「編蒲結罟」四字。《呂氏春秋·慎人》言舜「編蒲葦，結罘網」。陳奇猷、張覺並曰：「藉，踐履也。」非是。王煥鑣疑「藉」是「親」形誤，又引一說謂「藉」即「耤」。徐仁甫曰：「藉與親雙聲，即借爲親。吳懷生曰：『處，讀爲劇，勤也。』」吳說是，王、徐說非也。《史記·荀卿列傳》：「劇子之言。」《集解》引徐廣曰：「按應劭《氏姓注》直云處子也。」此其相通之證。

（10）楚人有鬻楯與矛者

〔註4〕古書此類用例甚多，參見蕭旭《「嬰兒」考》，收入《群書校補（續）》，花木蘭文化出版社2014年版，第2078～2079頁。

－219－

按：楯，《書鈔》卷121、123引作「盾」，下同。

（11）令曰：「中程者賞，弗中程者誅。」

按：《鄧子‧轉辭篇》：「明君立法之後，中程者賞，缺繩者誅。」《商子‧
修權》：「故立法明分，中程者賞之，毀公者誅之。」皆爲《韓子》所
本（太田方已引《鄧子》）。《淮南子‧主術篇》：「法定之後，中程者賞，
缺繩者誅。」亦本之。字亦作「呈」，《史記‧秦始皇紀》：「上至以衡
石量書，日夜有呈，不中呈，不得休息。」《鹽鐵論。水旱》：「卒徒作
不中呈，時命助之。」

（12）臣聞之：「矜僞不長，蓋虛不久。」

按：《說苑‧談叢》：「務僞不長，喜虛不久。」向宗魯曰：「案《管子‧小
稱》：『務爲不久，蓋虛不長。』即此文所本，而『務』字皆後人所改。
『務』本作『矜』，『矜』有夸飾之義。《淮南子‧齊俗篇》：『矜僞以
惑世，伉行以違眾。』（又見《文子‧道原篇》）又云：『爲行者相揭
以高，爲禮者相矜以僞。』皆『矜僞』二字相連之證。《韓子》云云，
可訂《管子》之誤，即可訂此文之誤矣。」〔註5〕龍宇純曰：「『務』
並當作『矜』，獨此不誤。矜猶言飾也。」二氏說是也，「矜僞」是秦
漢人習語。《風俗通義‧愆禮》：「飾虛矜僞。」《後漢書》卷27：「張
湛不屑矜僞之誚，斯不僞矣。」亦其證也。王利器校《風俗通》亦曰：
「『矜僞』連文，即本《韓子》，不得以爲誤也。」〔註6〕矜，文飾、
美化。《莊子‧天運》：「故夫三皇五帝之禮義法度，不矜於同而矜於
治。」成玄英疏：「矜，美也。」《呂氏春秋‧愼大》：「桀愈自賢，矜
過善非。」皆是其例也。《韓子》二句言掩飾虛僞不會長久。王念孫、
俞樾、松皋圓校「矜」爲「務」〔註7〕，儨矣。陳奇猷謂當各從本書，
矜，自賢也，自誇也。陳氏亦不知「務」是誤字。《說苑》之「喜」、
《呂氏》之「善」，則皆當校作「蓋」，亦掩飾之義。《商子‧禁使》：
「故至治，夫妻交友不能相爲棄惡蓋非，而不害於親。」是其例也。

〔註5〕 向宗魯《說苑校證》，中華書局1987年版，第393頁。
〔註6〕 王利器《風俗通義校注》，中華書局1981年版，第159頁。
〔註7〕 王念孫說見《淮南子雜志》，二見，並收入《讀書雜志》卷14，中國書店1985
年版，第33、122頁。

「蓋虛」即《風俗通》「飾虛」之誼。左松超校《說苑》，謂「喜」當作「蓋」，「矜」當作「務」〔註8〕，得失各半。陳奇猷校《呂氏》，讀「善」爲「繕」，訓修治，謂與「飾」同義〔註9〕。陳說非是，「繕」訓修治，猶今言改正，非掩飾義。

（13）明主之道不然，設民所欲以求其功，故為爵祿以勸之；設民所惡以禁其姦，故為刑罰以威之

按：陳奇猷曰：「功，《藏》本作『乃』，《迂評》本作『故』，均誤。」《管子·明法解》：「明主之道，立民所欲以求其功，故爲爵祿以勸之；立民所惡以禁其邪，故爲刑罰以畏之。」又「故無爵祿，則主無以勸民；無刑罰，則主無以威眾。」此《韓子》所本。《淮南子·泰族篇》：「故先王之教也，因其所喜以勸善，因其所惡以禁姦。」亦本之。設，立也。畏，讀爲威。《韓詩外傳》卷6：「故賞不用而民勸，罰不加而威行。」〔註10〕《列子·仲尼》：「爵賞不能勸，刑罰不能威。」

（14）臣重之實，擅主也。有擅主之臣，則君令不下究，臣情不上通。一人之力，能隔君臣之間，使善敗不聞，禍福不通

按：《管子·明法解》：「人臣之所以乘而爲姦者，擅主也。臣有擅主者，則主令不得行，而下情不上通。人臣之力，能鬲君臣之間而使美惡之情不揚聞，禍福之事不通徹，人主迷惑而無從悟，如此者，塞主之道也。」《鶡冠子·王鈇》：「柱國不政，使下情不上聞，上情不下究，謂之絲政。」此《韓子》所本。《淮南子·主術篇》：「是故號令能下究，而臣情得上聞。」究，徧達。

（15）卑賤不待尊貴而進，論；大臣不因左右而見；百官修通，群臣輻湊；有賞者君見其功，有罰者君知其罪；見知不悖於前，賞罰不弊於後

舊注：可賞，賞。可罰，罰。無所蔽塞也。

按：《管子·明法解》：「明主之道，卑賤不待尊貴而見，大臣不因左右而

〔註8〕 左松超《說苑集證》，（臺灣）國立編譯館2001年版，第990頁。
〔註9〕 陳奇猷《呂氏春秋新校釋》，上海古籍出版社2002年版，第855頁。
〔註10〕《荀子·強國》同。

進。百官條通，群臣顯見。有罰者主見其罪，有賞者主知其功。見知不悖，賞罰不差，有不蔽之術，故無壅遏之患。」此《韓子》所本。（a）顧廣圻曰：「《藏》本同。今本無『論』字。按『進』字當衍。」梁啓雄曰：「『論』字似衍。」今本是，「論」字當衍。陳奇猷謂有脫文，補作「卑賤不待尊貴而進，〔功勞不以近習而〕論；大臣〔不口口口口口，智士〕不因左右而見」。陳氏臆補，尤為無據。（b）修，讀為條，《管子》正作「條」，字或借「脩」為之。王念孫曰：「《韓子·難篇》：『百官修通。』《管子·明法解篇》修作條。《集韻》：『修，他彫切，縣名，周亞夫所封。』即《史記·絳侯世家》之條侯，是條、修古字通。」〔註 11〕《集韻》作「脩」字，《漢書·周亞夫傳》：「封為條侯。」顏師古曰：「縣在勃海，《地理志》作脩字，其音同耳。」《文子·上仁》：「百官條通，群臣輻湊。」《淮南子·主術篇》作「修通」，《治要》卷 35 引《文子》、《御覽》卷 77 引《淮南》並作「脩通」，《類聚》卷 11 引《淮南》誤作「修道」〔註 12〕。《管子·任法》：「羣臣脩通輻湊，以事其主。」《淮南子·要略篇》：「使百官條通而輻輳，名（各）務其業。」「修（脩）通」即「條通」，亦即「條達」。「條達」是秦漢人習語，謂條理而通達也。《戰國策·魏策一》：「條達輻湊。」《逸周書·周祝解》：「舉其修，則有理。」王念孫曰：「修，即條字也。」〔註 13〕《淮南子·泰族篇》：「脩其風俗。」《漢書·地理志》：「條其風俗。」正用本字「條」。松皋圓解「修通」為「效忠於君」。陳奇猷曰：「修，治也。」王煥鑣曰：「修通，遠通。」《校注》：「修，通『循』，順序。」皆非是。（c）弊，四庫本作「蔽」。舊注訓「蔽塞」，顧廣圻、松皋圓讀弊為蔽，皆是也，《管子》正作「蔽」。悖，讀為茀〔註 14〕，亦蔽也，字亦借「拂」為之〔註 15〕。《詩·碩人》毛傳：「茀，

〔註11〕 王念孫《荀子雜志》，收入《讀書雜志》卷 10，中國書店 1985 年版，第 102 頁。

〔註12〕 王念孫《淮南子雜志》，收入《讀書雜志》卷 13，中國書店 1985 年版，第 67 頁。王氏於此未指出「修讀為條」，蓋偶失照耳。

〔註13〕 王念孫《逸周書雜志》，收入《讀書雜志》卷 1，中國書店 1985 年版，第 56 頁。

〔註14〕 從孛從弗古多通用，參見張儒、劉毓慶《漢字通用聲素研究》，山西古籍出版社 2002 年版，第 909 頁。

〔註15〕 參見蕭旭《淮南子校補》，花木蘭文化出版社 2014 年版，第 802～803 頁。

蔽也。」《莊子・胠篋》:「故上悖日月之明,下爍山川之精,中墮四時之施。」亦其例。陳啓天曰:「不悖,猶言不誤也。弊,與『敝』通。不弊,猶言不失也。」陳奇猷曰:「悖,通『誖』,亂也,謬也。弊,敗也,壞也。」梁啓雄說同陳奇猷。皆非是。

(16) 明主賞不加於無功,罰不加於無罪

按:已詳《姦劫弑臣篇》校補。

(17) 公披衽而避,琴壞於壁

按:琴壞於壁,《御覽》卷 845 引作「琴傷於臂」。「臂」爲「壁」誤。《淮南子・齊俗篇》作「師曠舉琴而撞之,跌衽宮壁」。

(18) 師曠曰:「啞!是非君人者之言也。」

舊注:啞,歎息之聲。

按:啞,《御覽》卷 845 引作「嘻」。「啞」爲歎辭,字亦作「惡」,又作「噁」,今俗作「呀」。《孟子・公孫丑上》:「惡!是何言也?」又按《淮南子・齊俗篇》亦記爲師曠援琴撞晉平公,《說苑・君道》、《御覽》卷 574 引《史記》載師經援琴而撞魏文侯〔註16〕,與此相類,蓋傳聞異辭。

(19) 非其行則陳其言,善諫不聽則遠其身者,臣之於君也

按:松皋圓曰:「善諫,屢諫。」至確。《左傳・襄公二十八年》:「慶氏之馬善驚。」孔穎達疏:「善驚,謂數驚,古人有此語。今人謂數驚爲好驚,好亦善之意也。」孔疏「好」讀去聲。陶宗儀《輟耕錄》卷 10:「善字訓多字,《詩・載馳》:『女子善懷。』鄭箋:『善,猶多也。』《漢書》:『岸善崩。』善亦多也。」楊愼《丹鉛餘錄》卷 15:「古書善字訓多,《毛詩》『女子善懷』,《前漢志》『岸善崩』,《後漢紀》『蠶麥善收』,《晉春秋》『陸雲善笑』,皆訓多也。」善諫,猶言數諫,多次進諫。俗言「多愁善感」者,善亦多也。《史記・殷本紀》:「微子數諫不聽,乃與大師、少師謀,遂去。」又《宋微子世家》:「人臣三諫不聽,則其義可以去矣。」又《日者列傳》:「賢之行也,直道以正

〔註16〕 《事類賦注》卷 11 引《史記》同,此《史記》非太史公書,《御覽》卷 579 引作「《十二國史》」。

諫，三諫不聽則退。」「三諫」、「數諫」是其誼也。陳奇猷曰：「師曠
援琴撞平公，蓋惡諫，故此云善諫以別於惡諫。」王煥鑣曰：「善諫，
委婉的諫爭。」二氏解「善」爲善惡之「善」，非是。于省吾改「善」
爲「若」，尤誤。

（20）舉琴而親其體

按：太田方曰：「亲，近也。」未切。物双松曰：「親，猶犯也。」陳奇猷
曰：「『親』爲撞擊之意，蓋當時俗語也。」皆無據。「親」疑「侵」
音誤。《說疑》：「親下以謀上。」顧廣圻曰：「今本『親』作『侵』。」
是其比。

（21）齊桓公時，有處士曰小臣稷

按：小臣稷，《路史》卷17作「士嬰」。太田方曰：「小臣，姓。稷，名。」
陳奇猷曰：「小臣，其氏。稷，其名也。」考《姓氏急就篇》卷下：「五
王、威王、小王、臣。」王應麟注：「小臣氏，《韓非子》『齊桓公處士
小臣稷』。」此陳說所本。

（22）桓公曰：「吾聞布衣之士，不輕爵祿，無以易萬乘之主；萬乘之主，不好仁義，亦無以下布衣之士。」

按：松皋圓曰：「易亦輕也。山曰：《韓詩外傳》作『輕』。」易，《御覽》
卷509引嵇康《高士傳》同，皇甫謐《高士傳》卷上作「助」，《類說》
卷2、《錦繡萬花谷》後集卷21、《說郛》卷57引《高士傳》亦作「助」。
「助」爲「易」譌誤。《後漢書・樊英傳》：「雖在布衣之列，環堵之
中，晏然自得，不易萬乘之尊。」此作「易」之確證也。《韓詩外傳》
卷6：「布衣之士，不欲富貴，不輕身於萬乘之君；萬乘之君，不好仁
義，不輕身於布衣之士。」《呂氏春秋・下賢》：「士驁祿爵者，固輕
其主；其主驁霸王者，亦輕其士。」高誘注：「驁亦輕也。」《文選・
解嘲》李善注引「驁」作「憿」，《新序・雜事五》作「傲」。「易」即
「輕」也，梁啓雄指出本字是「敡」，是也。《御覽》卷474引本書上
句作「吾聞布衣之士，而輕爵祿，雖萬乘無以異萬乘之主」，蓋妄爲
改作。

（23）故伊尹以中國為亂，道為宰于湯；百里奚以秦為亂，道為虜于穆公

按：顧廣圻曰：「兩『于』字當作『干』。」王先慎曰：「道，由也。《難二篇》：『伊尹自為宰干湯，百里奚自為虜干穆公。』自亦由也。『于』即『干』之誤。」（王說實本俞樾）二氏謂「于」當作「干」，是也；然王氏謂「道，由也」，則非是。本書《難二篇》作「伊尹自以為宰干湯，百里奚自以為虜干穆公」，俞氏、王氏刪二「以」字以就其說，于鬯已駁之。王煥鑣、徐仁甫謂「自」即「自己」之「自」，是也。王煥鑣又曰：『『道』疑『迺（乃）』字之誤。亦可能為『自』字之誤。但『道』、『迺』形更相近。」余謂「自」誤為「首」，復易作「道」。松皋圓以「道」屬上句，徐仁甫謂「道」訓「直」，皆非是。

（24）公曰：「使子立高、國之上。」

按：立，讀為位，其下省介詞「於」，詳《外儲說左下》校補。

（25）當世之行事都丞之下徵令者，不辟尊貴，不就卑賤

按：「就」與「辟（避）」對文，猶言趨也、近也。言都丞下徵令，不管貴賤也。陶鴻慶謂下「不」當作「而」，屬上為句。梁啟雄讀「就」為「蹴」，訓踐蹋，王煥鑣、《校注》說同。皆非是。張覺已指出梁說誤。

《難二》第三十七校補

（1）晏子之貴踊，非其誠也，欲便辭以止多刑也

按：便，讀為辯。張覺指出陳啟天、陳奇猷解「便辭」為「託辭」誤，而尚不知「便」即「辯」借字，未達一間。

（2）夫惜草茅者耗禾穗，惠盜賊者傷良民

按：《管子·明法解》：「草茅弗去，則害禾穀；盜賊弗誅，則傷良民。」（松皋圓引二「弗」作「不」，「穀」作「穗」，皆失檢。）耗亦傷害之誼。《記纂淵海》卷93引「耗禾穗」作「好禾穗」[註17]。「好」即「耗」音誤。

〔註17〕此據《北京圖書館古籍珍本叢刊》第71冊，書目文獻出版社1998年版，第396頁。四庫本在卷53，誤作「禾不穗」。

《記纂淵海》卷 79 引《管子》「禾穀」作「禾稼」〔註18〕。《潛夫論·述赦》：「夫養稊稗者傷禾稼，惠姦宄者賊良民。」《後漢書·王符傳》引「稊稗」作「粮莠」。《齊民要術·種穀》引《鹽鐵論》：「惜草芳者耗禾稼，惠盜賊者傷良人。」今本《鹽鐵論》無此文，「芳」即「茅」形譌〔註19〕，《海錄碎事》卷 9 引已誤。「禾穗」當是「禾稼」之誤，諸家皆失校。「穗」或作「穟」，「稼」形誤為「稼」，因改作「穟」，復改作「穗」。

（3）管仲曰：「此非有國之恥也。」

按：王先慎曰：「《意林》脫『非』字，《御覽》卷 497、684、845、《事類賦》卷 17 引並有『非』字。」《御覽》卷 684 引亦脫「非」字，王氏失檢。王說是也，《金樓子·雜記下》亦有「非」字。趙海金謂「非」字衍；陳奇猷謂王說非，於此句下補「有國之恥，在政之不明」二句，皆非是。

（4）公胡其不雪之以政

按：王先慎據《意林》、《御覽》、《事類賦》引刪「其」字，是也。《類聚》卷 19、《御覽》卷 465 引亦無「其」字，《金樓子·雜記下》同。趙海金謂「其」為語助，「不」字衍，非是。陳奇猷謂王說非，而所引「何其」、「曷其」句式與此皆不同，其說亦非是。

（5）公曰：「胡其善！」

按：王先慎據《類聚》、《御覽》、《事類賦》引刪「胡其」二字，是也，《御覽》卷 465 引亦無此二字，《金樓子·雜記下》同。陳奇猷謂王說非，於「胡其」下補 11 字，殊為無據。

（6）公胡不復遺冠乎

按：復，各書引同，《意林》卷 1 引形誤作「更」。

〔註18〕此據《北京圖書館古籍珍本叢刊》第 71 冊，書目文獻出版社 1998 年版，第 335 頁。四庫本在卷 50。

〔註19〕參見繆啟愉《齊民要術校釋》，農業出版社 1998 年版，第 80 頁；又參見石聲漢《齊民要術今釋》，科學出版社 1958 年版，第 40 頁。

（7）昔者文王侵孟、克莒、舉酆

按：洪頤煊、王引之校「孟」作「盂」，王先慎舉《御覽》卷 84 引正作「盂」
　　以證王說。四庫本《御覽》引作「盂」，景宋本《御覽》未引此文。《路
　　史》卷 42 引正作「盂」。

（8）三舉事而紂惡之

按：惡，《路史》卷 42 引作「兵」。

（9）請入洛西之地、赤壤之國方千里以請解炮烙之刑

按：赤壤，地名。張覺指出「國」指封地，是。《初學記》卷 8 引《上黨
　　記》：「高平、赤壤，其地阻險，百姓不居。」〔註 20〕陳奇猷曰：「松
　　平康國曰：『赤壤，猶言美土也。』案：松說是，國亦地也。……『赤
　　壤』疑亦爲地名。」陳說「國亦地也」，非是。

（10）仲尼聞之曰：「仁哉文王！輕千里之國而請解炮烙之刑。智哉文
　　　　王！出千里之地而得天下之心。」

按：《類聚》卷 12 引上句，「仁」作「大」，「里」作「乘」。《路史》卷 42 引
　　脫「解」字，餘同。今本上「千里」當作「千乘」，涉下文而誤。「仁」
　　字不誤。

（11）固其所以桎梏囚於羑里也

按：固，猶宜也。《史記・賈生傳》：「而固當改正朔。」《漢書》「固」作
　　「宜」。陳啓天曰：「固，猶乃也。」陳奇猷曰：「『固』同『故』，猶
　　乃也。」未允。

（12）晉平公問叔向曰：「昔者齊桓公九合諸侯，一匡天下，不識臣之
　　　　力也，〔君之力也〕？」

按：盧文弨引孫貽穀說，據《文選・四子講德論》注引補「君之力邪」四
　　字；顧廣圻據《新序・雜事四》「不識其君之力乎，其臣之力乎」於
　　「識」下補「君之力也」四字；王先慎舉《御覽》卷 620 引作「君之
　　力臣之力」以證之。孫、顧所補均可。阜陽漢墓殘簡作「不識君之力

乎」，《路史》卷35作「翳君之力乎，臣之力邪」。

（13）賓胥無善削縫

按：削縫，《新序‧雜事四》同，阜陽漢墓殘簡作「削齊」。高亨曰：「削亦縫也。」王煥鑣說同，其說皆本於王引之。《荀子‧臣道》：「事暴君者，有補削，無撟拂。」王引之曰：「削者縫也。《韓子‧難篇》曰：『管仲善制割，賓胥無善削縫，隰朋善純緣。』《呂氏春秋‧行論篇》曰：『莊王方削袂。』《燕策》曰：『身自削甲札，妻自組甲絣。』蓋古者謂縫為削，而後世小學書皆無此訓，失其傳久矣。」〔註21〕楊樹達曰：「長沙謂縫衣如峭之平聲，云『補補峭峭』，久疑不知當作何字。近讀《荀子》，王引之云云。按：王氏發明削有縫義，石破天驚，精當無比。余因悟『補峭』當作『補削』字，蓋古音讀削如峭。」〔註22〕姜亮夫指出「楊說極允」，又云：「削，音如『巧』陰平。昭人謂縫衣履邊緣細斜平比曰削。」〔註23〕蔣禮鴻亦援王說。王說是也，而猶未盡。「削」謂繫連，指縫合。字亦作槊，《廣雅》：「槊、緘、絖，索也。」曹憲槊音朔。是「槊」、「緘」與「絖」同義，謂繩索，以繩索繫連之亦謂之槊、緘、絖。《說文》：「絖，縫也。」《玉篇殘卷》：「槊，山卓反。《埤蒼》：『槊，緘也。』」字亦作絮，《玉篇》：「絮，封也。」謂縫合之。字亦作綃，王念孫曰：「綃與槊同義，《文選‧海賦》：『維長綃，掛帆席。』張銑注云：『綃，連帆繩也。』義與槊亦相近。」〔註24〕字亦作緔，《集韻》、《類篇》並云：「槊，緘也，或書作緔。」字亦作鏰、繰、鍬（鏨），《集韻》：「鏒，千遙切，以箴絖衣，通作繰。」陳士元《俗用雜字》：「以鍼絖衣曰鏒，音鏨，七遙切。」〔註25〕「鏒」當是

〔註21〕王說見王念孫《荀子雜志》，收入《讀書雜志》卷11，中國書店1985年版，第39頁。

〔註22〕楊樹達《積微居小學金石論叢》卷4《長沙方言續考》，上海古籍出版社2007年版，第277頁。

〔註23〕姜亮夫《昭通方言疏證》，收入《姜亮夫全集》卷16，雲南人民出版社2002年版，第326頁。

〔註24〕王念孫《廣雅疏證》，收入徐復主編《廣雅詁林》，江蘇古籍出版社1992年版，第599頁。

〔註25〕陳士元《俗用雜字》，附於《歸雲別集》卷25《古俗字略》卷7，收入《四庫存目叢書‧經部》第190冊，第165頁。焦竑《俗書刊誤》卷11《俗用雜字》

「鐰」俗謅，同「鍫（鍫）」。范寅《越諺》卷中：「鍼線直穿曰縫，回曰鉤，平曰鍫，斜曰敓。」〔註26〕今吳方言猶有「繰邊」、「繰縫（fèng）」之語，正音千遙切。其他各地方言亦有此用法，俗記其音作「繑」、「帣」、「敲」。俗字亦作繡、捎，《集韻》、《類篇》並云：「繡，維舟謂之繡。」《中華大字典》：「按今俗陸行，綑載物於車轎曰繡。自河而北謂寄物曰繡，皆本此義以引申之也。」〔註27〕《大字典》謂寄物是繡的引申，未得其源也。宋·岳珂《金佗續編》卷 26：「崔曾、吳全一軍人船，止令在嶽州、鯿山、湘江口及洞庭湖口、牌口等處捎泊。」俗字亦作帩、峭、悄、俏、鞘，《古尊宿語錄》卷 41：「緊峭草鞋。」又卷 40、43 作「緊捎」，《雲門匡眞禪師廣錄》卷 1 作「緊帩」，《明覺禪師語錄》卷 1 作「緊悄」，《青州百問》卷 1 作「緊俏」，《吹萬禪師語錄》卷 5 作「緊鞘」。《古尊宿語錄》卷 40：「緊繫草鞋。」《林泉老人評唱投子青和尚頌古空谷集》卷 1、4：「緊繫芒鞋。」《了菴清欲禪師語錄》卷 2：「緊絆草鞋。」《高峰原妙禪師禪要》卷 1：「牢絆草鞋，緊著脚頭。」是諸字皆「繫絆」之義也。《水滸全傳》第 43 回：「打拴了三五個包箱，捎在車兒上。」俗語「捎帶」，亦取繫連爲義。俗字亦作稍，元·關漢卿《救風塵》第 2 折：「我寫一封書稍將去，著俺母親和趙家姐姐來救我。」元·張國賓《合汗衫》第 3 折：「你將這衫兒半壁親稍帶。」梁啓雄引《說文》「削，析也」，非是。張覺曰：「《漢書·司馬相如傳》『揚袘戌削』注引張揖曰：『削，衣刻除貌。』此文『削』指修剪衣服。王引之、高亨說恐不當。」所謂以不狂爲狂也。至引《漢書》張揖注，亦是不理解其義，亂引一通。彼文「戌削」訓衣刻除貌（今本脫「戌」字），「削」是削殺、降殺之義。《文選》李善注引張揖注作「戌削，裁制貌也。」劉嬌曰：「『削』義爲切割。『齊』可訓爲緝，《儀禮·喪服》：『齊者何？緝也。』《釋名》：『緝，下橫縫，緝其下也。』引申爲縫衣。」〔註28〕劉君未得「削」字之誼，而說「緝」則是也。

鈔錄，收入景印文淵閣《四庫全書》第 228 冊，臺灣商務印書館 1986 年版，第 583 頁。

〔註26〕范寅《越諺》卷中（侯友蘭等點注），人民出版社 2006 年版，第 219 頁。

〔註27〕《中華大字典》，中華書局 1978 年版，第 2082 頁。

〔註28〕劉嬌《西漢以前古籍中相同或類似內容重復出現現象的研究》，復旦大學 2009

（14）凡為人臣者，猶炮宰，和五味而進之君

　按：津田鳳卿曰：「『炮』、『庖』同。」物双松、太田方、梁啓雄、王煥鑣說
　　　同。《路史》卷35作「凡為人臣，猶庖宰之於味也」。

（15）且蹇叔處干而干亡，處秦而秦霸

　按：盧文弨改「干」作「盂」，云：「『盂』或改作『虞』。」顧廣圻曰：「今
　　　本『干』作『于』，按此未詳。」俞樾曰：「干，即虞也。吳有干名，
　　　『虞』與『吳』通用。」王先慎、陳奇猷並從俞說。俞說迂曲，「虞」、
　　　「吳」雖通，而「虞國」不得稱為「吳國」，更不得亦稱作「干」。吳
　　　北江謂「吳」、「干」必非一國，以駁俞氏〔註29〕，當矣。《路史》卷
　　　25：「蹇叔處干，干，國也。《郡國志》：『衛縣南有干城。』《詩》『出
　　　宿于干』者，今開封有邗溝，有段干木廟。」羅苹注：「處干而干亡，
　　　之秦而秦伯，非愚于干智于秦也。」羅注即本《韓子》，是宋人所見
　　　本書，自作「干」字。《呂氏春秋・處方》：「故百里奚處乎虞而虞亡，
　　　處乎秦而秦霸。」《史記・淮陰侯傳》：「百里奚居虞而虞亡，在秦而
　　　秦霸，非愚於虞而智於秦也，用與不用、聽與不聽也。」百里奚是虞
　　　人，故言居虞、處虞。蹇叔是百里奚之友，自處干也。山仲質謂「蹇
　　　叔」是「百里奚」之誤，亦非是。

（16）一曰仲父，二曰仲父

　按：徐仁甫曰：「曰，猶則也。《呂氏春秋・任數》、《新序・雜事四》皆作
　　　『則』。」《論衡・自然》亦作「則」字。

（17）桓公曰：「吾聞君人者勞於索人，佚於使人。」

　　　陳奇猷曰：《荀子・王霸篇》：「故君人勞於索之，而休於使之。」則此為
　　　古人恆言。

　按：《荀子・君道》語同《王霸》。《呂氏春秋・士節》：「賢主勞於求人，
　　　而佚於治事。」《書・立政》孔傳：「勞於求才，逸於任賢。」《鹽鐵
　　　論・刺復》：「故君子勞於求賢，逸於用之。」《後漢書・王堂傳》：「古
　　　人勞於求賢，逸於任使。」《治要》卷48引杜恕《體論》：「齊桓中才

　　　年博士學位論文，第116頁。
〔註29〕北江《〈韓非子〉疑義考》，《雅言》第1卷，1941年版，第16頁。

之主耳，猶知勞於索人，逸於任之。」《荀子》二文之「休」當是「佚」形誤〔註30〕，「佚」同「逸」。《治要》卷 38 引已誤作「休」。楊倞注：「休，息也。」非是。高亨曰：「休猶佚也，猶逸也。」〔註31〕高說亦未得，「休」無「佚」訓。

（18）吾得仲父已難矣，得仲父之後，何為不易乎哉

按：《呂氏春秋·任數》作「吾未得仲父則難，已得仲父之後，曷爲其不易也」，《新序·雜事四》作「吾未得仲父則難，已得仲父，曷爲其不易也」，《論衡·自然》作「吾未得仲父故難，已得仲父，何爲不易」，皆以「未得」與「已得」對言。今本《韓子》「吾得」當作「吾未得」，「難」上挩「則」或「故」字，「已」當乙於下「得」字之前。《論衡·語增》：「齊桓公云：『寡人未得仲父極難，既得仲父甚易。』」亦其證。既亦已也。

（19）人主雖使人，必以度量準之，以刑名參之，以事；遇於法則行，不遇於法則止；功當其言則賞，不當則誅

顧廣圻謂「以事」之「以」衍文。

陳奇猷曰：顧說非也。「以事」下脫「驗之」二字。遇，合也。《二柄篇》：「功當其事，事當其言，則賞；功不當其事，事不當其言，則罰。」

按：本書《主道》亦有《二柄篇》二語，惟「罰」作「誅」，餘同。《管子·明法解》：「明主之治也，審是非，察事情，以度量案之，合於法則行，不合於法則止；功充其言則賞，不充其言則誅。」此《韓子》所本。遇，讀爲偶，《爾雅》：「偶，合也。」下文「以刑名收臣，以度量準下」與此「以度量準之，以刑名參之」相應。陳氏補作「以事驗之」，下無所承，陳氏補字非也。顧廣圻謂「以」衍文，是也。「事」屬下爲句，「事合於法則行，不合於法則止」與「功當其言則賞，不當則誅」同一句法，「事」、「功」對言也。梁啓雄曰：「以，猶爲也。」張覺曰：「以，猶使也。『以事』與上文『使人』一樣，直貫下面兩句。」皆非是。

〔註30〕 王天海《荀子校釋》已及之，上海古籍出版社 2005 年版，第 517 頁。
〔註31〕 高亨《諸子新箋》，收入《高亨著作集林》卷 6，清華大學出版社 2004 年版，第 156 頁。

（20）以刑名收臣，以度量準下

按：收，讀爲糾。《史記·商君傳》：「而相收司連坐。」《索隱》：「收司，謂相糾發也。」朱駿聲曰：「收，叚借爲糾，實爲督。」〔註32〕《荀子·君道》：「便嬖左右者，人主之所以窺遠，收眾之門戶牖嚮也。」高亨曰：「收，讀爲糾，察也。」〔註33〕上文言以刑名參驗之，即此以刑名糾察臣下之誼也。《漢書·元帝紀》「以刑名繩下」，亦即此文之誼。松皋圓解「收」爲「收攝」。楊樹達曰：「『收』當爲『牧』。」陳啓天從楊說。陳奇猷曰：「收，謂收爲己用也。」《校注》：「收，接收、錄用。」皆失之。

（21）語言辨，聽之說，不度於義，謂之窕言

舊注：窕，苟且也。

按：（a）度，居也，在也。《晏子春秋·內篇問上》：「昔三代之興也，謀必度其義，事必因於民。」王念孫曰：「案『度其義』本作『度於義』。度之言宅也，宅者，居也。謂謀必居於義也。《文十八年左傳》：『不度於善，而皆在於凶德。』杜注曰：『度，居也。』是『度於義』即『居於義』也，『度於義』與『因於民』對文。上文『謀度於義者必得，事因於民者必成』，是其明證。」〔註34〕《左傳·文公十八年》「度」與「在」同義對舉。《左傳·哀公十一年》：「若不度於禮，而貪冒無厭，則雖以田賦，將又不足。」亦其例。梁啓雄曰：「不度，謂心不受義約制。」陳啓天、王煥鑣解爲「揆」。《校注》：「度，度量，引申爲符合。」張覺曰：「度，量也。」皆非是。（b）《文選·魏都賦》：「牽膠言而踰侈飾。」劉淵林注引《李克書》：「言語辯，聰（聽）之說，而不度於義者，謂之膠言。」李善注引《廣雅》：「膠，欺也。」《白氏六帖事類集》卷9：「辯而不依禮義曰膠言。」〔註35〕孫詒讓、陳奇猷引《方言》卷3「膠，詐也」，皆是也。膠之言膠，《說文》：「膠，

〔註32〕 朱駿聲《說文通訓定聲》，武漢市古籍書店 1983 年版，第 243 頁。
〔註33〕 高亨《諸子新箋》，收入《高亨著作集林》卷6，清華大學出版社 2004 年版，第 158 頁。
〔註34〕 王念孫《晏子春秋雜志》，收入《讀書雜志》卷8，中國書店 1985 年版，第 119～120 頁。
〔註35〕 《白孔六帖》在卷 30。

空虛也。」字或省作廖，《古文苑》卷 5 漢・劉歆《遂初賦》：「天烈烈以屬高兮，廖琤窱以梟牢。」字或作寥，《玉篇》：「寥，空也。」字或作謬，《說文》：「謬，空谷也。」《廣雅》：「謬，深也。」又「謬，空也。」此空谷義之專字。憀為無憀賴，漻為水清深，膠為骨空處，嶚為崖虛，皆取空虛為義，其義一也。空虛之言，即是欺詐之語，故引申即有欺詐義。字亦音轉作聊、謬，《荀子・子道》：「衣與繆與，不女聊。」《家語・困誓》「聊」作「欺」。《廣雅》：「謬、膠，欺也。」〔註 36〕《說文》：「窕，深肆極也。」「窕」與「膠」音之轉耳，亦空虛之義。「肆極」是複語，甚辭。《小爾雅》：「肆，極也。」王筠以「深肆」連文，云「《玉篇》：『肆，遂也。』深肆，蓋即深邃」〔註 37〕，其說非是。窕言、膠言，今謂之空話、虛辭。洪頤煊謂窕訓空，孫詒讓解「窕言」為虛言，解「膠言」為詐言，皆是也；孫詒讓又謂「當各從本書」，則猶未悟二字音轉，二義本通。梁啓雄曰：「《爾雅》：『窕，肆也。』窕言，指放肆胡說。」《爾雅》窕訓肆，肆亦極也。郭璞注：「輕窕者好放肆。」王念孫曰：「窕、肆，皆謂深之極也。」〔註 38〕梁氏理解為「放肆」，承郭注之誤，非是。蔣超伯曰：「《爾雅》：『窕，間也。』《釋文》：『窕，舍人本作跳。』此『窕言』、『窕貨』亦當訓跳，謂越禮之言、非分之貨。」〔註 39〕太田方曰：「『窕』、『佻』通，偷也。」張覺從太氏說。山仲質曰：「『窕』、『佻』、『恌』通。」陳奇猷解「窕」為淫佚，劉如瑛解「窕」為好，蔣禮鴻從舊注，皆非是。蔣禮鴻又說曰：「《說文》：『膠，空虛也。』又『謬，誇語也。』謬、膠並有虛誕不實之義。『膠言』又與『窕言』同。」〔註 40〕此說是也。

（22）舉事慎陰陽之和，種樹節四時之適

〔註 36〕參見蕭旭《孔子家語校補》，收入《群書校補（續）》，花木蘭文化出版社 2014 年版，第 443～444 頁。

〔註 37〕王筠《說文解字句讀》，中華書局 1988 年版，第 276 頁。

〔註 38〕王念孫說轉引自王引之《經義述聞》卷 27，江蘇古籍出版社 1985 年版，第 639 頁。

〔註 39〕蔣超伯《南滑楛語》卷 8《讀韓非子》，收入《續修四庫全書》第 1161 冊，上海古籍出版社 2002 年版，第 372 頁。

〔註 40〕蔣禮鴻《義府續貂》，收入《蔣禮鴻集》卷 2，浙江教育出版社 2001 年版，第 31 頁。又第 122 頁說略同。

按：山仲質曰：「『慎』、『順』通。」陳奇猷曰：「慎，順也。節，調節。」
陳氏前說是，後說非也。「節」、「適」當互乙，當作「種樹適四時之
節」。「順」、「適」同義對舉，猶言順應。《後漢書・周舉傳》：「順四
節之宜，適陰陽之和。」《淮南子・泰族篇》：「以調陰陽之氣，以和
四時之節。」種樹，猶言種植，指農事而言。《漢書・西域傳》：「不
田作種樹。」顏師古注：「樹，植也。」又《文帝紀》：「歲勸民種樹。」
顏師古注：「樹，謂藝殖也。」《校注》：「節，調度。適，適宜，指合
適的時機。」非是。張覺曰：「節，猶適也。《呂氏春秋・明理》：『其
風雨之不適。』高注：『適，時也。』」張說亦誤，《呂氏》「適」訓時，
是動詞義，謂適時，按時，非此文之誼。

（23）簡子投枹曰

按：枹，《呂氏春秋・貴直》作「桴」。枹、桴，正、借字。《御覽》卷 351
引《呂氏》作「枹」，改作正字。

（24）好利惡害，夫人之所有也

按：《荀子・榮辱》：「凡人有所一同，飢而欲食，寒而欲煖，勞而欲息，好
利而惡害，是人之所生而有也，是無待而然者也，是禹桀之所同也。」
〔註41〕又「好榮惡辱，好利惡害，是君子小人之所同也。」此《韓子》
所本。《荀子・君道》：「為人主者，莫不欲強而惡弱，欲安而惡危，欲
榮而惡辱，是禹桀之所同也。」此文「有」當作「同」，形之譌也。或
「所」下脫「生而」二字。

（25）長行徇上，數百不一失；喜利畏罪，人莫不然

顧廣圻曰：《藏》本同，今本「失」作「人」。按此當衍。

陳奇猷曰：疑當作「令行徇上，百數不一失」。徇，順也。

按：顧謂「失（人）」衍是，陳乙「數百」作「百數」是。「長」字不誤。
此二句對應上文「孝子愛親，百數之一也」、「好利惡害，夫人之所有
（同）也」。徇，讀為循，遵從、依循。《淮南子・氾論篇》：「大人作
而弟子循。」高誘注：「循，遵也。」「長行循上」與《淮南》同義，「長」
指尊貴者。孝子愛親，百數僅得其一；君臣之間不如父子之親，長者

之行而下能遵從者，則百數不得一也。太田方曰：「長，猶高也，先也。『徇』、『殉』通，從也。」梁啓雄、王煥鑣、《校注》、張覺並從太氏說，非是。松皋圓曰：「徇，從也，營也。『長行』未詳，蓋勵節操也。井曰：『猶言忠實也。』」皆非是。

卷十六

《難三》第三十八校補

（1）君子尊賢以崇德，舉善以觀民

按：顧廣圻曰：「《藏》本、今本『觀』作『勸』，《論衡》作『勸』。按此當以『觀』爲是。觀，示也。」陳奇猷曰：「顧說是，《孔叢子》亦作『勸』，誤。」張覺從顧說，並非也。陳啓天、梁啓雄校作「勸」字，是也。《子思子外篇·任賢》亦作「勸」。《風俗通義·過譽》、《後漢紀》卷 7 並引歐陽歙《饗禮訖教》：「蓋舉善以教，則不能者勸。」《治要》卷 49 引《傳子》：「尊賢尙德，舉善以教。」「教」亦所以勸之也，義自相因。

（2）子服厲伯對曰：「其過三，皆君之所未嘗聞。」

按：《論衡·非韓》作「子服厲伯對以其過，皆君子所未曾聞」。曰，猶以也〔註1〕。「曰」下不當加引號，當作一句讀。顧廣圻曰：「之，當依《論衡》作『子』。」陳奇猷曰：「顧說非也。『君』字稱穆公。」陳說是，其說本於其師孫人和，孫氏云：「『君子』當從《韓非子》作『君之』。『君』對魯繆公而言，無取於『君子』也。蓋涉上文諸『子』字而誤。顧廣圻謂《韓非子》『君之』當作『君子』，非也。」〔註2〕

〔註1〕 參見裴學海《古書虛字集釋》，中華書局 1954 年版，第 140～141 頁。蕭旭《古書虛詞旁釋》有補證，廣陵書社 2007 年版，第 50 頁。
〔註2〕 孫人和《論衡舉正》，上海古籍出版社 1990 年版，第 38 頁。

（3）獻公使寺人披攻之蒲城，披斬其袪

按：披，《左傳·僖公二十四年》同，《左傳·僖公二十五年》、《國語·晉語四》作「勃鞮」，《史記·晉世家》作「履鞮」。黃生曰：「披即勃鞮二〔字〕合音，緩言之則曰勃鞮，急言之則曰披，由語有緩急，非人有二名。」〔註3〕惠士奇曰：「不來反爲貍，猶并夾爲籛、終葵爲椎（椎）、邾婁爲鄒、勃鞮爲披、壽夢爲乘、不可爲叵，後世反切之學出之此。」〔註4〕張澍說同惠氏，而尤詳盡，蓋即本於黃、惠二氏之說而增廣之也〔註5〕。王引之曰：「勃鞮之合聲爲披。」〔註6〕胡紹煐曰：「勃鞮即披之合音，長言曰勃鞮，短言曰披。」〔註7〕朱駿聲曰：「披者勃鞮之合音。」〔註8〕

（5）齊、晉絕祀，不亦宜乎

按：祀，《長短經·詭順》引作「嗣」。下文「則雖無後嗣，不亦可乎」，亦作「嗣」字。

（6）以不忠之臣事不明之君

按：以不，原作「不以」，王先慎乙正，是也。《道藏》本、《四部叢刊》影黃丕烈校宋本「不」上無「以」字，「事」上有「以」字，二「以」字皆當有。《長短經·詭順》引正作「以不忠之臣以事不明之君」。下「以」，猶而也。

（7）君不知，則有燕操、子罕、田常之賊

按：《長短經·詭順》引無「燕操」二字，「賊」作「劫」。

〔註3〕 黃生《義府》卷上，收入《字詁義府合按》，中華書局 1954 年版，第 121～122 頁。

〔註4〕 惠士奇《禮說》，轉引自其子惠棟《九經古義》卷 9《儀禮古義上》，收入《叢書集成初編》第 255 冊，中華書局 1985 年影印，第 109 頁。今本惠士奇《禮說》卷 10 云「并夾反爲籛，猶不來反爲貍，後世反切之學出之此」，則有刪減；收入《叢書集成三編》第 24 冊，新文豐出版公司 1997 年版，第 405 頁。

〔註5〕 張澍《續黔書》卷 5，清嘉慶刻本，收入《續修四庫全書》第 735 冊，上海古籍出版社 2002 年版，第 329～330 頁。

〔註6〕 王引之《春秋名字解詁》，收入《經義述聞》卷 23，江蘇古籍出版社 1985 年版，第 568 頁。

〔註7〕 胡紹煐《文選箋證》卷 31，黃山書社 2007 年版，第 841 頁。

〔註8〕 朱駿聲《說文通訓定聲》，武漢市古籍書店 1983 年版，第 499 頁。

（8）是臣讎而明不能燭

按：《長短經・詭順》引「臣」下有「其」字，「明」作「時」〔註9〕。「時」
字誤。「明不能燭」是秦漢人習語。

（9）多假之資

按：假，《長短經・詭順》引作「暇」〔註10〕，誤。

（10）自以為賢而不戒

按：戒，《長短經・詭順》引作「惑」。「戒」形誤作「或」，復易作「惑」
字。言其君自以為賢而不戒備賊臣，故無後嗣也。

（11）夫處勢而不能用其有，而悖不去國，是以一人之力禁一國

按：《廣雅》：「悖，強也。」《集韻》引作「悖，勥也」。字或作倬，《方言》
卷12：「倬，強也。」郭璞注：「謂強戾也。」《玉篇》：「倬，倬強也，
一曰很也。」「強（勥）」俗作「犟」，「很」同「狠」。悖，《四部叢刊》
影黃丕烈校宋本、《道藏》本、鴻文書局石印本、古書叢刊本同，四庫
本、子書百家本、十子全書本作「徒」，顧廣圻謂「悖」當作「恃」，
皆臆改。陳奇猷謂悖訓惑，亦未安。有，讀為友。《荀子・堯問》：「諸
侯自為得師者王，得友者霸，得疑者存，自為謀而莫己若者亡。」《韓
詩外傳》卷6：「莊王曰：『吾聞諸侯之德，能自取師者王，能自取友
者霸，而與居不若其身者亡。』」即此「友」也。不能用其友，故云「以
一人之力禁一國」也。陶鴻慶改「有」作「明」，松皋圓、陳奇猷、王
煥鑣謂「其有」謂勢，陳啓天謂「徒，只也，僅也」，皆未得。

（12）夫分勢不二，庶孽卑，寵無藉，雖處大臣，晚置太子可也

按：處，猶言委任。「處大臣」即上文「用其有（友）」之謂。「雖」猶言即
使，與「可也」呼應。句言君如果持勢，使庶孽卑，寵無藉，則即使把
政事委置於大臣，晚置太子也是可以的。王先慎據趙本改「大臣」作「耄
老」，松皋圓本同，未是。陳奇猷改「雖」作「難」，訓處為處斷；劉如
瑛改「雖」作「離」，皆無據，且不合語法。

〔註9〕 此據南宋初年杭州淨戒院刊本，四庫本脫作「是臣其讎也」。
〔註10〕 此據南宋初年杭州淨戒院刊本，四庫本脫此句。

（13）政在選賢

按：陳奇猷曰：「《說苑》『選賢』作『諭臣』。」《家語・辨政》亦作「諭
臣」。「諭」是「論」形誤，亦選也〔註11〕。

（14）夫堯之賢，六王之冠也，舜一從而咸包，而堯無天下矣

按：一從而咸包，陳啓天、陳奇猷從太田方、松皋圓校作「一徙而成邑」，
是也。《天中記》卷 11 引正作「一徙而成邑」。

（15）始病而憂，臨死而懼，已死而哀

按：始，《論衡・非韓》誤作「知」。《酉陽雜俎》續集卷 4 引《論衡》已誤
作「知」。

（16）則手絞其夫者也

按：顧廣圻曰：「《論衡》『絞』作『殺』。」《御覽》卷 487、《古今事文類
聚》後集卷 14、《古今合璧事類備要》前集卷 28 引《韓子》亦作「殺」。

（17）異日，其御問曰

按：顧廣圻曰：「《論衡》『異日』作『翼日』。」《酉陽雜俎》續集卷 4 引《論
衡》作「異日」。翼、異，並讀為昱，字亦作翌、翊。翼日，明日。

（18）凡人於其親愛也

按：陳奇猷據《論衡》，於「親」上補「所」字，是也。《御覽》卷 487、《古
今事文類聚》後集卷 14、《古今合璧事類備要》前集卷 28 引《韓子》
亦有「所」字。

（19）今哭已死，不哀而懼

按：陳奇猷曰：「《藏》本『今』下有『夫』字。」《論衡・非韓》作「今哭
夫已死」，《御覽》卷 487、《古今事文類聚》後集卷 14、《古今合璧事類
備要》前集卷 28 引作「今夫已死」。「夫」當在「哭」字下，「夫已死」
連文，《論衡》是也。

〔註11〕參見蕭旭《孔子家語校補》，收入《群書校補（續）》，花木蘭文化出版社 2014
年版，第 407 頁。

（20）故宋人語曰：「一雀過羿，羿必得之，則羿誣矣。以天下為之羅，則雀不失矣。」

陳奇猷曰：《莊子‧庚桑楚篇》：「一雀適羿，羿必得之，威也（「威」當從崔本作「或」，「或」、「惑」同）。以天下爲之籠，則雀無所逃。」

按：太田方已引《莊子》，其「適」當據此訂作「過」，《類聚》卷 92、《御覽》卷 764 引《莊子》正作「過」〔註12〕。《記纂淵海》卷 65、97 引已誤作「適」。《御覽》卷 922 引《莊子》作「遇」，亦誤。

（21）左右對曰：「甚然！」

按：甚，信也，誠也〔註13〕。

《難四》第三十九校補

（1）是以桀索崏山之女，紂求比干之心，而天下謂

按：謂，《四部叢刊》影黃丕烈校宋本、《道藏》本、鴻文書局石印本、古書叢刊本同，讀爲潰〔註14〕，潰散。《詩‧賓之初筵》：「式勿從謂。」于省吾讀「從謂」爲「縱潰」，亦其例〔註15〕。松皋圓、王先愼、陳啓天、陳奇猷、梁啓雄從今本改「謂」作「離」，非其舊文也。

（2）湯身易名，武身受詈，而海內服

王先愼曰：《路史》：「桀殺龍逢，湯聞而歎，使人哭之。桀怒，囚湯於夏臺，已而得釋。」以下文「受詈」例之，當即此事。

太田方曰：夏桀名履癸，湯亦名履，蓋以是抵罪易名。

松皋圓曰：《說苑》：「湯困於呂。」疑此爲「湯身困呂」。詈，「羈」字訛，見《喻老篇》。

高亨曰：武身受羈，指武王受羈於王門而言。《呂氏春秋‧首時篇》：「文

〔註12〕松皋圓已及，另詳參見王叔岷《莊子校詮》，中華書局 2007 年版，第 910～911 頁。

〔註13〕參見蕭旭《古書虛詞旁釋》，廣陵書社 2007 年版，第 381 頁。

〔註14〕從胃從貴古字通，參見張儒、劉毓慶《漢字通用聲素研究》，山西古籍出版社 2002 年版，第 920 頁。

〔註15〕于省吾《澤螺居詩經新證》，中華書局 1982 年版，第 134 頁。

王不忘羑里之醜，武王不忘玉門之辱。」《戰國策·趙策》：「文王之拘於牖里，而武王羈於王門。」《御覽·人事部》引《尸子》：「文王幽於羑里，武王羈於王門。」皆文武並舉，是古說相傳有武王羈於王門之事。《竹書紀年》：「文丁十一年，羈文王於王門。」本書《喻老篇》：「文王見詈於王門。」是古說相傳文王亦有羈於王門之事。二事並存，不可強合為一。又《呂氏春秋》、《戰國策》、《尸子》、《竹書紀年》皆作「羈」，而本書獨作「詈」者，疑「詈」亦「羈」義也。

陳奇猷曰：以《說苑·雜言篇》「湯困於呂」校此文，當作「湯身惕呂」。惕，憂懼也。「武」當作「文」。

按：（a）王先慎所引《路史》，未檢得，其文見於《類聚》卷 12、《御覽》卷 83 引《帝王世紀》，文字略有不同，疑王氏誤記。《路史》卷 42 引《韓非》作「武身受詈，湯身易名」，是知諸家改字，皆未得也。（b）《白虎通·姓名》：「湯生於夏世，何以用甲乙為名？曰：湯王後乃更變名，子孫法耳，本名履，故《論語》曰：『予小子履。』履，湯名也。」《書·堯典》孔疏：「王侯《世本》湯名天乙者，〔孔〕安國意蓋以湯受命之王，依殷法，以乙日生，名天乙。至將為王，又改名為履，故二名也。」此即「湯身易名」之說。太田方謂「以抵罪易名」，失考也。（c）牟庭相曰：「湯名天乙，《荀子·成相》曰『乃有天乙是成湯』是也。《論語》曰：『予小子履。』孔注曰：『履，殷湯名。《墨子》引《湯誓》其辭若此。』今《墨子·兼愛下篇》湯曰『惟予小子履，敢用元（玄）牡，告於上天后曰：今天大旱，即當朕身履』云云。《呂氏春秋·順民篇》曰『湯克夏而正天下，天大旱，五年不收，湯以身禱於桑林』云云。庭按：《論語》、《墨子》所引，即是禱雨之文，履當讀為體，古字通用。『予小子體』即所謂翦爪當牲以身禱也，則履非湯之名也。《大戴記·少間篇》曰：『商履代興。』《白虎通》曰『湯本名履，王後更變名乙』，及《論語》孔注，皆不知履為古字體，故遂說之曰湯有二名，其誤久矣。《韓非》亦云『湯身易名』，似謂本名天乙，易名履也，皆誤說矣。」〔註16〕牟氏所辨，不足成立。「履」與「予小子」是同位主語。讀履為體，「予小子體」於文不通。清華簡（一）《程寤》：「乃

〔註16〕牟庭相《雪泥書屋雜志》卷 1，收入《續修四庫全書》第 1156 冊，上海古籍出版社 2002 年版，第 472 頁。

小子發取周廷杼（梓）桓（樹）於卑（厥－闕）閞（閞）。」《逸周書・商誓解》：「肆予小子發弗敢忘。」《書・泰誓上》：「肆予小子發以爾友邦塚君觀政於商。」又《君奭》：「恭明德，在今予小子旦。」「予小子履」與「予小子發」、「予小子旦」是同一結構。考《竹書紀年》卷上：「帝癸二十二年，商侯履來朝，命囚履於夏臺。二十三年，釋商侯履，諸侯遂賓於商。」《潛夫論・五德志》：「扶都見白氣貫月，意感生黑帝子履，其相二肘，身號湯，世號殷。」亦皆以「履」爲帝名。此先秦漢人相傳之舊說，無庸致疑也。（d）本書《喻老篇》：「文王見詈於王門。」章太炎曰：「《御覽》卷 486 引《尸子》：『文王幽於羑里，武王羈於玉門。』按《呂覽・首時》云：『文王不忘羑里之醜，武王不忘玉門之辱。』是其事也。而《韓非・喻老篇》『武王』作『文王』，『羈』作『詈』。顧千里謂武王不當見羈，作『詈』爲是。然則《韓非》『文』當作『武』，《尸子》『羈』當作『詈』也。」〔註 17〕「王門」即「玉門」。《趙策三》「武王羈於玉門」，「羈」亦當作「詈」。「武王見詈於玉門」即此「武身受詈」事。

〔註 17〕章太炎《膏蘭室札記》「菹薪」條，收入《章太炎全集（1）》，上海人民出版社 1982 年版，第 56 頁。

卷十七

《難勢》第四十校補

（1）慎子曰：「夫弩弱而矢高者，激於風也；身不肖而令行者，得助於
　　眾也。」

　按：趙海金、陳啓天疑「眾」當作「勢」，可從。矢，《編珠》卷 2 引作「增」，
　　《治要》卷 37、《書鈔》卷 125、《御覽》卷 348、832 引作「矰」。激，
　　《御覽》卷 832 引同，《編珠》、《治要》、《書鈔》、《御覽》卷 348 引
　　作「乘」。令行，《治要》、《御覽》卷 832 引同，《書鈔》引作「合行」，
　　《御覽》卷 348 引作「行合」。「增」是「矰」形譌，「合」是「令」
　　形譌。今本作「矢」，是「矰」脫誤。今本作「激」，疑當據諸書作「乘」。
　　《列子‧湯問》：「蒲且子之弋也，弱弓纖繳，乘風振之，連雙鶬於青
　　雲之際。」此亦作「乘」字之證。結繳於矢謂之矰，疑後人注「矰」，
　　「繳」誤作「激」，因誤竄入正文。「乘於風」上疑亦當補「得」字。
　　慎子主張用勢，故以「乘於風」爲喻。

（2）慎子曰：「堯教於隸屬而民不聽，至於南面而王天下，令則行，禁
　　則止。」

　按：教，教化。《類聚》卷 54 引作「堯爲匹夫，不能使〔隣〕家化」〔註 1〕。

〔註 1〕 「隣」字據《治要》卷 37、《長短經‧是非》、景宋本《御覽》卷 638、《記纂
　　　　淵海》卷 56 引補。諸書引脫「化」字，四庫本《御覽》不脫。

《淮南子·主術篇》：「堯為匹夫，不能仁化一里。」亦本於《慎子》。是「教」即「化」也。陳奇猷讀教為效，解為「相倣」，非是。

（3）慎子曰：「賢智未足以服眾，而勢位足以缶賢者也。」

按：盧文弨曰：「『缶』疑為『正』之譌。」俞樾曰：「『詘』闕誤為『出』，因又誤為『缶』也。」吳汝綸說同俞氏。劉師培曰：「『缶』疑『御』之壞字。」羅焌、王叔岷說同劉氏，王叔岷又曰：「《說郛》本『缶』作『御』，可證成前說。」陳啟天、陳奇猷、龍宇純謂俞說是，舉《治要》、《長短經·是非》引作「屈」及《慎子·威德》亦作「屈」以證之。俞說是，《類聚》卷 54、《御覽》卷 638 引亦作「屈」。眾，《長短經》引作「物」，《治要》卷 37、《類聚》、《御覽》引作「不肖」。此文對應上文「賢人而屈於不肖」，則亦當作「不肖」。

（4）夫擇賢而專任勢，足以為治乎，則吾未得見也

按：諸家皆改「擇」作「釋」，非是；惟王叔岷讀擇為釋，是也，音轉亦作捨。本書《大體》：「江海不擇小助，故能成其富。」《呂氏春秋·大樂》：「先聖擇兩法一。」高誘注：「擇，棄也。法，用也。」又《察今》：「故擇先王之成法，而法其所以為法。」馬王堆帛書《稱》：「世恒不可，擇法而用我。」皆其例。張覺亦指出「擇」通「釋」，所舉《墨子》二例，其說皆抄襲自孫詒讓《墨子閒詁》﹝註 2﹞，而竟然顏曰「前人不明古人用字之例而改，將此『擇』字改為『釋』」。未得，猶言未曾、未嘗﹝註 3﹞。

（5）夫欲追速致遠，不知任王良；欲進利除害，不知任賢能

按：《治要》卷 40 引二「知」作「如」，「追速致遠」作「追遠致速」，並誤。松皋圓已指出「追遠致速」誤。

（6）且夫堯、舜、桀、紂千世而一出，是比肩隨踵而生也

按：蔣禮鴻串講釋「是」為「猶若」，得之，茲補舉例證。是，猶也，若也，如也﹝註 4﹞。此乃比喻句。《戰國策·齊策三》：「千里而一士，是比肩

﹝註 2﹞ 孫詒讓《墨子閒詁》，中華書局 2001 年版，第 187、354 頁。

﹝註 3﹞ 參見蕭旭《古書虛詞旁釋》，廣陵書社 2007 年版，第 198 頁。

﹝註 4﹞ 參見徐仁甫《廣釋詞》，四川人民出版社 1981 年版，第 457 頁。又參見王叔

而立；百世而一聖，若隨踵而至（生）也。」〔註5〕《意林》卷 2 引
《申子》：「百世有聖人猶隨踵，千里有賢人是比肩。」又卷 5 引《任
子》：「累世一聖是繼踵，千里一賢是比肩。」《淮南子・修務篇》：「若
此九賢者，千歲而一出，猶繼踵而生。」王先愼謂「是」上當有「反」
字，陳奇猷謂「是」下當有「非」字，徐仁甫謂「是」訓「此」；于省
吾謂「也」讀爲「邪」，反詰之詞。皆非是。

（7）中者，上不及堯舜，而下亦不為桀紂

按：爲亦及也〔註6〕。《淮南子・修務篇》：「夫上不及堯舜，下不及商均。」
是其比。

（8）是猶乘驥駬而分馳也，相去亦遠矣

按：相，《四部叢刊》影黃丕烈校宋本誤作「揚」，《道藏》本誤作「楊」。
「分」疑當作「舛」。舛，背也。「舛馳」是秦漢人成語。

（9）且夫百日不食以待粱肉，餓者不活

按：粱，《長短經・卑政》、《御覽》卷 863 引作「梁」，借字。活，《長短經》
引作「肯」，《御覽》引作「育」。「育」爲「肯」形誤。作「活」疑後人
臆改。

（10）今待堯、舜之賢乃治當世之民，是猶待粱肉而救餓之說也

按：今，《御覽》卷 863 引作「令」，誤。下文「夫待古之王良以馭今之馬，
亦猶越人救溺之說也」，文例同。今，猶夫也，發語詞。「越人」上脫「待」
字，諸家皆未及。

《問辯》第四十一校補

（1）令者，言最貴者也；法者，事最適者也。言無二貴，法不兩適

按：據文例，當作「令無二貴」。陳啓天的解釋甚是，而未明確校訂下「言」

岷《古籍虛字廣義》，中華書局 2007 年版，第 492～493 頁。
〔註5〕 《文選・陶徵士誄》李善注、《御覽》卷 72、993 引「至」作「生」，《御覽》
卷 401 引《申子》：「百世有聖人，猶隨踵而生。」
〔註6〕 參見蕭旭《古書虛詞旁釋》，廣陵書社 2007 年版，第 44 頁。

爲誤字。王煥鑣改「法」作「事」，雖亦合乎文例，但不合於文義。

（2）人主顧漸其法令，而尊學者之智行

按：《迂評》本注：「漸，音尖，沒也。」趙用賢說同。高亨曰：「漸，姦也。猶言亂其法令也。」陳啓天從高說。陳奇猷謂趙說是，「沒」有「廢棄」義。趙海金謂《迂評》本注是，「漸」借作「潛」。梁啓雄曰：「漸，借爲潛，指隱藏或收斂。」王煥鑣曰：「漸，借爲潛，隱藏，放棄。」「漸」音尖，訓沒，是浸沒、浸漬義，本字是「灊」（《說文》：「灊，漬也。」），不得有「廢棄」義。「潛」訓沒，是沒水游渡，非此文之誼。高說「漸」訓姦，則文句不通。故諸說皆誤。漸，讀爲賤，與「尊」對舉；或讀爲踐，踐踏，亦通。《賈子・過秦論上》：「然後踐華爲城。」《史記・始皇本紀》「踐」作「斬」。此其相通之證。松皋圓、趙海金並曰：「顧，猶反也。」

（3）言雖至察，行雖至堅，則妄發之說也

按：堅，讀爲臤、賢。下文「其觀行也，以離群爲賢，以犯上爲抗」，又「尊賢抗之行」，正作「賢」字。《說文》：「臤，堅也。古文以爲賢字。」《春秋・成公四年》：「鄭伯堅卒。」《公羊傳》、《穀梁》同，《公羊傳》《釋文》作「臤」，云：「伯臤，本或作堅。」徐彥疏：「《左氏》作堅字，《穀梁》作賢字，今定本亦作堅字。」《老子》第76章：「其死也堅強。」馬王堆帛書甲本作「賢強」。《後漢書・天文志》：「陰城公主堅得。」《後漢書・順帝紀》李賢注引《東觀記》作「賢得」。此皆其相通之證。《廣雅》：「賢，堅也。」《御覽》卷402引《風俗通》：「賢，堅也，堅中廉外。」皆以聲爲訓，亦其證也。《校注》釋爲「堅決」，非是。

《問田》第四十二校補

（1）令陽成義渠，明將也，而措於毛（屯）伯；公孫亶回，聖相也，而關於州部

按：王先愼、陳啓天據盧文弨說，改「令」作「今」，是也。《繹史》卷103引亦作「今」。今，猶夫也，提示之詞。陳奇猷曰：「令，使也，貫下文

讀之。」非是。顧廣圻、王先慎、太田方並校「毛」作「屯」，張覺但引顧、王說，而把太田方所引的二條證據《商子》、《古今注》以「覺按」列出，竊書至有如此者。

（2）堂谿公謂韓子曰

按：《外儲說右上》：「堂谿公謂昭侯曰。」松皋圓謂堂谿公在韓子前較遠，陳奇猷謂老年之堂谿公當能與韓非相見。考「堂谿」是姓氏，《校注》謂二文之「堂谿公」不是同一人，是也。《左傳・定公五年》：「夫概王歸，自立也，以與王戰而敗，奔楚，為堂谿氏。」《潛夫論・志氏姓》：「闔閭之弟夫概王奔楚堂谿，因以為氏。」又「堂谿，谿谷名也。」蓋以谿谷名為氏。《漢書・儒林傳》：「禹授潁川堂溪惠。」顏師古注：「姓堂溪也。」亦作「棠谿」，《吳越春秋・闔閭內傳》：「（夫槩）奔楚，昭王封夫槩於棠溪。」《廣韻》：「棠，又漢複姓，吳王闔閭弟夫溉奔楚，為棠谿氏。」亦作「唐溪」，《後漢書・延篤傳》：「（延篤）少從潁川唐溪典受《左氏傳》。」李賢注：「《風俗通》曰：『吳夫槩王奔楚，封堂谿，因以為氏。』唐與堂同也。」按《列子・仲尼》：「公儀伯以力聞諸侯，堂谿公言之於周宣王。」《釋文》：「公儀、堂谿，氏也，皆周賢士。」此則又一「堂谿公」也。棠谿本古韓地，《戰國策・韓策一》蘇秦說韓王曰「韓卒之劍戟，皆出於冥山、棠谿」是也，故堂谿公能與韓非相見也。

《定法》第四十三校補

（1）人不食，十日則死；大寒之隆，不衣亦死

按：「十」當作「七」，形近而譌，諸家皆未及。《七國攷》卷 12 引已誤作「十」。古書習言「不食，七日而死」，其理《靈樞經・平人絕穀》有論述：「黃帝曰：『願聞人之不食七日而死何也？』……故平人不食飲七日而死者，水穀精氣津液皆盡故也。」《難經》第四十三難略同。

（2）今申不害言術，而公孫鞅為法

按：為，讀為謂，亦言也。

（3）利在故新相反，前後相勃

按：顧廣圻曰：「今本『勃』作『悖』，誤。」王先慎曰：「《說文》：『誖，
　　亂也，或從心作悖。』『勃，排也。』明乖亂之字應作『悖』，而『勃』
　　為假借字。顧氏以正字為誤，蓋未之審耳。」陶鴻慶曰：「勃讀為悖。」
　　陳奇猷曰：「『勃』當訓為反，顧說是。」「勃（悖）」字自當訓違反、
　　乖戾，但諸家皆未得本字。《荀子・性惡》：「皆反於性而悖於情也。」
　　楊倞注：「悖，違。」亦「悖」、「反」同義對舉。「悖」當讀為咈，《說
　　文》：「咈，違也，《周書》曰：『咈其耇長。』」經典通用「拂」、「佛」
　　為之。盧文弨、松皋圓謂「利在」二字衍文，陳奇猷謂不衍。盧說是
　　也，陳啓天已指出《淮南子・要略篇》作「新故相反，前後相繆」，
　　正無「利在」二字。繆亦乖戾、相反之誼，另詳《五蠹篇》校補。

（4）七十年而不至於霸王者

按：顧廣圻、松皋圓、于省吾並校「七十」作「十七」，是也，《大事記解題》
　　卷 3 引正作「十七」。

（5）然而無術以知姦

按：知，讀為折、制，已詳《姦劫弒臣篇》校補。

（6）穰侯越韓魏而東攻齊，五年而秦不益尺土之地，乃城其陶邑之封

按：尺土，王先慎據《御覽》卷 198 引改作「一尺」，陳啓天從王說。陶
　　紹曾據《書鈔》卷 48 引改作「尺寸」，陳奇猷從陶說。陶說是也，《大
　　事記解題》卷 3、《七國攷》卷 12 引亦作「尺寸」。城，顧廣圻校作「成」，
　　王先慎據《御覽》引改作「成」，陳奇猷從王說。《書鈔》、《御覽》引
　　「乃城」作「反成」，《大事記解題》卷 3 引作「乃成」。《廣雅》：「成，
　　重也。」成、城，並讀為增，增亦益也、廣也。《史記・穰侯列傳》：
　　「相國穰侯言客卿竈，欲伐齊取剛壽，以廣其陶邑。」「廣」是其誼
　　也。《校注》：「城，築城。」張覺曰：「『城』當通『盛』，引申而指擴
　　大。」皆非是。

（7）故戰勝則大臣尊，益地則私封立

按：尊，《御覽》卷 198 引同，《書鈔》卷 48 引形誤作「專」。戰勝，《御
　　覽》引誤倒作「勝戰」。

《說疑》第四十四校補

（1）是以譽廣而名威，民治而國安

按：「名威」不辭。松皋圓曰：「『威』宜作『成』。《詭使篇》：『名之所以成，地之所以廣。』」松說是也，而猶未盡。二文「成」皆當讀爲盛。《後漢紀》卷 3：「故名盛而人莫之害，譽高而世莫之爭。」是其例。本篇下文云：「主有明名廣譽於國。」《管子·五輔》：「古之聖王，所以取明名廣譽，厚功大業。」「明名」猶言「顯名」，亦即「盛名」。《淮南子·說林篇》高誘注：「明，猶盛也。」

（2）若夫許由、續牙

按：續牙，《御覽》卷 81 引《尸子》、陶淵明《集聖賢輔錄》卷上、《元和姓纂》卷 10、《路史》卷 19、21、26 同。《路史》卷 19 羅苹注：「經云『帝俊生身』是也，《人表》、《韓非·說疑》、淵明《二八目》皆作『續牙』，蓋隸者多以牙爲身也。」又卷 21 羅苹注：「續牙，《人表》作『續身』，一作『續耳』，隸轉失之。《呂·本法（味）》云：『堯舜得伯陽、續耳而後成。』」〔註7〕《書鈔》卷 49 引《尸子》作「續耳」，《漢書·古今人表》作「續身」（羅苹前注引誤），顏師古注：「『身』或作『耳』，見《尸子》。」方以智曰：「續身，即續牙。」〔註8〕「牙」字是，「身」、「耳」並形譌。「續」是姓，古人多以「牙」取名〔註9〕。《廣韻》：「續，又姓，舜七友有續牙。」

（3）有萃辱之名，則不樂食穀之利

按：顧廣圻曰：「《藏》本同，今本『萃』作『卑』。」王先愼曰：「『萃』字不誤。《說文》：『萃，讀若瘁。』瘁即頷。頷，顉頷也。」陳奇猷曰：「王說非也。『有萃辱之名』顯係指伯夷、叔齊而言，何顉頷之有？萃、挫通轉音，故『萃辱』即『挫辱』。」王說「萃」不誤是也，陳讀爲「挫」無據。萃，讀爲悴。《說文》：「悴，憂也，讀與《易》『萃

〔註7〕 「法」爲「味」形譌，《呂氏春秋·本味》作「續耳」。
〔註8〕 方以智《通雅》卷20，收入《方以智全書》第 1 冊，上海古籍出版社 1988 年版，第 687 頁。
〔註9〕 參見蕭旭《「嬰兒」考》，收入《群書校補（續）》，花木蘭文化出版社 2014 年版，第 2082～2083 頁。

卦』同。」《方言》卷 1：「悴，傷也，宋謂之悴。」字亦作瘁，《文選・
歎逝賦》李善注：「《蒼頡篇》曰：『瘁，憂也。』瘁與悴古字通。」
指內心之憂傷，與「樂」對舉。顦顇者見於面，憔悴者隱於心，其義
一也。朱起鳳曰：「卑字作萃，形之誤也。」〔註 10〕《校注》：「萃，
通『瘁』，勞累。」皆非是。「有」是「有無」之「有」，張覺說是「假
設之詞」，亦非是。

（4）要領不屬，手足異處

按：松皋圓曰：「『手』宜作『首』。《呂春秋》：『要領不屬，首足異處。』」
松引《呂氏春秋》見《順民篇》。作「手」即「首」借字，不煩改作。《越
絕書・內傳陳成恒》、《吳越春秋・夫差內傳》並有「要領不屬，手足異
處」之語。《家語・相魯》：「於是斬侏儒，手足異處。」《公羊傳・定公
十年》作「誅侏儒，首足異處」。《史記・淮陰侯傳》：「殺成安君泜水之
南，頭足異處。」

（5）以其主為高天泰山之尊，而以其身為壑谷鬴洧之卑

按：物双松曰：「鬴洧，水之澳洧，如鬴之大者。」太田方曰：「鬴、洧，
二水名。」王先謙曰：「鬴洧，即釜鍑也。」張覺曰：「鬴，同『釜』，
指釜水。洧，鄭水名。」太說謂二水名是也，張君謂指釜水、洧水，
考釜水屬趙國，洧水屬韓國（韓并鄭），二水不相連。竊謂鬴讀爲潕，
《說文》：「潕，〔潕〕水，出南陽舞陰，東入潁。」字或作「潕水」、「舞
水」。《說文》：「洧，〔洧〕水，出潁川陽城山，東南入潁。」是潕、洧
二水俱入於潁水，故韓子並稱之也。

（6）是以賢良遂進而姦邪並退

按：陳啟天曰：「遂，盡也。並，俱也。『遂』與『並』爲互文，均屬狀詞。」
遂亦並也，副詞，同義對舉〔註 11〕。太田方曰：「遂亦進也。并與屏音
通。」松皋圓曰：「遂，通也。山曰：『並宜作迸，或通。』」皆非是。

（7）故為人臣者破家殘賷

按：趙用賢曰：「賷，貨也。」太田方引或說：「賷，疑『財』字，形似故

〔註10〕 朱起鳳《辭通》，上海古籍出版社 1982 年版，第 2281 頁。
〔註11〕 參見徐仁甫《廣釋詞》，四川人民出版社 1981 年版，第 421～422 頁。

誤。」陳奇猷曰：「太說非也。《廣韻》：『賮，貨也。』《墨子‧非儒下篇》：『因人之家賮。』蓋材爲正字，賮爲別體，翠則借字也。」王引之曰：「翠當讀爲賮。《廣韻》云：『貨也。』《韓子‧說疑篇》『破家殘賮』是也。古無賮字，故借翠爲之。」〔註12〕《正字通》亦引此文以證「賮」有「貨」義。此即陳說所本，然陳氏以「材」爲正字，則殊爲無據。賮之言萃，聚也，故所聚之財貨亦名之曰萃，俗製專字從「貝」作「賮」。《玉篇》：「賮，思醉切，亦作粹。」胡吉宣曰：「疑『賮』與『萃』同。萃者，艸之聚。賮者，財之聚。」〔註13〕胡說是也，五綵繪之雜會爲辯（綷、崒），山之聚爲崒，言之聚爲誶，髮之聚爲髻，其義一也。然胡吉宣說非《玉篇》之義。《玉篇》謂「亦作粹」者，以爲「賮」是「純粹」之「粹」。《廣雅》：「粹，純也。」《篆隸萬象名義》卷25：「賮，思季反，純。」皆其證也。梁啓雄曰：「『賮』疑作『睟』，『睟』即『粹』字。粹，全也。殘全，謂殘缺了身家的完整。」甚爲迂曲。

（8）從陰約結以相固也

按：「約結」是先秦二漢成語，猶言結盟。「從陰約結」猶言在暗中結盟。松皋圓從山說，以「從」屬上句，與「譽」連文，讀爲頌；陳奇猷乙作「陰結從約」，皆非是。

（9）以譽盈於國，發聞於主

按：「發聞」是先秦二漢成語，猶言彰聞、顯聞。《廣雅》：「發、彰，明也。」朱起鳳謂「發」是「登」之誤〔註14〕。《校注》：「發聞，發出，上達。」皆未是。

（10）彼又使譎詐之士，外假爲諸侯之寵使，假之以輿馬，信之以瑞節，鎮之以辭令，資之以幣帛，使諸侯而淫說其主

按：「鎮」疑當作「愼」，謹也。「使諸侯」言出使於諸侯，與上文「假爲

〔註12〕 王引之說轉引自王念孫《墨子雜志》，收入《讀書雜志》卷9，中國書店1985年版，第94頁。
〔註13〕 胡吉宣《玉篇校釋》，上海古籍出版社1989年版，第5106頁。
〔註14〕 朱起鳳《辭通》，上海古籍出版社1982年版，第501頁。

諸侯之寵使」相對應。《廣雅》:「淫,游也。」二字一聲之轉〔註15〕。下文「浮淫」,陳奇猷讀爲「浮游」,亦其例。物双松曰:「『鎮』、『塡』通,塡補其空缺,以文飾之。『淫』當作『遙』。」松皋圓曰:「鎮,重也。『使』宜作『仗』。淫,猶惑也。」王先愼謂「侯」字衍,陳奇猷從王說,又云「諸,之也」;于省吾改「諸侯而」爲「者唯」,蔣禮鴻謂「諸侯」二字衍,並未得。

(11) 主說其言而辯其辭

按:《路史》卷36引作「世主說其言而不之辨」,今本「辯」上脫「不」字。

(12) 古之所謂聖君明王者,非長幼弱也及以次序也,以其搆黨與,聚巷族,偪上弒君而求其利也

按:顧廣圻曰:「『幼弱』二字當衍其一。上『也』字當作『世』。」松皋圓曰:「『也』字或『世』字誤。世及,父子曰世,兄弟曰及。」陳啓天、陳奇猷從二氏說。考《路史》卷36引作「古之明王,非長幼弱也,皆聚族偪土(上)而求其利也」。則今本「非長幼弱也」當讀斷,其文無誤衍。

(13) 姦臣聞此,蹙然舉耳以爲是也

按:蹙然,同「蹶然」,跳起貌,驚遽貌。「耳」疑當作「而」,句乙作「蹙然而舉」,猶言蹙然而起。物双松曰:「謂竦提其耳以聽之。」非是。

(14) 隱敦適,持私曲

按:敦適,《四部叢刊》影黃丕烈校宋本、《道藏本》、古書叢刊本、鴻文書局石印本同。顧廣圻曰:「今本『敦適』作『正道』,未詳。」王先愼據上文「隱正道而行私曲」及《飾邪》「隱正道行私曲」改作「正道」。劉師培讀「敦適」爲「憝譎」,訓爲過惡。章太炎讀「隱敦適」爲「依敦謫」,解爲依乎謫責以自重。陳奇猷從劉說。竊謂「敦適」當作「敦道」,形之譌也。下文「彼聖主明君,不適疑物以闚其臣也」,王先愼亦校「適」作「道」。敦,讀爲惇,誠信。惇道,誠信之道,亦即「正道」,與「私曲」對舉。

〔註15〕參見蕭旭《〈淮南子〉古楚語舉證》,《淮南子校補》附錄二,花木蘭文化出版社2014年版,第786頁。

（15）適身體之所安，耳目之所樂

按：「耳目」上脫一字，疑補「恣」字。《列子・楊朱》：「恣耳目之所娛，窮意慮之所爲。」

（16）內不湮汙池臺榭，外不畢弋田獵

按：湮，四庫本、《四部叢刊》影黃丕烈校宋本、《道藏本》、古書叢刊本、鴻文書局石印本作「堙」。王先愼謂上句衍一字，高亨讀湮爲抑，訓「治」，陳啓天、陳奇猷、梁啓雄並從高說。抑訓治，是治理洪水義，實借爲「堙」，取義於塡塞，而不是修治義，高說於義不安，且不合句式。松皋圓從物双松說，刪「內」下「不」字，至確。堙，讀爲窴，《說文》：「窴，塞也。」湮汙池臺榭，言塡塞汙池臺榭也。《晏子春秋・外篇》云「窴池沼，廢臺榭」，是其誼也。《說文》：「窴，塞也。」俗作「塡」字。張覺曰：「堙，土山也。這裏與『汙池』、『臺榭』等都用作動詞。」張氏妄說也，徧稽秦漢群籍，「汙池」、「臺榭」沒有動詞用法。

（17）有務朋黨徇智尊士以擅逞者

按：徇，讀爲恂，信任也。已詳《外儲說右下篇》校補。松皋圓曰：「徇智，以智爲事。」太田方曰：「徇，『殉』通，從也。」陳啓天從太說，解爲「從謀者之智計」；梁啓雄訓「徇」爲「求」。皆未得。

（18）則譟詐之人不敢北面談立

按：津田鳳卿、物双松、王先謙皆乙「談立」作「立談」。《荀子・富國》：「趮者皆化而愨。」王引之曰：「趮，讀爲剿，剿謂狡猾也。《方言》曰：『剿，獪也。秦晉之閒曰獪，楚謂之剿。』剿與趮古字通。《商子・墾令篇》曰：『姦僞趮心私交疑農之民。』《韓子・有度篇》曰：『聰智不得用其詐，險趮不得關其佞。』《說疑篇》曰：『趮詐之人不敢北面立談。』又曰：『趮佻反覆謂之智。』皆其證也。」〔註16〕《漢語大詞典》：「譟詐，狡猾奸詐。譟，通『剿』。」〔註17〕當即本於王說。

〔註16〕 王引之說轉引自王念孫《荀子雜志》，收入《讀書雜志》卷11，中國書店1985年版，第17頁。《說疑篇》二「譟」字，各本皆同，王氏改作「趮」。

〔註17〕 《漢語大詞典》（縮印本），漢語大詞典出版社1997年版，第6694頁。

《有度篇》「險躁」就性格言，謂輕躁險薄。王氏以「譟詐」同義連文，其說是也，而猶未盡。「譟詐」義同上文之「譑詐」。《方言》卷2：「剝、蹶，獪也，秦晉之閒曰獪，楚謂之剝，或曰蹶。」郭璞注：「古狡狯字。」蹶、獪一聲之轉。《方言》「剝」是記音字，決非本字。「剝」即「狡」借字，音轉亦作「膠」。《方言》卷3：「膠、譎，詐也，涼州西南之閒曰膠，自關而東西或曰譎，或曰膠。」「膠譎」亦即「剝蹶」、「狡狯」。字亦作「獟」，《方言》卷10：「央亡、嚜㕁，獪也。江湘之閒或謂之無賴，或謂之獟。」《廣雅》：「獟，獪也。」「譟詐」亦作「躁作」，《管子‧君臣下》：「然則躁作、姦邪、僞詐之人不敢試也。」「躁作」即「譟詐」，治《管》諸家皆未之及。王先愼改「譟」作「詭」，朱起鳳謂「譟」是「誇（夸）」之誤〔註18〕，皆無據。陳啓天解爲「多言而詐」，陳奇猷謂「譟」訓擾耳、煩擾，義皆不安。

（19）非上之令

按：非，違也。已詳《功名篇》校補。

《詭使》第四十五校補

（1）威利所以行令也，而無利輕威者，世謂之重

按：無，讀爲侮，輕也。下文「無利於上謂之愿」同。已詳《孤憤篇》校補。

（2）而悾愨純信，用心怯言，則謂之窶

按：《荀子‧堯問》：「彼其好自用也，是所以窶小也。」楊倞注：「窶，無禮也。彼伯禽好自用而不諮詢，是乃無禮驕人而器局小也。」王念孫曰：「楊分窶與小爲二義非也。窶亦小也。《韓子‧詭使篇》云云，言世人皆尚詐僞，故見悾愨純信用心專一者，則謂之窶小也。《釋名》曰：『窶數猶局縮，皆小意也。』」〔註19〕郝懿行曰：「窶者貧也。窶之爲言局也。《釋名》云云。」〔註20〕傅佛崖曰：「窶，貧陋也，貧而

〔註18〕朱起鳳《辭通》，上海古籍出版社1982年版，第2082頁。

〔註19〕王念孫《荀子雜志》，收入《讀書雜志》卷12，中國書店1985年版，第34頁。

〔註20〕郝懿行《荀子補注》，收入《四庫未收書輯刊》第6輯第12冊，北京出版社

不能爲禮謂之寠。」「寠」是「婁」俗字，《說文》：「婁，無禮居也。」《玉篇》：「婁，貧陋也。」《玄應音義》卷 1 引《蒼頡篇》：「無財曰貧，無財備禮謂之寠也。」《慧琳音義》卷 81 引《考聲》：「寠，居無財以備禮者也。」惟王氏謂楊注非則未是，「寠」之「無禮居」由「小」義引申而來，楊注不誤。此文之「寠」，同「懻」，恭謹、謹愼，固亦取於「局縮」、「小」之義也。《玉篇》：「懻，謹敬也，不輕也，下情也。」三義相近。「惇愨純信，用心怯言」固是恭謹之貌。字亦作傴，睡虎地秦簡《爲吏之道》：「四曰受令不傴。」〔註21〕整理者注：「傴，鞠躬，表示恭敬。《左傳·昭公七年》：『一命而傴。』」〔註22〕字亦作護，日本名古屋七寺所藏卷子本《佛說安墓經》：「無忌無護，蕩蕩無澄，適得其中願。」言無所忌憚無所敬畏，蕩蕩乎無有澄心也。

（3）難禁謂之齊

按：齊，讀爲懠。《爾雅》：「懠，怒也。」太田方引《爾雅》「齊」訓壯，又引《博雅》「專」訓齊；陳奇猷引《周書·諡法》「執心克莊曰齊」以說之，皆非其誼。《爾雅》「齊」訓壯，「齊」讀齋音，「壯」是「莊」省，敬也。《廣雅》「專，齊也」，「專」是「塼」省，是齊斷之義。太氏皆失考。陳氏所引見《諡法》，孔晁注：「能自齊也。」亦是莊嚴之義，陳氏亦失考。于鬯曰：「齊，嚴整之義。」王煥鑣曰：「齊，平、均。」亦非是。

（4）損仁逐利謂之疾

按：「損」疑當作「捐」。《賈子·俗激》：「今世以侈靡相競，而上無制度，棄禮義，捐廉醜日甚，可爲月異而歲不同矣，逐利乎不耳，慮念非顧行也。」即言捐棄仁義、廉恥以逐利也。松皋圓曰：「損，害也。」非是。

（5）四封之內所以聽從者信與德也，而陂知傾覆者使

按：知，讀爲智。《方言》卷 6：「陂，衰也，陳楚荊揚曰陂。」字或作詖、頗，《說文》：「詖，古文以爲頗字。」《廣雅》：「詖，慧也。」《慧琳音

2000 年版，第 37 頁。

〔註21〕嶽麓秦簡《爲吏治官及黔首》同。

〔註22〕《睡虎地秦墓竹簡》，文物出版社 1990 年版，第 169 頁。

義》卷 91 引《考聲》:「詖,險薄也,辯而不正也,佞而有慧也。」《文選・和謝監靈運》李善注引《蒼頡篇》:「詖,諂佞也。」「陂智」猶言險詖智巧,指佞諂好辯而有智慧者。陳奇猷曰:「『陂知』無義。『知』疑當作『辭』。『陂』與『詖』通。《荀子・成相篇》『險陂傾側』,楊注:『陂與詖同。』詖辭謂偏頗之辭也。」王煥鑣曰:「知,疑是『私』字,由形近而誤。」二氏改字皆非也。

(6)諂施順意從欲以危世者近

按:(a)《鹽鐵論・救匱》:「自此之後,多承意從欲,少敢直言面議而正刺。」「從欲」與此文同,音轉則作「從容」〔註23〕,《史記・衡山王傳》:「日夜從容王密謀反事。」《漢書》「從容」作「縱臾」,如淳曰:「臾,讀曰勇。縱臾,猶言勉強也。」顏師古注:「縱臾,謂獎勸也。」《史記・儒林傳》:「寬在三公位,以和良承意從容得久。」音轉亦作「從諛」、「從臾」、「縱臾」、「慫恿」〔註24〕,《史記・汲黯傳》:「從諛承意。」《漢紀》卷 16:「便辟苟容,順意從諛,是謂嬖臣。」《書・太甲上》宋・蔡沈注:「凡人之不善,必有從臾以導其為非者。」宋・孫應時《燈下學書偶成》:「旁人謬慫恿,定未識佳處。」《六書故》卷 8:「從臾,獎勸也,亦作從容。」王念孫曰:「從容者,從諛也。」〔註 25〕字或音轉作「屬臾」,《淮南子・氾論篇》:「而乃始服屬臾之貌,恭儉之禮,則必滅抑而不能興矣。」高誘注:「屬臾,謹也。」字或作「慫憑」,《方言》卷 10:「食閻、慫憑,勸也。南楚凡己不欲喜而旁人說之、不欲怒而旁人怒之謂之食閻,或謂之慫憑。」《集韻》:「憑,勸也,《方言》:『南楚凡己不欲喜怒而旁人說者,謂之慫憑。』或作容、臾。」字或作「從勇」、「慫惠」、「聳踴」、「縱踴」,《漢書・禮樂志》晉灼注:「從,音人相從勇作惡。」唐・劉秀《涼州衛大雲寺碑》:「乃慫惠司馬等僉議裝嚴於北面化十善十惡。」唐・柳宗元《與楊誨之第二書》:「不能諫而又聳踴之。」宋人童宗說《集注》作「縱踴」,云:「縱踴,獎勸

〔註23〕 《易・頤》:「其欲逐逐。」漢帛書作「容」。
〔註24〕 《漢書・郊祀志》:「鬼臾區。」顏師古曰:「鬼臾區,《藝文志》云『鬼容區』,而此《志》作『臾區』,臾、容聲相近,蓋一也。今流俗書本臾字作申,非也。」
〔註25〕 王念孫《史記雜志》,收入《讀書雜志》卷 3,中國書店 1985 年版,第 44 頁。

也，一本作『縱踊之』，潘本作『縱臾之』。」「順意從欲」與「承意從
欲」、「承意從容」、「從諛承意」、「順意從諛」同義〔註26〕。梁啓雄曰：
「『從』借爲『縱』。」王煥鑣曰：「從欲，與『順意』相近。『從』是
『順從』之『從』。一說『從』即『縱』字。」陳啓天解爲「從君之欲」，
陳奇猷引《八姦篇》「從其所欲」以說此文。皆未得其誼也。（b）劉師
培曰：「施當訓邪。」蔣禮鴻曰：「施，邪也。諂施即邪諂。」章太炎
曰：「《孟子》注：『施施，猶扁扁，喜悅之貌。』諂施，猶諂笑也。」
太田方亦引《孟子》注。松皋圓曰：「施讀曰訑，多言也。」高亨曰：
「施借爲迆，《說文》：『迆，衺行也。』或借爲訑，《說文》：『訑，兗
州謂欺曰訑。』」陳啓天曰：「諂施，諂悅也。」陳奇猷曰：「諂施，疑
『諂媚』之音轉。」劉、蔣說可通，陳奇猷說無據。高亨後說讀施爲
訑，是也。字亦作訑、訑、訑，《玄應音義》卷 8：「諛訑：不擇是非
謂之諛。下大可反，《纂文》云：『兗州人以相欺爲訑。』又音湯和反。」
《慧琳音義》卷 17 作「諛訑」。此爲《佛說遺日摩尼寶經》卷 1《音
義》，檢經文作：「一者不欺師，盡其形壽，不兩舌諛訑。」宋、元、
明、宮本作「諛諂」。「諂」是「諂」形誤無疑。《慧琳音義》卷 11：「訑，
《說文》：『兗州謂欺爲訑。』魯語也，今作訑也。」俗字亦作「誃」，
見《集韻》。「諂施」即「諂訑（訑、訑）」，義同「諛諂」，言諛諂以欺
人也。《佛說文殊悔過經》卷 1：「放訑諛諂。」朱起鳳以「諂施順意」
四字爲句，謂「諂施」即「諂諛」〔註27〕，非是。

（7）而斷頭裂腹播骨乎平原野者，無宅容身，身死田奪

按：顧廣圻曰：「今本『原』下有『曠』字，誤。『平』字當衍。」梁啓雄
曰：「播，布也。」顧說是也。播，不訓布，亦不訓棄，當讀爲暴，
一聲之轉也。《說苑·善說》：「不難斷頭裂腹暴骨流血中野者，此武
夫之勇悍也。」又《奉使》：「腐肉暴骨於中野也。」《史記·劉敬傳》：
「父子暴骨中野。」《漢書·溝洫志》：「暴骨原野之患。」《吳越春秋·
闔閭內傳》：「吾國父兄身戰，暴骨草野焉。」「原野」即「中野」，「播

〔註26〕 參見蕭旭《淮南子校補》，花木蘭文化出版社 2014 年版，第 404 頁。這裏有
　　　　　所補充。
〔註27〕 朱起鳳《辭通》，上海古籍出版社 1982 年版，第 313 頁。

－259－

骨」即「暴骨」。也作「曝骨」，陳・江總《度支尙書陸君誄》：「尋戈
滿道，曝骨父衢。」周・庾信《小園賦》：「不曝骨兮龍門，終低頭兮
馬阪。」《校注》：「播，抛散。」非是。

（8）而便辟優徒超級

按：超，各本同，《道藏》本誤作「紹」。

（9）巖居窅處，託伏深慮

按：窅，《四部叢刊》影黃丕烈校宋本、《道藏》本、古書叢刊本、十子全
書本誤作「窨」。顧廣圻曰：「今本『路』作『處』，誤。」劉文典謂當
依今本作「窅處」，與「巖居」相對爲文。陳奇猷從劉說，又引《說文》
「窅，坎中小坎也」。劉說文通字順，窅，猶言穴也。「巖居穴處」是
秦漢人成語。然《四部叢刊》影黃丕烈校宋本、《道藏》本、古書叢刊
本、鴻文書局石印本皆作「路」，「路」、「處」形聲甚遠，無緣致訛。
路，當讀爲廬，寄也，居也。《釋名・釋天》：「露，廬也，覆廬萬物也。」
《莊子・逍遙遊》：「何不慮以爲大樽？」《釋文》引司馬彪注：「慮猶
結綴也。」成玄英疏：「慮者，繩絡之也。」章太炎曰：「結綴字當爲
『落』，《說文》正作『絡』。慮、落同部雙聲，『覆露』亦爲『覆慮』，
『敗露』亦爲『敗落』，明其音同。」〔註28〕朱桂曜曰：「《天道篇》：
『知雖落天地，不自慮也。』慮亦落也，落同絡。」〔註29〕此皆路讀
爲廬之證。《楚辭・九辯》：「收恢台之孟夏兮，然欲傺而沈藏。」《文
選》作「坎傺」。王逸注：「楚人謂住曰傺也。」「窅路」即「欲傺」。
今本不知通借，改字雖得其義，而失其舊文。託，寄也，居也。託伏
者，託伏於巖穴，言其隱居於巖穴也。《楚辭・七諫》：「處玄舍之幽門
兮，穴巖石而窟伏。」又「懷計謀而不見用兮，巖穴處而隱藏。」物
双松曰：「託言隱居，以便深慮。」陳啓天曰：「託伏，假託隱伏也。」
陳奇猷曰：「託，謂託於某人之門不爲仕宦。託者既不仕，故云伏也。」
王煥鑣曰：「路，與『露』通。窅路，謂露處於坑坎。」張覺曰：「『窅
路』爲『瘴露』的通假字，表示疲憊羸弱。」皆非是。

〔註28〕章太炎《莊子解故》，收入《章太炎全集（6）》，上海人民出版社 1986 年版，
　　　　第 128 頁。
〔註29〕朱桂曜《莊子內篇證補》，（上海）商務印書館中華民國 24 年版，第 29 頁。

（10）上不禁，又從而尊之。以名，化之以實，是無功而顯，無勞而富
　　也

　按：蔣禮鴻謂「又從而尊之以名」句，與上下文不必相同，是也。顧廣圻
　　　於「以名」上補「尊之」二字，陳奇猷補「顯之」二字，俱無必要。
　　　太田方曰：「楊氏云：『化，貨也。與之實利。』愚謂化疑佐字之誤。」
　　　梁啓雄曰：「『化』字似是『貨』字的借字。」王煥鑣曰：「化，貨。
　　　化之以實，即賄之以實。」蔣禮鴻曰：「化猶寵也。」「化」當讀爲貨
　　　〔註30〕，財也，此用爲動詞，指賜予財物。陳奇猷疑「化」當作「利」。
　　　張覺曰：「化，改變。」皆非是。

（11）如此，則士之有二心私學者，焉得無深慮、勉知（智）詐、與誹
　　謗法令以求索，與世相反者也

　按：勉，讀爲萌，興也。王念孫謂「明」、「勉」一聲之轉〔註31〕，是其例。
　　　物双松解爲「勉用詐智」，陳奇猷解爲「勉勵爲智巧詐僞」，王煥鑣解
　　　爲「務爲智巧」，皆非是。

〔註30〕例詳宗福邦主編《故訓匯纂》，商務印書館2003年版，第263頁。
〔註31〕王念孫說轉引自王引之《經義述聞》卷3、7，江蘇古籍出版社1985年版，第
　　　81～82、170頁。

卷十八

《六反》第四十六校補

（1）遊居厚養，牟食之民也

按：遊，行也。遊居，或遊或居，猶言行止、行住。也作「游居」，《管子·弟子職》：「游居有常，必就有德。」又爲遊行而居住，《類聚》卷28後漢班彪有《遊居賦》：「夫何事於冀州？聊託公以遊居。」陳奇猷讀遊爲淫，訓佚；王煥鑣訓遊爲逸，張覺訓遊爲遊說，並誤也。

（2）語曲牟知，偽詐之民也，而世尊之曰辯智之士

按：牟，讀爲無。牟知，即「無知」，與「辯智」相反爲義。《公羊傳·宣公十五年》：「仲孫蔑會齊高固於牟婁。」《左傳》、《穀梁》作「無婁」。顧廣圻曰：「『牟』字有誤。」王先慎曰：「牟，多也。知，讀曰智。」太田方曰：「牟與務通。或曰：牟，倍也，亦通。」陳奇猷謂王、太說皆通，王說爲長。尹桐陽曰：「牟，同『謬』，妄也。」梁啓雄曰：「牟知，指辯智之士愛好知詐。」陳啓天曰：「牟，與侔通。牟知，謂由『侔』即比擬所得之知也。」趙海金曰：「牟爲務之借字。知讀爲智。」張覺曰：「牟，猶大也。牟知，大智。」皆未得。

（3）行劍攻殺，暴憿（憿）之民也，而世尊之曰礛勇之士

按：洪頤煊曰：「《廣雅》：『礛，礪也。』《說文》：『礛，屬石也。』礛勇

－263－

之士，謂以勇自屬之士。」王先愼亦引《說文》，且云：「凡稜利之義即此字之轉注，經傳皆以廉爲之。」王說云云，本於朱駿聲〔註1〕。章太炎曰：「磏，讀爲噞，猶猛也。」陳奇猷從洪、王二氏說，並舉《五蠹》「今兄弟被侵，必攻者，廉也」以證之；又謂章說亦通。松皋圓本作「磏」，引山仲質曰：「磏宜作拳，力也。」諸說皆誤。磏，讀爲廉。廉者，棱也，引申則爲正直之誼。《逸周書・官人》：「有隱於廉勇者。」〔註2〕《淮南子・兵略篇》：「夫仁勇信廉，人之美才也。」《史記・太史公自序》：「非信廉仁勇，不能傳兵論劍。」《潛夫論・讚學》：「夫此四子者，耳目聰明，忠信廉勇，未必無儔也。」《隸釋》卷3後漢延熹三年《楚相孫叔敖碑》：「其忠信廉勇，禮樂文章。」皆「廉」、「勇」平列爲義，非「以勇自屬」也。《韓詩外傳》卷1：「仁道有四，磏爲下。有聖仁者，有智仁者，有德仁者，有磏仁者。」又「廉潔直方，疾亂不治，惡邪不匡……是磏仁者也。」《御覽》卷419引作「有謙」。「磏」亦讀爲廉〔註3〕，即廉潔直方之誼。許維遹引郝懿行曰：「《字彙補》：『古文廉作磏。』觀下文所釋，則作『廉』者是也，廉猶礛也。《韓子》云云。」〔註4〕郝氏亦誤解作「礛」。

（4）嘉厚純粹，整穀之民也

按：王先謙曰：「整，正。穀，善也。」姚廣文、于鬯、劉師培、太田方、蔣禮鴻並謂「穀」當作「慤」或通借作「慤」。王叔岷曰：「《說郛》本『穀』作『慤』，古或通用。」「整穀」當讀作「貞慤」或「誠慤」，先秦二漢人成語，例略。

（5）挫賊遏奸，明上之民也

按：「遏」與「挫」對文，猶言禁止、遏制也。《孔叢子・答問》武臣謂子鮒曰：「予每探其意而校其事，持久歷遠，遏奸勸善，韓氏未必非，孔子未必得也。」正本《韓子》此文，亦此義。陳奇猷謂與上文「活賊匿奸」相應，讀遏爲謁，訓「告」，非是。

〔註1〕朱駿聲《說文通訓定聲》，武漢市古籍書店1983年版，第121頁。
〔註2〕《大戴禮記・文王官人》同。
〔註3〕參見屈守元《韓詩外傳箋疏》，巴蜀書社1996年版，第85頁。
〔註4〕許維遹《韓詩外傳集釋》，中華書局1980年版，第25頁。

（6）古者有諺曰：「為政猶沐也，雖有棄髮必為之。」愛棄髮之費，而
　　忘長髮之利，不知權者也

　按：陶鴻慶指出《淮南子・兵略篇》「故聖人之用兵也，若櫛髮耨苗，所去
　　　者少，而所利者多」本此文，陳奇猷指出《淮南子・說山篇》「治國者
　　　若鎒田，去害苗者而已，今沐者墮髮而猶爲之不止，以所去者少，所利
　　　者多」亦本此文。《意林》卷 1 引作「政若沐，雖有棄髮之費，而有長
　　　髮之利也」，《御覽》卷 395、496 引作「爲政若沐也，雖有棄髮之勞，
　　　而有長髮之利也」。

（7）罪使民以法禁而不以廉止

　按：松皋圓曰：「止，一作耻。」「耻」誤，「止」、「禁」對舉同義。

（8）聖人權其輕重，出其大利，故用法之相忍，而棄仁人之相憐也

　按：陳奇猷曰：「『出其大利』無義，當云『出其後窮而取其大利』。出，
　　　舍也。」尋本書《八說篇》「出其小害計其大利也」，此或脫「小害計
　　　其」四字。上文有「慮其後便，計之長利」語。彼文于鬯引姚廣文說，
　　　讀「出」爲黜，訓「去」，是也（彼文張覺謂「『出』、『計』互文同義」，
　　　誤。）松皋圓解「出」爲「由」，陳啓天解「出」爲「生」，《校注》
　　　解「出」爲「選擇」，張覺解「出」爲「從……出發，考慮到」，皆非
　　　是。王煥鑣改「出」爲「求」，雖可通，而無據。

（9）故先聖有諺曰：「不躓於山，而躓於垤。」

　按：王先愼曰：「《淮南子・人間訓》『躓』作『蹪』，『垤』作『蛭』。高注：
　　　『蹪，躓也。蛭，蟻。』按依義當作『垤』。」景宋本《淮南子》作
　　　「垤」，許愼注「蟻」下有「封」字（此篇非高注），王氏所據本誤，
　　　或失檢。陳奇猷舉《呂氏春秋・愼小篇》「不躓於山，而躓於垤」，謂
　　　作「垤」是，亦未覆檢《淮南子》也。

（10）以過受罪，以功致賞

　按：致，《治要》卷 40 引作「置」，借字。

（11）言不用而自文以為辯，身不任者而自飾以為高，世主眩其辯、
　　　濫其高而尊貴之

按：貴，各本同，《四部叢刊》影黃丕烈校宋本誤作「貢」。高，指名聲。
濫假，失實、虛假、過分。《慧琳音義》卷 72：「《考聲》云：『濫，假
也，不謹也，失也。』《說文》云：『失評之濫也。』」〔註 5〕又卷 63
亦引《考聲》：「濫，假也。」梁啟雄曰：「濫，貪也。」《校注》：「高，
高明。濫，貪圖、盲從。」張覺襲其說，讀濫為婪，訓「貪」。劉如
瑛謂「濫」訓多、重。皆未是。

《八說》第四十七校補

（1）離世遁上謂之高傲

按：陳奇猷曰：「《長短經‧詭俗篇》引作『離俗遁世謂之高慜』。下『高
傲』亦作『高慜』。」今本不誤，「高慜」不辭。《長短經》蓋習於成
語「離俗遁世」、「倍世離俗」、「避世離俗」而臆改。《荀子‧議兵》：
「有離俗不順其上，則百姓莫不敦惡，莫不毒孽，若祓不祥。」《家
語‧賢君》：「違上離俗則危身。」〔註 6〕「離世遁上」即「離俗不順
其上」、「違上離俗」之誼。遁，逃避、遠離。

（2）此八者，匹夫之私譽，人主之大敗也

按：主，《長短經‧詭俗篇》引誤作「立」〔註 7〕。

（3）人主不察社稷之利害，而用匹夫之私譽，索國之無危亂，不可得
矣

按：索，求也，《長短經‧詭俗篇》引作「家」，形之譌也。

（4）有過者罪，有能者得

按：松皋圓曰：「得，謂舉用。」津田鳳卿曰：「『得』、『德』通，賞也。」
陳奇猷曰：「得，謂得其所應得。」松、津說是也，「得」指遷升、提
拔官職。本書《人主》：「夫有功者受重祿，有能者處大官。」《戰國
策‧秦三》：「有功者不得不賞，有能者不得不官。」皆其證。得，讀

〔註 5〕 「失評之濫也」非《說文》語，慧琳誤記出處。
〔註 6〕 《說苑‧敬慎》同。
〔註 7〕 《長短經》據南宋初年杭州淨戒院刊本，四庫本引作「主」不誤。

爲德，《說文》：「德，升也。」〔註8〕得、登、升一聲之轉。《公羊傳・隱公五年》何休注：「登〔來〕，讀言得來。得來之者，齊人語也。齊人名求得爲得來。作登來者，其言大而急由口授也。」〔註9〕

（5）貍首射侯，不當強弩趨發

按：松皋圓曰：「『趨』、『騶』通。《鼂錯傳》：『材官騶發，矢道同的。』顏注：『騶，謂矢之善者也。騶發，發騶矢以射也。』」《漢書・鼂錯傳》「騶發」，亦是「驟發」，猶言頻發。蘇林曰：「騶，音馬驟之驟。」《漢紀》卷8正作「驟發」，顏師古說失之。陳直曰：「『趨』、『騶』皆讀爲驟。」斯爲得之。《荀子・正論》：「騶中韶護。」楊倞註：「騶當爲趨。趨謂車速行。」《荀子・禮論》、《大略》作「趨」，《史記・禮書》作「驟」，亦其相通之例。王先謙曰：「趨，與趣同。」陳啓天曰：「趨發，謂競發、急發也。」張覺曰：「趨，通『促』，急促，快速。」王海根讀趨爲驟，迅疾也〔註10〕。皆未得。

（6）干城距衝，不若堙穴伏橐（櫜）

按：太田方曰：「衝，衝車也。距衝，所以攻城也。《荀子・強國篇》：『是渠衝入穴而求利也。』『渠』、『距』通。《通雅》云：『渠衝，臨衝也。』」太氏所引《通雅》見卷35，太說「衝」是衝車，「渠」、「距」通，皆是。《荀子》楊倞注：「渠，大也。渠衝，攻城之大車也。《韓子》云云。或作『距衝』，蓋言可以距石矣。」《玉海》卷146取楊氏前說。「臨衝」是臨車、衝車二種戰車。「臨衝」音轉亦作「隆衝」。《詩・皇矣》：「以爾臨衝。」毛傳：「臨，臨車也。衝，衝車也。」《釋文》：「臨，《韓詩》作隆。衝，《說文》作轠。轠，陷陣車也。」「臨」即「隆」音轉，取高大爲義，與「渠」訓大，其義相因。「衝」取衝突爲義。《淮南子・氾論篇》：「隆衝以攻。」高誘注：「隆，高也。衝，所以臨敵城衝突壞之。」梁啓雄、陳啓天、陳奇猷並謂「距」讀爲「拒」，非是。

〔註8〕 「道德」的「德」本字作「悳」。

〔註9〕 「來」字據《春秋公羊傳注疏考證》說補，景印文淵閣《四庫全書》第145冊，臺灣商務印書館1986年初版，第66頁。

〔註10〕 王海根《古代漢語通假字大字典》，福建人民出版社2006年版，第835頁。

（7）故有挑銚而推車者

按：顧廣圻、盧文弨、松皋圓謂「推車」當作「椎車」，引《鹽鐵論》作「椎車」以證。其說是也，「椎車」者，言上古質樸，椎木爲車輪，無文飾也。《淮南子・說林篇》：「古之所爲不可更，則推車至今無蟬匷。」盧文弨曰：「『椎車』即『椎輪』也。下云『椎政』，即因椎輪爲說，用相比況。今本皆誤爲『推政』，『推政』當作何解乎？」〔註11〕于大成曰：「『推車』當作『椎車』。『椎車』即『椎輪』也。」〔註12〕于說當襲自盧說，而不著所出，斯亦通人之蔽也。《抱朴子外篇・鈞世》：「輜軿妍而又牢，未可謂之不及椎車也。」亦不誤。王先愼謂「推」字不誤，解爲「推引其車」，于省吾、梁啓雄、陳啓天、陳奇猷並從其說；牟庭相亦曰：「推車者，一輪小車，人所推行。」〔註13〕斯皆失考。

（8）法有立而有難，權其難而事成則立之

按：顧廣圻刪上「有」字，王先愼、梁啓雄、陳啓天從之，是也，下文「事成而有害，權其害而功多則爲之」文例同。松皋圓本亦無上「有」字。陳奇猷謂不當刪，非是。

（9）書約而弟子辯，法省而民訟簡

按：《爾雅・釋詁》：「簡，大也。」又《釋訓》：「丕丕、簡簡，大也。」郭璞注：「皆多大。」民訟簡，言民訟多也。劉如瑛改「簡」作「繁」，雖得其義，而未得其字。顧廣圻改「民訟簡」作「民萌訟」，陳啓天從顧說。太田方解「簡」爲「簡少」。《校注》解「簡」爲「簡慢」。並非是。《論衡・問孔》引上句作「書約則弟子辨」，辯、辨，正、借字。

（10）言不度行，而有僞必誅，故無重臣也。

按：松皋圓本以「言不度」三字句，「行」字屬下句，是也。此文當作「言〔而〕不度，行而有僞，必誅」，今本脫一「而」字。「不度」是秦漢成語，猶言不合法度。《墨子・非命上》：「坐處不度，出入無節，男女無

〔註11〕盧文弨《鍾山札記》卷1，中華書局2010年版，第26頁。
〔註12〕于大成《淮南子校釋》，臺灣大學1970年博士論文，收入《淮南鴻烈論文集》，里仁書局2005年版，第1058～1059頁。
〔註13〕牟庭相《雪泥書屋雜志》卷1，收入《續修四庫全書》第1156冊，上海古籍出版社2002年版，第472頁。

辨。」是其例。王先慎校作「言必度」，陳啓天從王說；陳奇猷校作「言必度其行」；梁啓雄以「言不度行而有僞必誅」九字句，云：「度，考慮。」《校注》、張覺並從其說。皆未得。

《八經》第四十八校補

（1）是以明主不懷愛而聽，不留說而計

按：留，存也。留說，言喜悅留存於心也。太田方讀「留」爲「宿諾」之宿，非是。

（2）故使之諷，諷定而怒

按：怒，猶言奮作、努力也。《廣雅》「怒，勉也。」字或作努，《方言》卷1：「釗、薄，勉也。秦晉曰釗，或曰薄，故其鄙語曰薄努，猶勉努也。南楚之外曰薄努。」《集韻》：「努，勉也。」下文「同則君怒」義同。高亨引《廣雅》「怒」訓責，解爲「盛氣而呵責之」；陳啓天、陳奇猷皆從高說；而陳奇猷解爲「責其實」，則非是。《廣雅》「怒」訓責，是譴責義，而非責求義（張覺已及）。一本「怒」上有「不」字，蓋未得其指而妄增也。物双松解爲「不敢怒」，松皋圓解爲「無怒」，皆失之。

（3）結智者事發而驗，結能者功見而〔論〕

按：陳奇猷補「論」字，可通。亦可補「賞」字，此篇下文「易（見）功而賞，見罪而罰」〔註14〕，是其切證。本書《外儲說左上》：「法者見功而與賞，因能而受官。」又《難一》：「有賞者君見其功，有罰者君知其罪。」又《八說》：「故智者不得詐欺，計功而行賞，程能而授事。」皆其證。此篇下文「爵祿循功」，《孤憤》：「今人主不合參驗而行誅，不待見功而爵祿。」又《外儲說左下》：「因能而受祿，錄功而與官。」「爵祿」、「與官」亦謂賞也。又可補「課」字，此篇下文「課其功」，《難三》：「論之於任，試之於事，課之於功。」是其證。王先慎以下句「謀」屬上，謂當作「論」，其改字無據。梁啓雄、張覺亦以下句

〔註14〕諸家校「易」作「見」，是也。

「謀」屬上，梁氏讀謀爲侔，張氏訓謀爲察。皆非是。

（4）事成則君收其功，規敗則臣任其罪

按：陳奇猷刪「規」字，謂「事」字貫下，非也。此承上文「謀〔有〕成敗」，
「事成」、「規敗」即指謀之成敗而言也。

（5）任吏責臣，主母不放

按：放，讀爲妨。「主母不妨」與下文「后姬不疑、庶適不爭、兄弟不侵、
大臣不擁、顯賢不亂」平列，謂六者不預君事也。王先愼、物双松、于
鬯訓放爲放肆，陳奇猷訓放爲依；劉如瑛讀放爲仿，訓仿效、比擬；松
皋圓解爲淫放，張覺解爲淫放、放蕩。皆非其誼也。張氏即襲自松說，
而未著出處。

（6）大臣兩重，提衡而不踦曰卷禍

按：卷，讀爲豢，養也。孫詒讓改「卷」爲「養」，陳啓天從其說；孫氏得
其義，未得其字。陳奇猷謂孫說非，「卷」同「捲」，捲入之義，《漢語
大字典》取陳說〔註15〕。物双松解爲「爲禍所卷在內也」，此即陳說所
本。梁啓雄解爲「屈取」。皆非是。

（7）脫易不自神曰彈威，其患賊夫酖毒之亂起

按：王先謙、津田鳳卿、物双松謂「彈」是「殫」之誤。當讀彈爲殫，不
必指爲誤字。輕脫不自神，故威盡矣。松皋圓解爲「彈除」，《校注》
解爲「除去」，非是。陳奇猷謂「彈」有「分割」義，無據，其所引
例證皆不確。張覺引《周禮・考工記》「凡兵句兵欲無彈」鄭司農注
「彈，謂掉也」，解爲「丟掉」〔註16〕。鄭司農說的「掉」，就是《左
傳》「尾大不掉」的「掉」，搖動之義。宋人林希逸《考工記解》卷下：
「彈者，戰掉也。」惠士奇曰：「僤有兩義，一訓疾，音但。一訓動，
音善。然則僤者，動也。先鄭讀僤爲彈掉之彈，亦取動意，當依《說
文》作僤。」〔註17〕此鄭義。《說文》、《玉篇》、《廣韻》、《集韻》引

〔註15〕《漢語大字典》（第二版），崇文書局、四川辭書出版社2010年版，第346頁。
〔註16〕張氏《校疏》但引鄭注，無申說；他的《全譯》第1008頁解爲「丟掉」。
〔註17〕惠士奇《禮說》卷14，收入《叢書集成三編》第24冊，新文豐出版公司1997
年版，第461頁。

作「僤」，訓「疾」，此許義。張氏沒有讀懂鄭注，以今義釋古義，又不能參考前人成果，信口開合，如此解讀古籍，古籍其亡矣。

（8）一用以務近習

按：物双松解爲「使近臣各有所務」。太田方讀務爲矜。高亨謂「務」是「矜」形譌，讀爲兢，訓戒。梁啓雄解「務」爲「勉勵」。于省吾讀務爲侮，訓輕。陳啓天解「務」爲「專力」。陳奇猷謂「務習」訓從事於親近習慣之事。「近習」指左右親近之人，而非指事，陳說非是。太說無據。余謂務讀爲蕪，荒廢，廢棄，言不用之。言專其用，不準兼職，不用近習之人，即不聽近習之言也。

（9）卑適以觀直諂

按：「適」疑「遇」形譌。卑遇，猶言疏遠之。謂故意疏遠之，以觀其直與諂也。松皋圓解爲「卑下順適」。于鬯謂「適」指「適子」。于省吾讀「卑適」爲「俾敵」，解爲「使其敵對以觀其直與諂」。陳奇猷讀爲「俾適」，釋「適」爲「迎合某人之意」。《校注》：「卑，謙卑。適，隨順。」皆未合。

（10）明主，其務在周密。是以喜見則德償，怒見則威分

按：太田方引本書《喻老篇》「君見賞，臣則損之以爲德；君見罰，臣則益之以爲威。人君見賞而人臣用其勢，人君見罰而人臣乘其威」，是也；張覺襲其說，而不著出處。又本書《內儲說下》：「故君先見所賞則臣鬻之以爲德，君先見所罰則臣鬻之以爲威。」亦可與此文互證。「償」當作「俱」，字之譌也。俱，共也。言君主欲賞、欲罰之心見於色，則其德、威與臣下共之，不能獨有；德不可共，威不可分，故君主當喜怒不形於色也。《董子·保位權》：「國之所以爲國者，德也；君之所以爲君者，威也。故德不可共，威不可分；德共則失恩，威分則失權。」《後漢紀》卷19張衡上書：「威不可分，德不可共。」又卷18：「此爲上陵下替，分威共德，災異之興，不亦宜乎？」是其證也。顧廣圻改「償」作「瀆」，物双松解「德償」爲「多所貸」，梁啓雄解爲「恢復」，陳奇猷解爲「取償於其人」，《校注》解爲「酬報」，張覺解爲「賠償」，皆未得。且「償」訓「復」是償還義，而不是恢復義。

（11）是故上下貴賤相畏以法，相誨以和

按：「和」當作「私」，與「法」對言。本書《姦劫弒臣》：「廢法行私。」
又「故以私爲重人者眾，而以法事君者少矣。」又《問辯》：「官府有
法，民以私行矯之。」皆其例。誨，教訓也，引申爲告誡。言畏之以
法，誡之以私。王先愼改「和」作「利」，陳啓天、陳奇猷、蔣禮鴻、
張覺並從其說；太田方解作「協和」，王初慶從其說〔註18〕；劉師培
改「和」作「知」；梁啓雄解爲「和諧」。皆未得。

（12）聽不參則無以責下，言不督乎用則邪說當上

按：津田鳳卿、物双松、陳啓天並曰：「當，蔽也。」則讀當平聲，是也。
王先愼解「當上」爲「當於人主之心」，則讀去聲；陶鴻慶讀當爲嘗，
梁啓雄解爲「迎合」，《校注》解爲「適合」。皆非是。

（13）姦之食上也，取資乎眾，籍（藉）信乎辯，而以類飾其私

按：《爾雅》：「食、詐，僞也。」即詐僞義，此用爲動詞，欺詐也。《逸周
書·皇門解》：「媚夫有邇無遠，乃食蓋善夫。」孔晁注：「食，爲。」
「爲」同「僞」。言欺詐、掩蔽善人也。「信」即上文「吶者言之疑，
辯者言之信」之「信」，與「疑」相對，不疑也。籍信乎辯，言藉辯言
而取信也。王先愼曰：「信，讀爲伸。」松皋圓解爲「借辭辯以信私義」，
則說同王氏。于鬯讀食爲飾。陳啓天、陳奇猷、梁啓雄並讀食爲蝕，
訓蔽、侵蝕、虧損，皆非是。

（14）人主不饜忿而待合參，其勢資下也

按：松皋圓解「饜忿」爲「抑情忍怒」。陳啓天曰：「饜忿，猶言忍忿。」
其說皆是也，而未得其正字。饜，讀爲掩，掩蔽，收斂，抑制。《說文》：
「掩，斂也。」饜忿，言抑制其忿怒之心也。此二句即上文「怒見則
威分」之誼，言怒不可見於臣下也，否則威分於下，即以勢資於其下
矣。趙海金謂「饜」以雙聲借爲「猒」〔註19〕，訓「塞」，則是以爲
俗「壓」字，亦通。陳奇猷、梁啓雄解「饜忿」爲「盛怒」，非是。張

〔註18〕王初慶《〈韓非子·八經〉校箋（中）》，《輔仁國文學報》第12集，1996年8
月，第7頁。
〔註19〕趙氏原文「猒」誤作「壐」，據其上下文引徵，知「壐」爲「猒」筆誤，徑正。

—272—

覺謂「不」字直貫至「待合參」，句言「人主不屬忿，不待合參」，解
「屬忿」爲「極怒」，尤爲妄說。

（15）有道之主，聽言，督其用，課其功，功課而賞罰生焉

按：依文例，「聽言」當作「聽其言」。

（16）故下肆很觸而榮於輕君之俗則主威分

按：很，《道藏》本、四庫本、鴻文書局石印本、十子全書本、松皋圓本作
「狠」，俗字。《說文》：「很，不聽從也。」謂違戾。觸，抵觸。「很觸」
謂違拗抵制，近義連文。松皋圓曰：「狠觸，謂抗上犯法。」其說近之。
「欲」是「位」之譌，下文「故君輕乎位而法亂乎官」與此相應，作「位」
字。或讀「俗」爲「欲」，意願，亦通。《荀子・解蔽》：「由俗謂之道盡
嗛也。」楊倞注：「俗，當爲欲。」是其例。于省吾改「觸」作「屬」，
無據。梁啓雄解「俗」爲「習俗」，非是。陳奇猷曰：「《說文》：『很，
行難也。』觸，謂犯法。」榮於輕君之俗，謂以輕君之意爲榮。陳奇猷
解爲「謂以輕君法令爲榮之俗」。陳氏引徵不當，且所解不合句法。

（17）民以法難犯上，而上以法撓慈仁

按：難，讀去聲，抵拒。《書・舜典》孔傳：「難，拒也。」《管子・明法
解》：「民以法與吏相距，下以法與上從事。」此言民以法與吏相距而
犯上也。梁啓雄解「難」爲「苦難」，非是。陳啓天曰：「謂有法令則
民不易犯上也。」陳奇猷解爲「民以法難行而犯上之法」，說雖不同，
而皆以「難」爲「不易」，亦非是。

（18）故下明愛施而務賕紋之政

按：顧廣圻、松皋圓並謂「紋」字未詳。「紋」疑當作「賂」。「賕」或借
「綠」字爲之，故「賂」脫誤，又涉「綠」而改易其義符而作「紋」。
賕賂，賄賂也。孫詒讓謂「紋」當作「納」，陳奇猷從其說。孫說可
通，然「賕納」未見成詞。太田方曰：「『紋』、『問』音通，遺也。」
太說亦通。陳啓天曰：「『紋』字可通，《篇海》云：『凡錦綺黼繡之文
皆曰紋。』故《佩文》引《韓子》注訓紋爲帛。賕紋，即以財帛行賄
也。《札迻》以紋爲納之誤，未可從。又《纂聞》以『紋銀』釋『紋』，

《新釋》以『文錢』釋『紋』，更不可從。」陳啓天說不可信，「紋」
是錦綺黼繡之文，指花紋，決無「帛」義。

卷十九

《五蠹》第四十九校補

（1）有聖人作，構木為巢以避群害

按：下句，《御覽》卷 78 引同，《書鈔》卷 17 引作「構其木欀，以避群害」，
《文選·東征賦》李善注引作「構木爲巢以群居」，《路史》卷 5 羅苹注
引作「以之群居」。

（2）使王天下

按：王，《御覽》卷 78 引誤作「主」。

（3）民食果蓏蚌蛤

按：蚌蛤，《文選·東征賦》李善注引作「蚌蛤」，《路史》卷 5 羅苹注引
作「蜾鱸」（人田方、松皋圓已及）。《路史》卷 5：「占之人茹毛而呫
血，食果蓏蜾鱸。」（a）「蜾」同「蚌」。「鱸」當是「蠯」異體字，
同「蚌（蜌）」。字亦作蜼，《淮南子·說林篇》：「蜼象之病，人之寶
也。」注：「蜼，大蛤。」又「明月之珠，蜼之病，而我之利。」《意
林》卷 2 引作「蚌之病」。又《氾論篇》：「水生蜼蜄，山生金玉。」《御
覽》卷 888 引作「蚌蜃」。又《修務篇》：「古者民茹草飲水，采樹木
之實，食蠃蜼之肉。」《御覽》卷 78、823 引作「蠃蚌」。「蠃蚌」即
「螺蚌」。又《說山篇》：「月盛衰於上，則蠃蜼應於下。」《六書故》
卷 20 引作「螺蚌」。又「明月之珠出於蜼蜄。」《記纂淵海》卷 35 引

作「蚌蜄」，又卷 112 引「蜄蜄」作「蠯」，注：「一作蜯蜄。」〔註 1〕
《史記・龜策傳》云：「明月之珠出於江海，藏於蚌中。」上舉《淮
南子》各例「蜄」字，據景宋本，四庫本皆作「蠯」字。字或作礦，
《淮南子・本經篇》：「擿蚌蜃。」《文子・上禮》作「礦蜃」。我舊說
「礦」字誤〔註 2〕，失考。字或作硥，《玉篇》：「硥，步項切，亦作蚌。」
《淮南子・天文篇》：「是以月虛而魚腦減，月死而蠃（蠃）硥膲。」
《御覽》卷 941 引作「螺蚌」。字或作鮮，《集韻》：「蚌，《說文》：『蜃
屬。』一曰美珠。或作蜯、鮮、硥、蜄。」字亦作蚄，《論衡・順鼓》：
「月中之獸，兔、蟾蜍也，其類在地，螺與蚄也。」《字彙補》：「蚄
疑即蚌字。」吳承仕曰：「諸子傳記說此義者，通作『螺蚌』，唯此作
『蚄』。蚄者，蚌之異文。東旁轉陽，故字亦作蚄。而『蚌』字相承
亦有並梗一切。」〔註 3〕又省作「方」，《淮南子・天文篇》：「方諸見
月，則津而爲水。」高誘注：「方諸，陰燧，大蛤也。」「方」即「蚌」
音轉，「諸」即「珠」借音字。字亦作魴，《說文》：「魴，蚌也。」「魴」
即「蚌」、「蚄」音轉。字亦音轉作蠙、蚍，《說文》：「蚍，珠也。蠙，
《夏書》蚍從虫、賓。」《書・禹貢》《釋文》：「蠙，字又作蚍，蚌也。」
孔穎達疏：「蠙是蚌之別名，此蠙出珠，遂以蠙爲珠名。」（b）「蝌」
當是「蠃（螺）」音轉，「蝌鱸」亦即「螺蚌」。《舊唐書・李師古傳》：
「王武俊率師次於德棣二州，將取蝌蛤及三汊城。」《通鑑》卷 234
同。其名「蝌蛤」者，取蚌蛤爲義。史炤《資治通鑑釋文》卷 24：「蛤
蝌：蛤，葛合切。蝌，音螺。」《河間府志》卷 1：「《唐書》以蛤螺河
爲蛤蝌河。」〔註 4〕《古今圖書集成・方輿彙編・職方典》卷 83：「蛤
蠃河，在縣城北二十五里，又名蛤蝌河。」「蝌蛤」即「蠃蛤」。

（4）腥臊惡臭而傷害腹胃

按：松皋圓、陳啓天、陳奇猷從山氏說改「腹」作「腸」，是也。《御覽》
卷 78 引《古史考》：「未有火化腥臊，多害腸胃。」亦其證。《資治通

〔註 1〕 《記纂淵海》據北京圖書館古籍珍本叢刊本，四庫本分別在卷 61、41，注文
「蜯蜄」不清，據四庫本。
〔註 2〕 蕭旭《淮南子校補》，花木蘭文化出版社 2014 年版，第 158 頁。
〔註 3〕 吳承仕《論衡校釋》，北京師範大學出版社 1986 年版，第 95 頁。
〔註 4〕 《河間府志》卷 1，明嘉靖刻本。

鑑外紀》卷 1 已誤作「腹」。

（5）宋人有耕田者，田中有株，兔走，觸株折頸而死

按：耕田，王先慎據《類聚》卷 95、《御覽》卷 499、822、822、907、《事
類賦》卷 23 引刪「田」字。《後漢書・張衡傳》李賢注、《白氏六帖事
類集》卷 29〔註 5〕、《記纂淵海》卷 52、98、《古今事文類聚》後集卷
37、《古今合璧事類備要》別集卷 79、《冊府元龜》卷 769、954、《四
分律搜玄錄》卷 2、《四分律行事鈔資持記》卷 1、《四分律行事鈔簡正
記》卷 5、《法華經文句記箋難》卷 1、《祖庭事苑》卷 1 引亦無「田」
字。觸株，《御覽》卷 499 引作「拁株」，又卷 822 引作「觸林」，《類
聚》、《御覽》卷 907、《事文類聚》、《事類備要》、《可洪音義》卷 29
「守株」條引作「觸」，《後漢書》李賢注、《事類賦注》卷 23、《記纂
淵海》卷 98、《冊府元龜》卷 769、954、《四分律行事鈔資持記》卷 1
引作「觸之」，《祖庭事苑》卷 1 引作「抵株」。「林」是「株」誤。「拁」
是「抵」俗字。頸，《御覽》卷 907、《冊府元龜》卷 954 引誤作「頭」。
折頸，《可洪音義》卷 29 引作「折項」。

（6）因釋其耒而守株

按：其耒，《後漢書・張衡傳》李賢注、《白氏六帖事類集》卷 29、《類聚》
卷 95、《御覽》卷 499、822、907、《事類賦注》卷 23、《記纂淵海》
卷 52、98、《古今事文類聚》後集卷 37、《古今合璧事類備要》別集卷
79、《冊府元龜》卷 769、954、《四分律搜玄錄》卷 2、《四分律行事鈔
資持記》卷 1、《四分律行事鈔簡正記》卷 5、《法華經文句記箋難》卷
1、《祖庭事苑》卷 1、《翻譯名義集》卷 2、《可洪音義》卷 29「守株」
條引皆作「耕」。今本疑後人所改。

（7）冀復得兔，兔不可復得，而身為宋國笑

按：復，《御覽》卷 822、《記纂淵海》卷 52 引誤作「更」。下句，《白氏六
帖事類集》卷 29 引作「無得，路人笑之」，《翻譯名義集》卷 2 引作「路
人笑矣」，蓋皆臆改。

〔註 5〕《白孔六帖》在卷 97，下同。

（8）糲粢之食，藜藿之羹

按：粢，《御覽》卷 849 引同，《史記·李斯傳》亦同，《御覽》卷 80、861、
998 引作「梁」，《書鈔》卷 143、《爾雅翼》卷 6 引作「粱」。孔廣陶
曰：「近本《韓子》『粱』誤『粢』，《御覽》卷 80 引不誤。」〔註6〕
《史記·太史公自序》：「糲粱之食，藜藿之羹。」〔註7〕《六韜·文
韜·盈虛》：「糲粱之飯，藜藿之羹。」《淮南子·精神篇》：「糲粢之
飯，藜藿之羹。」〔註8〕《御覽》卷 80 引作「粱」，《類聚》卷 11、《御
覽》卷 842 引作「粱」。《潛夫論·實貢》：「夫說粱飫食肉，有好於面
目，而不若糲粢藜烝之可食於口也。」《初學記》卷 26 引作「粱」。
「粱」是「梁」借字，而「梁」又是「粢」形譌，「粱」是精米，非
其誼也〔註9〕。孔說非是。

（9）雖監門之服養，不虧於此矣

按：王先慎曰：「《御覽》卷 80 引『虧』作『敵』，卷 849 及《書鈔》卷 143
引作『厭』，並誤。虧，損也。」《史記·李斯傳》作「觳」，《索隱》：
「觳，音學，謂盡也。又古學反。」《正義》：「又苦角反，《爾雅》云：
『觳，盡也。』」《史記·秦始皇本紀》亦作「觳」，《集解》徐廣曰：
「觳音學。觳，一作較，推也。」《索隱》：「觳音學。《爾雅》：『觳，
盡也。』言監門下人，飯猶不盡此。若徐氏云『一作較。較，推也』，
則字宜作較。鄒氏音角。」《六書故》卷 18：「觳，猶言下也。」王念
孫曰：「《索隱》以養為卒，以觳為盡，皆非也。《正義》以養為供養，
是也，而誤解觳字。觳者，薄也。故薄土謂之墝埆，埆與觳同義。《韓
子》作『虧』，虧與觳義亦相近。」〔註10〕王說是也，而猶未盡。「觳」
當音苦角反，讀為确，《說文》：「确，磬石也。」字或作埆，《慧琳音
義》卷 83 引《聲類》：「埆，磽确，薄也。」〔註11〕余有丁曰：「觳，

〔註6〕 《書鈔》（孔廣陶校注本），收入《續修四庫全書》第 1213 冊，上海古籍出版
社 2002 年版，第 40 頁。
〔註7〕 《漢書·司馬遷傳》同。
〔註8〕 《淮南子·人間篇》同。
〔註9〕 參見王念孫《史記雜志》，收入《讀書雜志》卷 3，中國書店 1985 年版，第
60 頁。
〔註10〕 王念孫《史記雜志》，收入《讀書雜志》卷 2，中國書店 1985 年版，第 14 頁。
〔註11〕 參見趙鑫曄、蕭旭《〈孟子〉「觳觫」正詁》，《唐山師範學院學報》2009 年第

當作牭，訓爲粗。」〔註12〕錢大昕曰：「小司馬云：『斛，盡也。言監門下人，飯猶不盡此也。』『斛悉』連文，《孟子》：『吾不忍其斛觫。』『斛觫』即『斛悉』之轉，言其命將盡也。」〔註13〕皆非是。

（10）禹之王天下也，身執耒臿以為民先

按：此言禹治水之事。王先慎曰：「《御覽》卷 82 引『耒臿』作『木畚』。」「木畚」是「耒臿」形譌。《淮南子‧要略》：「禹之時，天下大水，禹身執藟垂以爲民先。」《史記‧秦始皇本紀》：「（禹）身自持築鍤。」考《莊子‧天下》：「禹親自操橐耜而九雜天下之川。」即諸文所本。「臿」同「鍤」。《莊子釋文》：「橐，崔云：『囊也。』司馬云：『盛土器也。』耜，音似，《釋名》：『耜，似也，似齒斷物。』《三蒼》云：『耒頭鐵也。』崔云：『棰也。』司馬云：『盛水器也。』」「耜」當訓臿，字本作枱，亦作桸〔註14〕。《說文》：「枱，臿也。桸，或從里。」《方言》卷 5：「臿，東齊謂之梩。」《玉篇》：「枱，臿也，與耜同。」《路史》卷 22 引正作「橐枱」。枱訓臿，故耒下端刺土之臿，改易義符作專字「耜」。專字亦作枱、鉛，《說文》：「枱，耒耑（端）也。鉛，或從金。」崔譔注「耜，棰也」，「棰」是「插」形譌〔註15〕。《孟子‧滕文公上》：「蓋歸反藟梩而掩之。」趙岐注：「藟梩，籠臿之屬，可以取土者也。」「藟梩」即「藟臿」。《御覽》卷 82、764、765 引《淮南》作「畚鍤」，《玉海》卷 23、《路史》卷 22 羅苹注引作「藟臿」。王念孫曰：「藟謂盛土籠也。『垂』當爲『臿』。臿，今之鍬也。耒與藟聲相近，『耒臿』即『藟垂』也。」〔註16〕《淮南子‧精神篇》：「今夫繇者，揭钁臿，負籠土。」「藟」亦作蕢、蘽，即「籠」，亦即「橐」。

---

1 期，第 2 頁；收入蕭旭《群書校補》，廣陵書社 2011 年版，第 1205 頁。

〔註12〕余有丁說引自《史記考證》，《四庫全書》第 243 冊，臺灣商務印書館 1986 年初版，第 182 頁。

〔註13〕錢大昕《潛研堂文集》卷 10《答問七》，收入《嘉定錢大昕全集（九）》，江蘇古籍出版社 1997 年版，第 139 頁。

〔註14〕馬敍倫謂「耜」是「枱」之誤，則失考。《莊子義證》卷 33，收入《民國叢書》第 5 編，（上海）商務印書館 1930 年版，第 6 頁。

〔註15〕參見王叔岷《莊子校詮》，中央研究院歷史語言研究所專刊之八十八，1988 年版，第 1313 頁。

〔註16〕王念孫《淮南子雜志》，收入《讀書雜志》卷 15，中國書店 1985 年版，第 43 頁。

王說「耒與藥聲相近」，是也，古從耒從畾音通〔註 17〕。治水無須用耒，故當據《淮南》讀耒為藥。橐（籠、虆）以盛土，耜（臿、鍤）以刺土，兩者皆治水之器也。《鹽鐵論·擊之》：「昔夏后底洪水之災，百姓孔勤，罷於籠臿。」正言「籠臿」。梁啟雄曰：「耒，是農具。」失檢王說也。王煥鑣引蔣禮鴻曰：「『耒』當作『耜』，兩刃臿也。」蔣氏改字無據，《路史》卷 22 羅苹注引作「耒臿」，《資治通鑑外紀》卷 1 同，是「耒」字不誤也。

（11）股無胈，脛不生毛

按：胈，《四部叢刊》影黃丕烈校宋本誤作「股」，乾道本誤作「肢」。《御覽》卷 82 引誤作「股無完胈，體無生」。此亦言禹治水之事。《莊子·在宥》：「股無胈，脛無毛。」又《天下》：「腓無胈，脛無毛。」《文選·難蜀父老》李善注引《莊子》佚文：「股無胈，脛不生毛。」〔註 18〕《史記·李斯傳》：「而股無胈，脛無毛。」《御覽》卷 372 引《正部》：「夏禹治水，腓無胈，脛無毛。」皆與《韓子》合。《莊子·在宥》《釋文》：「胈，李云：『白肉也。』或云：『字當作紱。紱，蔽膝也。』崔云：『胈，髕也。』」成玄英疏：「股，白肉也。言堯舜行黃帝之跡，心形疲弊，股瘦無白肉，脛禿無細毛。」林希逸《口義》：「股無胈，猶髀肉不生之意。脛無毛，言勞其足也。」《莊子·天下》成玄英疏：「腓股無肉，膝脛無毛。」《史記·李斯傳》裴駰《集解》：「胈，膚毳皮。」《史記·司馬相如傳》《難蜀父老》：「心煩於慮而身親其勞，躬胝無胈，膚不生毛。」《集解》引徐廣曰：「胈，踵（腫）也。」〔註 19〕《索隱》引韋昭曰：「胈，其（身）中小毛也。」〔註 20〕又引李頤曰：

〔註 17〕 參見張儒、劉毓慶《漢字通用聲素研究》，山西古籍出版社 2002 年版，第 878 頁。

〔註 18〕 其上下文與《在宥》、《天下》不同，今本無其文，故知是佚文。《御覽》卷 63 引「胈」誤作「肢」。《史記·司馬相如傳》《索隱》但引《莊子》「禹腓無胈，脛不生毛」8 字，或亦出此文。

〔註 19〕 水澤利忠校曰：「踵，蔡、慶、中統、凌、殿『種』，景、蜀『腫』，井、彭『腫』。」疑「腫」字是。水澤利忠《史記會注考證校補》，廣文書局 1972 年版，第 3247 頁。

〔註 20〕 水澤利忠校曰：「其，蔡、慶、中統、彭、凌、殿『戚』。」（同上，第 3248 頁）「其」蓋「戚」聲誤。戚，膝理也。六臣注本《文選·難蜀父老》李善注引韋昭注「其」作「身」，「身」又「其」形誤。王念孫謂「膝、戚古聲相近」，見《讀書雜志》卷 16 餘編下，中國書店 1985 年版，第 104 頁。

「胈，白肉也。」〔註21〕《漢書》顏師古注引孟康曰：「胈，毳膚皮也。」《玉篇》：「胈，禹治水，腓無胈。胈，股上小毛也。」蔣斧印本《唐韻殘卷》、《廣韻》並云：「胈，夏禹治水，腓無胈，脛無毛。韋昭云：『胈，股上小毛也。』」《篆隸萬象名義》：「胈，脛無毛也，創也。」《集韻》：「胈，股肉膚。」諸書並作「胈」，或說「胈當作䯱」無據。李、成、林三氏胈訓白肉，徐廣胈訓腫，不知所據。「胈」當訓小毛，韋昭則隨文釋爲股上小毛。睡虎地秦簡《封診式》第 54 簡《癘》：「其手毋胈。」言手上沒有生幹毛〔註22〕。「胈」是「髮」的分別字，「髮」古字作「㲃（髟）」，指頭上之毛，故字從「首」；股或腓之毛，則易其義符作專字「胈」，引申之，則手上幹毛亦謂之「胈」矣。《說文》偶失收「胈」字。崔譔訓胈爲髤者，裴駰、孟康以爲是「髤」本義「西胡毳布」，故改其說云「毳膚皮也」。考敦煌寫卷 P.2011 王仁昫《刊謬補缺切韻》：「胈，倒。」「髤」、「倒」當是「劅（癘）」借字，《廣雅》、《集韻》引《字林》並云：「劅，傷也。」《集韻》：「癘，頭瘍，一曰傷胈也。」又引《博雅》：「癘，禿也。」〔註23〕「癘」是傷髮的專字。「傷胈」即「傷髮」，指頭髮受傷，故又訓爲禿，都是頭瘍的結果，三義相因。《篆隸萬象名義》胈訓創，當亦指頭創。《玉篇》、蔣斧印本《唐韻殘卷》、《廣韻》並引《文字指歸》：「女妭，禿無髮，所居之處，天不雨也。」「妭」指女禿無髮，亦取義於「髮」。可爲旁證。《慎子外篇》：「首無髮，股無毛。」〔註24〕雖所言部位不同，亦以「髮」、「毛」對舉。黃侃曰：「胈亦訓白肉，即胅之變。」〔註25〕黃氏據誤說求字，未暇詳考也。胡文英曰：「《莊子・天下篇》：『腓無胈。』案：腓，腿曲下腳脛上也。胈，腓肉肥滿也。吳人謂腓上大肉曰胖胈子（胖，上聲）。」〔註26〕張覺曰：「『胈』從肉旁，當解爲『肥

〔註21〕 《集韻》：「胈，白肉也。《莊子》『股無胈』李軌讀。」《類篇》同。以爲李軌說，蓋誤。

〔註22〕 「幹毛」俗作「汗毛」或「寒毛」，參見章太炎《新方言》卷 4，收入《章太炎全集（7）》，上海人民出版社 1999 年版，第 96 頁。

〔註23〕 今本《廣雅》脫。

〔註24〕 《類聚》卷 11、《御覽》卷 82、424、《路史》卷 22 羅苹注引《符子》同。

〔註25〕 黃侃《說文外編箋識・〈玉篇〉俗字》，收入《說文箋識》，中華書局 2006 年版，第 489 頁。

〔註26〕 胡文英《吳下方言考》卷 12，收入《續修四庫全書》第 195 冊，上海古籍出

肉』。」皆是臆說，望形而生訓。唐・柳宗元《天對》言禹「胈離厥膚，三門以不眠（視）」，肉安得離膚？唐・神清《北山錄》卷8：「夫大禹卑宮室而盡力乎溝洫，菲飲食而致孝乎鬼神，豈好手足胼胝而脛胈無毛耶？」以「脛胈」作「無毛」的主語，斯爲不辭矣。王煥鑣從一本「胈」作「肢」，改作「肤」，尤爲無據。

（12）雖臣虜之勞不苦於此矣

按：苦，《御覽》卷82引誤作「若」。

（13）夫古之讓天子者，是去監門之養而離臣虜之勞也

按：《淮南子・氾論篇》：「許由讓天子，終不利封侯。」《類聚》卷9引《逸士傳》：「堯讓天子於許由，許由逃。」讓天子，指讓天子之位。《潛夫論・交際》：「許由讓其帝位，俗人有爭縣職。」《漢書・爰盎傳》：「陛下至代邸，西鄉讓天子者三，南鄉讓天子者再。」《史記・袁盎傳》「讓天子」作「讓天子位」。是其證也。陳奇猷改「天子」作「天下」，非是。下文云：「是以人之於讓也，輕辭古之天子，難去今之縣令者，薄厚之實異也。」亦是「天子」不當改之證。

（14）今之縣令，一日身死，子孫累世絜駕，故人重之

按：太田方曰：「絜，繫也。」梁啓雄曰：「『絜』字亦作『摖』，《廣雅》：『摖，束也。』摖駕，猶言約車、繫馬。」尹桐陽曰：「絜，約也。絜駕，猶云約車。」王煥鑣曰：「絜，繫，約。」絜，讀爲結，「摖」乃加旁俗字。結駕，猶言結駟，謂一車並駕四馬也。《楚辭・招魂》：「青驪結駟兮齊千乘。」王逸注：「結，連也。四馬爲駟。」《韓詩外傳》卷9：「今日相，即結駟列（連）騎，食方丈於前。」陳直曰：「絜爲挈字之假借。」未釋是何義。陳奇猷曰：「絜，蓋借爲挈。挈駕，謂挈舉軒車而乘之。」其說不通。物双松曰：「絜駕，擁駕也。」山仲質曰：「『絜』宜作『桀』，古『乘』字也。」皆無據。

（15）夫山居而谷汲者，膢臘而相遺以水；澤居苦水者，買庸而決竇

按：《風俗通・祀典篇》引作「山居谷汲者，膢臘而買水」，《後漢書・禮儀

版社 2002 年版，第 102 頁。

志》李賢注、《玉海》卷 101、144 引《風俗通》引作「寘水」,《御覽》
卷 33 引《風俗通》引作「寡水」。「寡」是「寘」形譌,「寘」同「置」,
即《外儲說左上》「置履」之置,亦買也。《韓子》舊本上句疑當作「夫
山居谷汲者,腰臘而寘水」。《學林》卷 5 引無上「而」字,然已誤衍作
「相遺以水」。

(16) 故饑歲之春,幼弟不饢;穰歲之秋,疏客必食,非疏骨肉愛過〔客〕也

按:《御覽》卷 849 引「饑」作「餓」,「幼弟」作「從弟」,餘同。《記纂
淵海》卷 56 引「饢」作「飽」,餘同。《意林》卷 1 引作「饑歲之春,
從弟不讓;穰歲之秋,疏客必食」,注:「一作『幼弟不饢』、『過客必
養』。」陳奇猷謂當作「幼」、「過」。然作「疏客」自通,下文「骨肉
過客」即指幼弟疏客,此不必改作「過客」。《文選·笙賦》:「疎客始
闌,主人微疲。」李善注引作「穰歲之秋,疏客畢食」,「畢」爲借字。
是唐宋人所見,皆作「疏客」。「讓」當作「饢」。于鬯「過」下補「骨
肉」二字,非是。

(17) 輕辭天子,非高也,勢薄也;〔重〕爭土橐,非下也,權重也

按:王先愼「爭」上據今本補「重」字,是也,《喻林》卷 3 引亦有「重」
字。橐,疑讀爲庌,《說文》:「庌,開張屋也。」俗作厇、磔、拓,《玉
篇》:「厇,亦作磔,開厇也。」土橐,當作「橐土」,猶言開拓土地。
王先愼校作「士橐」,讀爲「仕託」,陳啓天從其說。陳奇猷疑「土橐」
即「橐土」,指宜於種植之土地;又謂或說讀爲「十地」有理。物双
松曰:「橐,行旅齎資也。謂之土橐者,縣令之資財也。」王煥鑣解
爲「土製的冶爐」。皆非是。

(18) 徐偃王處漢東,地方五百里,行仁義,割地而朝者三十有六國

按:(a)「徐偃王」名偃者,取偃仰爲義。《史記·秦本紀》裴駰《集解》、
《荀子·非相》楊倞注、《後漢書·東夷傳》李賢注、《文選·西征賦》
李善注並引《尸子》:「徐偃王有筋而無骨。」裴駰云:「駰謂號偃由此。」
李賢云:「故曰偃也。」楊倞云:「其狀偃仰而不俯,故謂之偃王。」
《水經注·濟水》引劉成國《徐州地理志》:「生時偃,故以爲名。」

〔註 27〕《述異記》卷下：「內有一兒，有筋而無骨，後爲徐君，號曰偃王。」舊說如此。松皋圓曰：「愚謂其人柔懦仁弱，偃武事，故傳此稱耶？」亦備一通。（b）割地，劉文典據《淮南子・氾論》、《人間》、《論衡・非韓》校作「陸地」。陳奇猷謂劉說非，古代無自海來朝者，無須言陸地來朝。劉說是，三十六國與徐不能都接壤，然則不能都割地而朝。（c）「漢」指漢水，徐國故地當彭城（今徐州），不得在漢水東。「漢」當作「潢」，形之誤也。《後漢書・東夷傳》：「偃王處潢池東，地方五百里，行仁義，陸地而朝者三十有六國。」李賢注引《水經注》：「潢水，一名汪水，與泡水合，至沛入泗。自山陽以東海陵以北，其地當之也。」此其證也。「潢池」即「潢水」，亦作「黃池」，《國語・吳語》：「吳王夫差……會晉公午於黃池。」亦稱作「黃水」，《水經注・泗水》：「灃水又東合黃水，時人謂之狂（汪）水。蓋狂（汪）、黃聲相近，俗傳失實也。自下黃水又兼通稱矣。水上舊有梁，謂之泡橋……泡水又東逕沛縣故城南。」〔註 28〕

（19）故十仞之城，樓季弗能踰者，峭也；千仞之山，跛牂易牧者，夷也

按：松皋圓引《荀子・宥坐》「三尺之岸，而虛車不能登也；百仞之山，任負車登焉，何則？陵遲故也。數仞之牆，而民不踰也；百仞之山，而豎子馮而遊焉，陵遲故也」，陳奇猷引《韓詩外傳》卷 3「夫一仞之牆，民不能踰；百仞之山，童子登遊焉，陵遲故也」。按《家語・始誅》：「夫三尺之限，空車不能登者，何哉？峻故也。百仞之山，重載陟焉，何哉？陵遲故也。」《史記・李斯傳》：「故城高五丈，而樓季

〔註27〕《博物志》卷7、《御覽》卷 904 引《徐偃王志》「偃」上有「正」字。

〔註28〕「狂」當據李賢注引作「汪」。「汪」、「潢」音近。古「潢潒、潢漾」亦作「汪洋」，是其比。唐・柳宗元《遊黃溪記》：「『黃』與『王』聲相邇。」宋・朱翌《猗覺寮襍記》卷下：「『黃』、『王』不分，江南之音也，嶺外尤甚。柳子厚《黃溪記》：『神，王姓。茶之世也，茶嘗曰：「余黃虞之後也。」黃與王聲相邇。』以此考之，自唐以來已然矣。」宋・周密《癸辛雜識》續集卷下：「浙之東言語，『黃』、『王』不辨，自昔而然（例略）。」明・陸容《菽園雜記》卷 4：「如吳語『黃』、『王』不辨。」今吳語「王」、「黃」尚同音。熊會貞曰：「《後漢書・東夷傳》注引此作『注水』，誤。」誤作「注」字。楊守敬、熊會貞《水經注疏》，收入《楊守敬集》第 4 冊，湖北人民出版社、湖北教育出版社 1997 年版，第 1553 頁。

不輕犯也；泰山之高百仞，而跛牂牧其上。夫樓季也而難五丈之限，豈跛牂也而易百仞之高哉？峭塹之勢異也。」《說苑·政理》：「夫一仞之牆，民不能踰；百仞之山，童子升而遊焉，陵遲故也。」《鹽鐵論·詔聖》：「嚴牆三刃（仞），樓季難之；山高干雲，牧豎登之。故峻則樓季難三刃（仞），陵夷則牧豎易山巔。」皆足參證。

（20）布帛尋常，庸人不釋；鑠金百溢，盜跖不掇

舊注：金銷爛，雖多，跖棄而不掇。

按：《史記·李斯傳》、《論衡·非韓》引「溢」作「鎰」，「掇」作「搏」；又《論衡》引「釋」作「擇」，「鑠」作「爍」。「擇」是「釋」借字，王先慎謂「擇」字誤，非是。《索隱》：「《爾雅》云：『鑠，美也。』言百鎰之美金在於地，雖有盜跖之行，亦不取者，為其財多而罪重也。搏，猶攫也，取也。凡鳥翼擊物必轉足取攫，故人取物亦云搏也。」考《鹽鐵論·詔聖》：「夫鑠金在鑪，莊蹻不顧；錢刀在路，匹婦掇之。」《劉子·利害》：「酖酒盈卮，渴者弗飲，非不渴也，飲之立死；銷金在鑪，盜者弗掬，非不欲也，掬而灼爛。虦虎在前，地有隋珠，雖貪如盜蹠，則手不暇拾；懸穀向心，路有西施，雖淫如景陽，則目不暇視。」是「鑠（爍）」自當訓銷。松皋圓謂「金經鍊鑠則益純粹精好，故曰鑠金……舊注未得解」，是也，故小司馬訓美也。《淮南子·說山篇》：「琬琰之玉在污泥之中，雖廉者弗釋；弊箅甗瓾在衽茵之上，雖貪者不搏。」高誘注：「搏，取。」《申鑒·政體》：「投百金於前，白刃加其身，雖巨跖弗敢掇也。」皆自《韓子》化出。

（21）毀譽賞罰之所加者相與悖繆也

按：「悖繆」亦作「誖謬」、「悖謬」，《漢書·董仲舒傳》：「其所操持誖謬失其統也。」《漢紀》卷11作「悖謬」。亦作「勃繆」，《路史》卷35：「則必敗於匡，必敝於宋，不躓於衛，必勃繆於陳蔡矣。」陳奇猷曰：「悖，逆也。繆，同『謬』，誤也。」陳說悖訓逆，是也；而「繆」不訓誤，當訓違戾、相反，亦悖逆之義，同義連文。《集韻》：「繆，戾也。」字亦作謬，《墨子·非儒下》：「此君子之道也，以所聞孔丘之行，則本與此相反謬也。」謬亦反也，同義連文。《文選·非有先

生論》:「夫談者有悖於目而佛於耳,謬於心而便於身者。」張銑注:「悖,逆。佛,違。謬,反也。」「悖」、「佛(拂)」、「謬」三字同義對舉。《史記·漢興已來諸侯王年表》《索隱》引《諡法》:「名與實乖曰繆。」《慧琳音義》卷6、7引「繆」作「謬」。是繆(謬)亦乖也。

(22) 今兄弟被侵,必攻者,廉也;知友被辱,隨仇者,貞也

按:張覺引《廣雅》「隨,逐也」,是。隨,讀為追。《方言》卷12:「追,隨也。」以聲為訓耳。《集韻》:「隨,古作追。」本書《初見秦》:「隨荊以兵,則荊可舉。」陳啓天曰:「隨,古與追通。」傅佛崖曰:「隨與追疊韻互訓字。」亦其例。《後漢紀》卷7:「(郅)惲友人董子張,父及叔父為人所害……惲即起,將客,追仇人,取其頭以示子張。」〔註29〕此「追仇」之例。

(23) 故法之所非,君之所取;吏之所誅,上之所養也。法趣(取)上下四相反也,而無所定,雖有十黃帝不能治也

按:《公孫龍子·跡府》:「王之所賞,吏之所誅也;上之所是,而法之所非也。賞罰是非相與四繆,雖十黃帝不能治也。」此《韓子》所本。《孔叢子·公孫龍》:「是王之所賞,吏之所罰也;上之所是,法之所非也。賞罰是非相與曲謬,雖十黃帝固所不能治也。」「繆(謬)」亦相反之誼。王琯謂「曲」為「四」形謬〔註30〕,是也。陳柱謂「四」與「曲」均「回」形謬,「回」、「口」聲轉,「口」、「違」音同〔註31〕,迂曲不可信。

(24) 故行仁義者非所譽,譽之則害功;文學者非所用,用之則亂法

按:王先慎、松皋圓、陳啓天據今本於「文學」上補「工」字,劉師培據下文有「習文學」語,補「習」字,陳奇猷舉《顯學篇》「習言談、服文學」以證劉說,謂服亦習也。劉說是也。尋下文「今修文學、習言談,則無耕之勞而有富之實」,則「文學」上補「服」或「修」字

〔註29〕《後漢書·郅惲傳》、《御覽》卷407、481引《東觀漢記》「追」作「遮」。
〔註30〕王琯《公孫龍子懸解》,中華書局1992年版,第38頁。
〔註31〕陳柱《公孫龍子集解》,收入《民國叢書》第5編,上海書店1989年出版,第44頁。

亦可。張覺謂「文學」用爲動詞，指研究文獻典籍，亦是妄說。

（25）國平養儒俠，難至用介士。所利非所用，所用非所利

按：所利，本書《顯學篇》作「所養」。《史記・韓非傳》：「寬則寵名譽之人，急則用介冑之士。今者所養非所用，所用非所養。」

（26）所謂智者，微妙之言也。微妙之言，上智之所難知也。今爲眾人法，而以上智之所難知，則民無從識之矣

按：《長短經・卑政》引三「智」作「知」，二「所難」下無「知」字。

（27）故糟糠不飽者不務梁肉，短褐不完者不待文繡

按：梁，《四部叢刊》影黃丕烈校宋本、松皋圓本作「粱」。王先愼曰：「梁，當作『粱』。」陳直曰：「梁、粱二字，在漢代互用不分。」王叔岷曰：「梁、粱古通。」《長短經・卑政》、《御覽》卷 854 引并作「糟糠不厭者不待梁（粱）肉而飽，短褐不完者不須文繡而好」（王先愼已及《御覽》）。厭，讀爲猒。《說文》：「猒，飽也。」

（28）而慕上知之論

按：《長短經・卑政》引「論」上有「所難」二字，是也，與上文相應。

（29）則其於治反矣

按：《長短經・卑政》引作「則其於人過遠矣」。

（30）故微妙之言，非民務也

按：《長短經・卑政》引「故」作「是知」，「民」作「人」。

（31）救小未必能存，而交大未必不有疏

按：王渭謂「交」當作「敵」，陳啓天、陳奇猷從其說。王煥鑣謂「交」當作「伐」。陳劍、姚萱謂「交」當作「支」，解爲「支拒、抗拒」〔註32〕。陶鴻慶謂「交」不誤，「大」字衍文。陶說「交」字不誤是也，而「大」非衍文。「交大」即上文「事大」、「事一強」之誼，亦即下文「事強」之誼，謂結交大國，跟大國交往，大國特指秦。救小者，縱者之爲；交

〔註32〕陳劍、姚萱《「交大」校釋》，《古漢語研究》2001 年第 2 期，第 94 頁。

大者，衡者之爲。張覺解爲「交戰」，亦非是。

（32）鄙諺曰：「長袖善舞，多錢善賈。」

按：《史記·范雎蔡澤列傳》、《類聚》卷43、《御覽》卷496引《韓子》同，陳本《書鈔》卷107、《御覽》卷574引「錢」作「財」，《御覽》卷829、《記纂淵海》卷56引「袖」作「袂」，「錢」作「資」，蓋皆臆改也。《易林·屯之震》：「長財善賈，商季（李）悅喜。」〔註33〕「長」亦多也〔註34〕。

（33）民之政計，皆就安利如辟危窮

按：顧廣圻曰：「今本『政計』作『故計』，按句有誤。」王先愼曰：「『政』當作『自』。」物双松曰：「故計，猶言常計也。」太田方曰：「『故』、『固』通，固計猶本計也。」陳奇猷曰：「『政』蓋『故』形近而譌。故，即智故。如，猶而也。故計，猶今俗語『鬼計』也。」蔣禮鴻曰：「字當作『故』，陳解未愜。故計即嫥計、估計，謂揣量較計耳。」〔註35〕陳說「如猶而」是，其餘諸說皆非。「政」字是，尹桐陽曰：「『政』同『正』。」梁啓雄曰：「『政』借爲『正』。」王煥鑣曰：「正計，猶言常計。宋乾道本作『政計』，疑原作『正計』。」「正」猶言經也，常也，是與「權」、「奇」相對的概念。「正」又言善也，好也，亦通。《儀禮·士喪禮》鄭玄注：「正，善也。」

《顯學》第五十校補

（1）世之顯學，儒墨也，儒之所至，孔丘也

按：《書鈔》卷96引作「世人之顯學，別不數夫孔丘」。

（2）有仲良氏之儒

按：《道藏》本、張本、《迂評》本「良」作「梁」，顧廣圻謂「良」、「梁」

〔註33〕《四部叢刊》影元本在《屯之革》，作「長錢善價，商李悅喜」。
〔註34〕參見蔣禮鴻《義府續貂》，收入《蔣禮鴻集》卷2，浙江教育出版社2001年版，第36～39頁。
〔註35〕蔣禮鴻《義府續貂》，收入《蔣禮鴻集》卷2，浙江教育出版社2001年版，第99頁。

字同。仲良，《困學紀聞》卷 3、《玉海》卷 134、《漢藝文志考證》卷 5 引同，《書鈔》卷 96 引作「中梁」。

（3）有孫氏之儒

按：顧廣圻、梁啓超謂「孫」指孫卿；津田鳳卿謂「孫」上脫「公」字，指公孫尼子；陳奇猷引《聖賢群輔錄》「公孫氏傳《易》」以證津田說。太田方指出《玉海》引有「公」字，並引《群輔錄》「公孫氏傳《易》為道，潔淨精微之儒」。《玉海》見卷 134 引，《書鈔》卷 96 引「孫氏」同今本，《漢藝文志考證》卷 5 引亦作「公孫氏」，《玉海》注：「一無『公』字。陶潛《群輔錄》：『公孫氏傳《易》為道，為潔淨精微之儒。』」

（4）取舍相反不同，而皆自謂真孔墨，〔孔墨〕不可復生，將誰使定世之學乎

按：王先慎曰：「相反不同，語意重複，蓋一本作『相反』，一本作『不同』，校者旁注於下，刊時失刪耳。」陳奇猷謂王說非。顧廣圻據今本重「孔墨」二字，王先慎謂《書鈔》卷 96 引重「孔墨」。《書鈔》引作「取舍相反不同，而皆自以為真孔真墨，孔墨不可復生，將誰取定世之學也」。

（5）服喪三月

按：王先慎曰：「《書鈔》卷 92、《御覽》卷 555 引作『三日』，『服』作『執』。」孔廣陶本《書鈔》引作「執喪三月」，景宋本《御覽》引作「執喪二日」，王氏失檢。

（6）世〔主〕以為儉而禮之

按：盧文弨、松皋圓據下文補「主」字，王先慎曰：「《書鈔》、《御覽》引有『主』字。」孔廣陶本《書鈔》卷 92 引作「世至」，下文引同。「至」為「主」形誤。

（7）儒者破家而葬

按：王先慎曰：「《書鈔》、《御覽》引有『賃子而償』四字。」孔廣陶本《書鈔》卷 92 引作「賃子而葬」，《御覽》卷 555 引作「債子而償」，《淵鑑類函》卷 181 引作「賃子而償」。王氏失檢。《御覽》作「債」是「賃」

形謬。

（8）言無定術，行無常議

按：顧廣圻曰：「今本『議』作『儀』，誤。」松皋圓曰：「儀，一作『議』，非。」劉文典曰：「作『儀』是也。儀，度也，正與『術』字相對成義。顧校非是。」王煥鑣曰：「常議，固定的主張。『議』即上『漆雕之議』、『宋榮子之議』之『議』字。或謂當從今本作『儀』，非是。」陳奇猷說同王氏。梁啓雄讀議爲儀，解爲「動態」。陳啓天讀議爲義，解爲「主義」。劉如瑛曰：「常議，猶常道。『議』通『義』。」諸說皆非是。《淮南子・繆稱篇》：「言無常是，行無常宜者，小人也。」是，猶正也，定也。議、儀，讀爲宜。《說文》：「宜，所安也。」《荀子・不苟》：「言無常信，行無常貞……可謂小人。」貞，正也，定也，義亦相近。

（9）佟而憜者貧，而力而儉者富

按：《管子・形勢解》：「惰而佟則貧，力而儉則富。」此《韓子》所本。

（10）立節參民，執操不侵，怨言過於耳必隨之以劍，世主必從而禮之

按：《永樂大典》卷13453引作「參明」。顧廣圻曰：「《藏》本、今本『民』作『明』。」松皋圓曰：「名，一作『明』，通。」物双松曰：「言勵立節操，參以名譽，不爲人所侵侮也。」太田方曰：「參，叢立貌。」陳奇猷曰：「『參』當爲『齊』之謬。《詭使篇》云：『難禁謂之齊。』齊民者，難禁之民也。」梁啓雄曰：「《莊子》李注：『參，高也。』有人把自己的氣節立得又峻高又明朗。」王煥鑣曰：「參明，高明之意。」松說「明、名通」是也，其餘諸說皆非是。陳奇猷指出本書《五蠹篇》「其帶劍者，聚徒屬，立節操，以顯其名而犯五官之禁」，與此文可互參證，是也。《史記・陳餘傳》：「中大夫泄公曰：『臣之邑子，素知之，此固趙國立名義不侵爲然諾者也。』」瀧川資言引《韓子》此文爲證[註36]，亦是也。「參名」即「以顯其名」、「立名義」之誼。參，讀爲嬟，《說文》：「嬟，婪也。」《集韻》：「嬟，貪也。」《慧琳音義》卷57引《集訓》：「嬟，婪也，謂貪於衣食也。」字亦作慘，《廣

[註36] 瀧川資言《史記會注考證》，上海古籍出版社1986年版，第1596頁。

雅》：「慘，貪也。」字或作嬸，《集韻》：「嬸，《說文》：『婪也。』或作嬸。」參名，猶言貪圖名譽。下文「以爲自好之士」，「自好」謂喜好名聲，正承此而言。張覺曰：「參，並，匹配。參民，與民相似，與人抗衡。」指出陳奇猷說「甚謬」。張說亦甚謬，「參」訓並、匹配者，是「三」的借字，指三者相等同，而決非指二者之相並。

（11）是故力多則人朝，力寡則朝於人

按：陳奇猷曰：「《藏》本、《叢刊》本上『朝』作『或』，誤。」《鹽鐵論・誅秦》：「力多則人朝，力寡則朝於人矣。」即本《韓子》，正作「朝」字。

（12）夫必恃自直之箭，百世無矢；恃自圜之木，千世無輪矣

按：王先愼曰：「《意林》、《御覽》卷 952 引『恃』作『待』。《困學紀聞》卷 10 引作『恃』，與此合。」陳啓天曰：「『恃』是。」陳奇猷曰：「《困學紀聞》云：『劉夢得用此語，恃作俟。』案：恃形誤爲待，劉引蓋恃音誤爲俟也。」劉夢得《答連州薛郎中論書儀書》引語曰：「俟自直之箭，則百代無一矢；俟自圜之木，則千歲無一輪。」《記纂淵海》卷 151 引《韓子》作：「俟自直之箭，則百代無一矢；俟自員之木，則千歲無一輪。」〔註37〕《白孔六帖》卷 88：「使（俟）自直之箭，則百代無一矢；俟自圓之木，則千載無一輪。」「恃」讀爲「待」，作「俟」者，同義字替換也。下文云「雖有不恃隱括而有自直之箭、自圜之木，良工弗貴也……不恃賞罰而恃自善之民，明主弗貴也」，趙海金謂上「有」字衍文，「而恃」當作「而有」，皆是也。梁啓雄謂「而恃」的「恃」似衍，或是「有」字之誤，後說是也。王先愼謂「雖有」衍文，「而有」當作「而恃」；劉文典、蔣禮鴻謂「而有」之「有」衍文，王煥鑣刪二「而」下「有」、「恃」二字，皆非也。考《鹽鐵論・大論》：「故爲治者不待自善之民，爲輪者不待自曲之木。」亦本《韓子》，二「不恃」當作「不待」。

（13）故善毛嬙、西施之美，無益吾面

〔註37〕《記纂淵海》據《北京圖書館古籍珍本叢刊》第 71 冊，書目文獻出版社 1998年版，第 631 頁。四庫本在卷 62，「俟」誤作「候」。

按：《書鈔》卷 135 二引，一作「故毛嬙西施之美，無益吾面」，一引「吾」作「玉」，餘同。《類聚》卷 52 引作「故言毛嬙而西施之美，無益君面」（太田方已及之），《御覽》卷 624 引作「故善毛嬙西施之美，無益吾面」，《御覽》卷 719 引作「若毛嬙西施之美麗，無益吾面」。「若」、「言」為「善」之譌，「君」、「玉」為「吾」之譌。

（14）明吾法度，必吾賞罰者，亦國之脂澤粉黛也

按：陶鴻慶曰：「『必吾賞罰』下當有脫句。」陳奇猷曰：「陶說是，今擬於『必吾賞罰』下補『則倍其始，法度賞罰』八字。」王叔岷曰：「《御覽》卷 624 引『者』上更有『則國富而治，法度賞罰』九字，當據補。（《類聚》卷 52 引『者』上有『則國治，賞罰法度』七字，『治』上蓋脫『富而』二字。）今本有脫文，文意不完。《意林》引此云：『法度賞罰，國之脂澤粉黛也。』雖未引上文，而尚存『法度賞罰』四字，亦可證今本之有脫文。」王說是也，《書鈔》卷 27 引作「賞罰，國之粉黛」，又卷 43 引作「賞罰者，國之脂澤粉黛也」，亦存「賞罰」二字，可以見其脫誤痕跡。《御覽》卷 719 引作「明法度，必賞罰，則國之脂澤粉黛」，則脫近今本矣。

（15）故明主急其助而緩其頌，故不道仁義

按：頌，《正字通》「容」字條謂讀為容，吳玉搢說同〔註38〕，是也。「容」指無益於治的仁義。《評林》云：「賞罰法度，治之助也。明主必急之而緩其智壽之頌。」《評林》解「急其助」為急賞罰法度，是也；而解「緩其頌」則非是。藤澤南嶽、陳奇猷讀頌為誦，亦非是。

（16）今世儒者之說人主，不善今之所以為治，而語已治之功

按：王先慎據別本改「善」作「言」，陳奇猷於「善」上補「言」字。王說是也，考《鹽鐵論・遵道》：「今文學不言所〔以〕為治，而言以（已）治之無功，猶不言耕田之方，美（羨）富人之囷倉也。」〔註39〕即本《韓子》。「無功」之「無」衍文，當據《韓子》刪，諸家皆失校。

〔註38〕吳玉搢《別雅》卷 1，收入景印文淵閣《四庫全書》第 222 冊，臺灣商務印書館 1986 年初版，第 610 頁。

〔註39〕「以」字據華本、黃氏鈔本補，參見林平和《〈鹽鐵論〉析論與校補》，文史哲出版社 1984 年版，第 249 頁。《韓子》是其確證。

（17）夫嬰兒不剔首則腹痛

舊注：首病不治則加痛也。

按：舊注非是，王先愼改「腹」爲「復」，陳啓天、王煥鑣、羅焌從其說，陳奇猷已駁之，然云「此未詳」。松皋圓曰：「『剔』、『髽』同。」陳直說同。剔，讀爲鬀、髽，亦省作髻，俗字作剃。剔首，猶言剃頭髮。《說文》：「鬀，髽髮也。」段玉裁曰：「《大玄・增》次八：『兼貝以役，往益來鬀。』《釋文》云：『鬀，以刀出髮也。』《司馬遷傳》：『鬀毛髮嬰金鐵受辱。』《文選》作『剔毛髮』。《韓非》曰：『嬰兒不剔首則腹痛。』《莊子・馬蹄》：『燒之剔之。』剔皆鬀之省也。」〔註40〕《說文》：「髽，鬀髮也。大人曰髡，小兒曰髽，盡及身毛曰鬀。」段玉裁曰：「髽，俗作剃。《周禮・雉氏》注曰：『雉讀如髽小兒頭之髽。』韓非曰：『嬰兒不剔首則腹痛。』剔亦髽也。蓋自古小兒髽髮。」王筠亦引鄭注及《韓子》，又云：「剔亦鬀之省也。」〔註41〕不剃頭髮何以致腹痛，則待考。松皋圓謂「不剔髮，則氣鬱結，致有腹痛也」，未聞有此說。張覺從王說改「腹」作「復」，又云：「剔，剔除，指割除病灶。」曾不讀段注乎？

（18）子產開畝樹桑，鄭人謗訾

按：樹，《御覽》卷955、《事類賦注》卷25、《記纂淵海》卷95引同，《古今合璧事類備要》別集卷51、《全芳備祖》後集卷22引作「植」，蓋臆改。

〔註40〕段玉裁《說文解字注》，上海古籍出版社1981年版，第428頁。
〔註41〕段玉裁《說文解字注》，上海古籍出版社1981年版，第429頁。王筠《說文解字句讀》，中華書局1988年版，第339頁。

卷二十

《忠孝》第五十一校補

（1）朽骨爛肉，施於土地，流於川谷，不避蹈水火

按：施，讀爲𢼸（𢻨）。《說文》：「𢼸，敷也，讀與施同。」又「敷，𢼸也。」《玉篇》：「𢼸，亦施字，《說文》：『敷也。』」（𢾮是敷俗字）。字亦作𢻨，《集韻》：「𢼸，或作𢻨，通作施。」王先慎曰：「施，陳也。」諸家皆從其說，非是。張覺乙作「不避蹈水火，朽骨爛肉施於土地流於川谷」，無據而妄說耳。

（2）世之所爲烈士者，雖眾獨行，取異于人，爲恬淡之學而理恍惚之言

按：王渭曰：「『雖』當作『離』。」文廷式說同〔註1〕。松皋圓、于省吾並曰：「『爲』、『謂』通。」《長短經・卑政》引「爲」作「謂」，「烈」作「列」，「雖」作「離」，「淡」作「惔」〔註2〕。松皋圓斷句作「世之所爲烈士者雖眾，獨行取異於人」，未得。

（3）臣以爲人生必事君養親，事君養親不可以恬淡；之人必以言論忠信法術，言論忠信法術不可以恍惚。恍惚之言，恬淡之學，天下之惑術也

〔註1〕文廷式《純常子枝語》卷18，收入《續修四庫全書》第1165冊，第256頁。
〔註2〕《長短經》據南宋初年杭州淨戒院刊本，下同。

按：顧廣圻曰：「今本無『之人』二字。按此不當有。」王先慎曰：「『之人』當作『人生』，屬下讀。」陳啓天、梁啓雄從王說。陳奇猷曰：「『之人』當作『治人』，屬下讀。」諸說皆誤，未得其讀。「之人」二字當屬上。《長短經・卑政》引作「夫人生必事君養親，事君養親不可以恍惚之人；必以言論忠信，言論忠信不可以恍惚之言。然則恍惚之言，恍惚之學，天下之惑術也」。今本脫「之言然則」四字，衍「法術」二字。王先慎謂「必以言論忠信」的「以」衍文，是也。「必言論忠信」上，承上文省主語「人生」。「恍惚之人」與「恍惚之言」相對成文。

（4）今民儇詗智慧，欲自用，不聽上

按：王先慎曰：「詗，反間也。近人謂『詗』當作『譎』，非。」王氏所謂近人者，指孫詒讓。太田方曰：「儇，辯急也。詗，明悟也。」松皋圓曰：「儇詗，巧慧細察之義。《荀子》：『鄉曲之儇子。』注：『《方言》：「儇，疾也，又慧也。」輕薄巧慧之子也。』《淮南王傳》徐注：『詗，伺候采察之名也。』」陳奇猷曰：「《說文》：『儇，慧也。』《漢書・淮南王傳》徐注云云，則『詗』為能偵察眞僞之意，故《漢書》注以『反間』釋之。」「儇詗智慧」四字同義連文。《廣韻》：「儇，智也。」字亦作儇，《說文》：「儇，儇慧也。」《廣韻》：「儇，智也。」「詗」字不誤，孫詒讓改字非是，王、陳所釋亦非是。《廣韻》：「詗，明悟了知也。」此太田方所本。《漢語大字典》引此文以證其義[註3]，是也。其本字蓋爲「憬」，一聲之轉也。《說文》：「憬，覺寤（悟）也。」

（5）是以三王不務離合而正，五霸不待從橫而察

按：《玉篇》：「正，定也。」《廣雅》：「察，至也。」「察」讀爲際。《淮南子・原道篇》：「夫道者……高不可際，深不可測。」高誘注：「際，至也。」言三王不務離合，而王業已定；五霸不待從橫，而霸業已成。陳奇猷解爲「治已正」、「治已明」，未允。張覺曰：「察，指政治清明，用作使動詞。」亦非是。

〔註3〕《漢語大字典》（第二版），崇文書局、四川辭書出版社 2010 年版，第 4212 頁。

《人主》第五十二校補

（1）所謂貴者，無法而擅行，操國柄而便私者也

按：無，讀爲侮，已詳《孤憤篇》校補。

（2）夫馬之所以能任重引車致遠道者，以筋力也；萬乘之主、千乘之君所以制天下而征諸侯者，以其威勢也

按：按文例，「筋力」上當補「其」字，「制天下」上當補「能」字。下文「虎豹之所以能勝人執百獸者，以其爪牙也」，文例亦同。

《飭令》第五十三校補

此篇出自《商子·靳令》〔註4〕，另詳《商子校補》〔註5〕。

《心度》第五十四校補

（1）能越力於地者富，能起力於敵者強

按：顧廣圻曰：「『越』當作『趨』，『起』亦當作『趨』。」陶鴻慶、陳啓天從其說。松皋圓改「越」作「起」，云：「起者勉勵超他之意。」陳奇猷曰：「《廣雅》：『越，疾也。』『起』字亦當作『越』。」《校注》：「越，發揚、發揮。起，發動、調動。」陳說「越」訓疾非是。「越」訓疾是輕疾義，而非疾力義。古籍「起」、「趨」互譌，顧說可備一通。竊謂「越」字不誤，讀爲觱。《說文》：「觱，勇也。」《玉篇》、蔣斧印本《唐韻殘卷》、《廣韻》作「觱，強力」。《廣雅》：「觱，強也。」「強力」猶言勉力。字亦作愻，《玉篇》：「愻，強也，或作觱。」字亦作勮，《集韻》：「觱、愻，《說文》：『勇也。』或從心，亦書作勮。」俗字亦作勮，《集韻》：「趉（踽）、勮，《博雅》：『力也。』一曰足多力，或从力。」〔註6〕朝鮮本《龍龕手鑑》：「勮，多力也。」

〔註4〕參見嚴靈峰《〈韓非子·飭令〉出自〈商君書·靳令〉之確證》，《東方雜誌》第17卷第8期，1984年版，第17～23頁。

〔註5〕蕭旭《商子校補》，收入《群書校補（續）》，花木蘭文化出版社2014年版，第307～310頁。

〔註6〕今本《廣雅》「趉」作「踽」。

《制分》第五十五校補

（1）則使相闚奈何？曰：「蓋里相坐而已。」

按：太田方曰：「『蓋』、『闔』通。」松皋圓曰：「《毛詩》箋云：『蓋，猶皆也。』又疑與闔字通，蓋里即合里也。」陳奇猷讀蓋爲盍，訓合。二說實同，陳氏必謂松說不確，所不解也。陳啓天曰：「《纂聞》、《翼毳》均以蓋、闔字通，訓蓋里爲合里，未可從。『蓋』爲辜較之辭，所以承上啓下者。」《校注》：「蓋，發語詞。」諸說皆未安。《廣雅》：「蓋，黨也。」《書鈔》卷 73 引應璩《新語》：「十室稱忠信，觀過必黨里。」《魏書・高祖紀》：「立黨里隣三長，定民戶籍。」倒言又作「里黨」，《魏書・食貨志》：「今改舊從新，爲里黨之法。」「蓋里」即「黨里」，是古代鄉制。《釋名》：「五家爲伍，又謂之鄰。五鄰爲里，五百家爲黨。」蓋里相坐，言鄰里之間相坐也。諸家治《廣雅》者，多謂「蓋」是疑詞，讀「黨」爲「儻」，亦疑詞〔註7〕，或未得。惟王氏《廣雅疏證補正》引朱武曾曰：「昭二十年《左傳》：『君子不蓋不義。』」蔣禮鴻謂朱氏舉證甚愜，復申言曰：「『蓋』與『奄』通，同也。同善同惡，皆爲黨矣。」〔註8〕

本稿部分内容以《韓非子解詁》爲題發表於《東亞文獻研究》總第 14 輯，2014 年 12 月出版。

〔註7〕 諸家説見徐復主編《廣雅詁林》，江蘇古籍出版社 1992 年版，第 401 頁。
〔註8〕 蔣禮鴻《義府續貂》，收入《蔣禮鴻集》卷 2，浙江教育出版社 2001 年版，第 195 頁。